①蘇った彰栄館（左）。右は良心館（同志社大学今出川キャンパス）

戦後まもなく（1952年)、彰栄館に増築・一体化された別館（新彰栄館）が今回、解体された。その結果、彰栄館は60余年ぶりに創建当時の凛々《りり》しい姿を取り戻した。今出川キャンパスで現存する最古の校舎（1884年）と、最新の良心館（写真中央から右。2013年）が立ち並ぶ景観は、壮観である。両者の間には、実に130年の学園の歩みが、横たわる（2014年５月11日撮影。本書72～73頁を参照)。

②新島八重と堀貞一

堀貞一は、同志社初期の入学生で、卒業後は各地の教会で牧師を務めた。母校の教会（同志社教会）にハワイから赴任した時には、八重との旧交が温められた。襄の「語り部」として、例の新島襄「自責の杖」事件で折れた杖の破片（この写真で堀が手にしているのは、同志社が保存する杖の本体）を手に、新島精神を説いて回ったことで、名を知られる（写真は同志社大学図書館所蔵）。

③新島八重

今泉真幸《まさき》旧蔵写真。今泉は同志社神学校を卒業後、牧師、教員、ジャーナリストとして活躍した。会津出身だけに、八重との交流も深かった。

④継志館（京都市新町通り今出川下ル）

同志社は、新町キャンパス南にあったホテルを2009年に買収して、「継志館」と改称した。館名は、新島の「志を継ぐ」ことを祈願して、私が提案した（本書68〜69頁を参照）。

⑤神学館研究室の窓から（今出川キャンパス）

４階の私の仕事場（＃414）からは、隣接するクラーク記念館（写真左）や相国寺《しょうこくじ》（同右）、遠くは比叡山が望めた。写真の右前方は相国寺勅使門《ちょくしもん》の、その奥は法堂《はっとう》の屋根である。記念館（1892年献堂）と法堂（1605年創建）は、ともに国指定の重要文化財。宗教を異にする２棟が見せるコントラストの妙が楽しめるのは、学内でもこの部屋だけの特権であった。

⑥夕焼けに浮かび上るクラーク記念館のシルエット（右）

仕事部屋からは、四季おりおりの風景が楽しめた９年間であった。とりわけ、クラーク記念館のシルエットが、夕焼けを背にして浮かび上がる瞬間は、天の配剤かと思われるような至福の時であった（2010年６月24日撮影）。

⑦マウント・ヴァノン教会（中央）遠景（ボストン・ビーコンヒル）

新島「牧師」誕生の地。1874年９月24日、新島襄は、ボストンのビーコンヒル（アッシュバートン・プレイス）にあったこの教会で按手礼《あんしゅれい》（牧師になるための儀式）を受けて、晴れて正規の牧師となった。最近まで、所在地はバックベイ、と誤解（誤伝）されてきた（本書98～99頁参照）。

2度目の渡米時（1884年11月9日）に説教したのもこの場所であった（『新島襄全集』7巻、315頁）。

⑧マウント・ヴァノン教会（正面、1883年）

この会堂がビーコンヒルに竣工したのは、1844年。のち1892年にバックベイに移転した。1970年にいたって、教会は、近くのオールド・サウス教会と合併し、礼拝は同教会で守られた。その後（1978年）、バックベイの旧会堂は、火災でダメージを受けた。現在はマンション（現状写真は、拙著『ひとりは大切』202頁）に改築されている。

⑨立志の碑（同志社大学今出川キャンパス）

2010年、同志社中学校は洛北の岩倉キャンパスに移転した。それを記念して同年３月31日に中学校は、「立志」と彫った石碑を跡地（チャペル前）に建てた（本書72頁参照）。後方のビルは左から神学館、弘風館、明徳館。

志を継ぐ

新島襄を語る(十)

本井康博著

はじめに

「新島襄を語る」シリーズの最終巻です。合計で十四冊（本巻十巻、別巻四巻）にもなりました。料理なら、フルコースですね。コースメニューは、ずばり「志づくし」です。レシピの狙いは、新島襄の「志」という素材をいかに調理《アレンジ》するか、でした。十年前のスタートが『千里の志』でしたので、最後は『志を継ぐ』で締めます。『千里の志』がオードブルなら、本書はデザートです。

新島襄という人は、どこまでも「志の人」でした。だからこそ、大勢の支持者《サポーター》、いや「同志」があれほど得られて、「同志社」の設立にまで漕《こ》ぎつけられたのでしょうね。

本書は、新島の「志」をできるだけ鮮明にするのが、狙いです。合わせて、それを受け継いだ教え子たち、徳富蘇峰《そほう》、柏木義円《ぎえん》、安部磯雄《いそお》らもマナ板に乗せました。彼ら「襄の子」たちを含めて、私は襄の「語り部」として、あちこちで彼の「志」を紹介、いや代弁してきました。

たとえば、昨年の同志社国際学院初等部です。小学四年生に授業をしたら、「あなたのロールモデルは、新島先生ですね」と、ある生徒に感想文で見抜かれました。昨春、同志社新入スタッフを対象にしたときも、そうです。「生徒のために献身的に働くことを願うのがキリスト教であり、本井先生なのですね。先生は、さながら平成の新島襄です」と、ある新人教員から過大評価《むちゃぶり》されました。

出来や評価はともかく、そうした語りの世界を文字にして残しておきたいというのが、このシリーズの意図でした。そのために、文章、内容とも「わかりやすさ」を第一に心がけました。

加えて、スパイス風味がちょっぴり効き、川面を吹き渡る涼風の爽やかさや薫りが伴ったりしてくれれば、言うことありません。ですが…

ありていに言えば、彩《いろど》り豊かな文章に香気を漂わせる文香（ふみか）は、私には高値の、いや高嶺の花です。「東洋のミューズ」と言われる伎芸天《ぎげいてん》（秋篠寺）の霊験《パワー》とも無縁のうえ、根がいたって散文的な人間ですから。

やむなく、書香（ふみか）を心がけました。ココシャネルとは、言いません。新島の「残り香《が》」が読後に醸《かも》し出るように仕上げたい、との密謀《みつぼう》です。

微《かす》かにでも実現してくれれば、と願います。シリーズ最終巻をテーブルに送り出すシェフとしては、おのずと期待も高まります。今日は私にとっても、節目の日です。

「♪志を果たして、いつの日にか」故郷《ふるさと》に帰るために、ヒントや指針を得てもらえれば、フルコースを用意した者として、望外の喜びです。まずは新島の「志」をじっくりとご賞味ください。で、謎解きはデザートの後で、いいんじゃないですか。

二〇一四年八月二〇日

本井康博

志を継ぐ
——裏の同志となる——

「願いを起こさせる」のは、神

明日から新しく同志社スタッフ（社員）になられる皆さま、就業おめでとうございます。皆さまを前にすると、私自身が四十五年前にこの同志社から社会人第一歩を踏み出した頃を思い出します。

当時から、すでに新島先生を深追いしていたことが、ばれてしまいますが、同志社の大学院を出る際、私は「新島流」の就活を心がけました。自分独りでは学校を創る力はとてもありませんから、どこかにキリスト教主義学校の新設計画があれば、その建学作業のまっただ中で働きたいという「ミニ新島体験」が夢でした。幸いにも、東北地方に働き場が、与えられました。行ったこともない街、しかも給与も知らず、と言うか、聞きもせず、とにかく職場に飛び込みました。

ちょうど、今頃です。始業前に三泊四日のスタッフ研修会が待っていました。講師として招かれたのは、相沢良一牧師（東京の大島元《もと》村《むら》教会）でした。お話しに感激した私は、主題となった聖句を聖書の表紙《ひょうし》裏に書いてもらいました。書いてもらったのは文語訳ですが、前の口語訳ではこうです。

「あなたがたのうちに働きかけて、その願いを起させ、かつ実現に至らせるのは神である」（「フィリピの信徒への手紙」二章十三節）。

今日までの半世紀におよぶ信徒生活を通して、聖句や座右の銘をこちらからお願いして書いてもらった経験は、後にも先にも、これっきりでした。以後、これはその後の私の指標になりました。

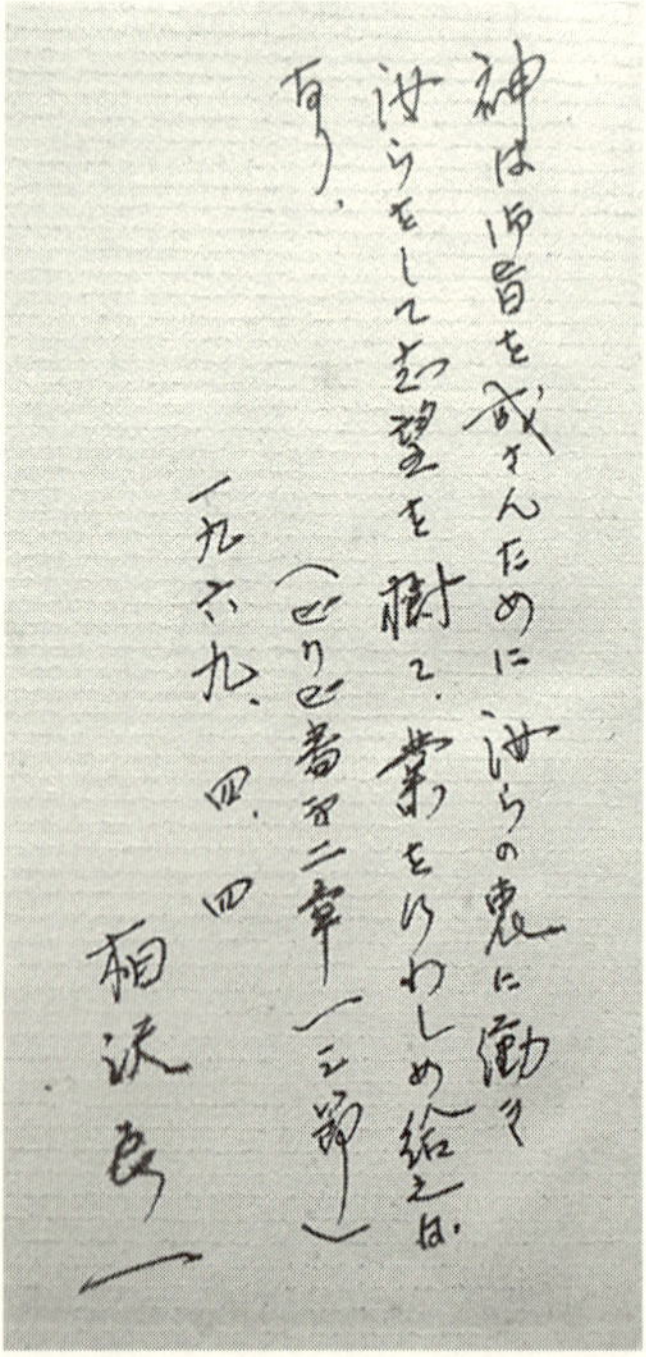

社会人としてスタートした時に、相沢良一牧師に書いてもらった聖句

新島にとっての同志社

で、この文言を、今日は皆さまにも「お裾分け」いたします。というのは、新島襄という人を理解するのにも、この聖句は実に有効な手掛かりになってくれるからです。

一般的には、同志社は新島によって創立された、というふうに見なされています。世間では「新島の学校」とさえ、思われています。しかし、新島本人の受け止め方は、まるで違います。

彼にとって、同志社の創立は、自分の想いから出たものじゃありません。神が自分に働きかけて、自分の中に起こしてくださった「願い」なんです。だから、同志社は最初から、さながら神の事業でした。起点は神、したがって事業主も神なんです。

自分は、その主人に仕えるサーバントみたいなもの、と新島は思っていたはずです。神から託された大事な「ご用」を受け持つ「番頭」感覚です。創立者、あるいは校長職とは言え、（クリスチャンがよく使う用語で言えば）「スチュワードシップ」（執事の仕事）にほかなりません。

「願い」とは「志」

そうなんです。キリスト教学校（同志社）を開校するという「願い」は、神によって起こされた夢、志です。だから、それを完成させてくださるのも神、というわけです。

今日の私の仕事《ミッション》は、新島のメッセージを皆さまに取り次ぐことです。メッセージのキーワードは「志」です。

ありがたいことに、この用語は昨年の大河ドラマの中で、ここぞという時に顔を出しました。大きなインパクトを与えてくれた好い例が、「八重の桜」第三十六回です。

問題の回は、九月八日の放映で、この日は同志社の開校が主題です。タイトルは、「同志の誓い」でした。時代考証のためにＮＨＫから前もって貰っていた台本では、原題は「八重の誓い」となっていました。それが、実際の放映では、「同志の誓い」に変更されていました。

「八重」から「同志」への変更、これはヒットでした。原題は、おそらく八重（綾瀬はるか）の出番を多くしたい、あるいは、主役としての働きを前面に押し出したい、といったスタッフの願いからつけられたのではないでしょうか。

「同士」ではなく「同志」

それが、最終的には「同志」という言葉に切り替えられました。実は、最初の台本では、本文でも「同士」という言葉があちこちに使われていました。同志社の成り立ちを考えると、ここは「同志」という文言の方が、圧倒的に適切です。インパクトやアピールの度合いが、まるで違ってきます。

そこで、私はNHKスタッフに対して、文言の変更を進言いたしました。幸い、認められました。そればかりか、その日の番組タイトルにまで「同志」という文言が入りました。ので、私としては大満足でした。

今日のお話でも、なぜ「同士」じゃなくて、「同志」にこだわるのか、この点についても触れてみます。

同志社開校の立役者

ドラマ「同志の誓い」のハイライトは、学校の命名シーンでした。仏教徒や耶蘇《やそ》嫌いの市民の反対を押し切っての開校だけに、当事者たちの喜びは、大変なものでした。

開校場所が、また大事です。伝統的宗教の本山がひしめく京都、くわえて歴代の天皇が連綿と住まった聖なるミヤコです。しかも校地は、今の京都御苑《ぎょえん》に隣接する地です。そんな場所に、こともあろうについ二年前まで禁制であった耶蘇《やそ》が、バテレン（宣教師はそう見られたはずです）まで加わって学校を開くというのですから、これは誰が見ても不釣り合い《ミスマッチ》、いや、奇跡に近い出来事でした。

新島が山本覚馬《かくま》（府知事顧問）と出会い、彼の協力を得ることができたからこそ、開校できたのです。府庁から認可をとったり、校地として自分の所有地（旧薩摩藩邸）を提供したり、ということができる人材は、覚馬以外には見当たりません。日本人の中では、覚馬は新島の最大の「同志」でした。

覚馬主導

同志社の京都開校は、「比叡山を琵琶湖に移すようなもの」とか、「人間が空を飛ぶようなもの」とか、言われたほどの奇跡です（D・W・ラーネッド『回想録』八頁、同志社、一九八三年）。最初から夢想さえ、してもいけないほどの難題、とんでもない白昼夢でした。

そうした同志社と京都のミスマッチを、ラブマッチに大転換させた人こそ、覚馬でした。京都府庁に出した「私塾開業願」に名を連ねた発起人（結社人）は、新島と覚馬のふたりです。注目すべきはこの時の新島の肩書です。「山本覚馬同居」となっています（『新島襄全集』一、五頁、同朋舎出版、一九八三年。以下、①五）。

覚馬という京都の要人が、下宿をさせて、面倒をみてやっている青年と組んで学校を創る、というのです。そりゃそうでしょう。アメリカ帰りの新島は、ミヤコでは、「どこの馬の骨」でしたから。

いえいえ、京都どころか、「日本国民一般に於《おい》ては、新島襄は全く無名氏であった」のです（徳富蘇峰『三代人物史』四九七頁、読売新聞社、一九七一年）。多少とも知られているとしたら、耶蘇教の牧師《ぼうさん》というマイナスイメージくらいですから、怪しげな存在、いや不審人物扱いですよ。

「同志社」のネーミング

そうした事情を考えると、むしろ新島を前面に出さないほうが、得策です。知事から「山本先生」と敬われていた覚馬主導の方が、事を運びやすかったはずです。だから、校名を「同志社」としたのが覚馬であっても、ちっともおかしくありません。

実は、同志社の学校名は誰が決めたのか、記録的には確認できません。伝承ではすべて覚馬です。逆に、新島が名づけた、という記録は皆無です。伝承すら不在です。ので、ここは覚馬が発案した、と結論づけていいでしょうね。

ドラマでもそうした作りになっていました。その点では、大筋で事実に即しているのでは、と思います。

「同志」が結社して

「八重の桜」では、校名を命名するシーンは、感動的でした。「同志社」と書き下ろした半紙を、覚馬は八重に披露させます。ここも最初の台本では、八重にその場で書かせる、という設定でした。

ドラマで、覚馬や襄、八重たちがやりとりをした会話の一部を紹介します。今日は台本を持ってきましたので、台本通りに読み上げます。（　）内は、ト書《とが》きです。

覚馬「学校の名前を考えでみだ」（と言って、半紙を出させる）

襄（それをゆっくりと読み上げる）「同・志・社」

覚馬「新《あだら》しい日本を作りたいという同志が集《あつ》まる学校だ」

裏「いい。いい名前です」

八重「同じ志を持つ者、ですね」

以上です。ここにあるように、同志社は「同じ志を持つ者」、すなわち「同志」が創る学校なんです。もう少していねいに言うと、「新島の志」に共鳴した「新島の同志」が結集し、起業した学校です。

彰栄館の命名も他人任せ

こうした校名の命名法から分かるように、新島という人は、「何が何でもオレが」という意識が、実に薄い人です。最初のレンガ建て校舎を同志社が創った際も、そうです。たまたまアメリカ出張中でした。アメリカから留守宅の八重に対して、「新築之《の》家〔校舎〕は、彰栄館〔写真は本書口絵①〕と称せられ候由《そうろうよし》、誠に美はしき名と存し、又我輩之《の》事業之其《その》名に負《そむ》かさる様、致度《いたしたく》存候」と返事しています（③三〇五。〔　〕は本井による注記、以下同）。

一方の留守部隊も、心得たものです。校長に相談したり、諒解を取ったりすることもなく、校長抜きで命名を済ませる、というのですから。ドッチもドッチです。普通の会社の創業者《オーナー》やワンマン社長なら、こんなことをされたら、まずは怒り出すでしょうね。館名板も自分で書かねば気がすみません。

この点、新島は別格です。他人や部下が命名しても、むしろ感心、感謝するのですから。それどころかさらに一歩進めて、覚馬が名づけた学校名を聞いて、「我輩之事業之其名《そのな》に負《そむ》かさる様」頑張りたい、と健気《けなげ》に（?）決心したりしています。

「同志」こそキーワード

校名からもすぐに推測できるように、「同志」という言葉は、同志社にとってはキーワードです。こうした伝統をドラマはちゃんと踏まえて、他のシーンでも、セリフが考えられています。

たとえば、一八七五年秋に同志社を開業した際、最初の入学生に校長が与えた言葉、つまり第一回入学式での校長式辞です。台本では、新島のセリフは次のようになっております。

「この学び舎《や》で共に生き、学び、成長していきましょう。あなたがたは、私の同志です。同志諸君、ようこそ」。

記録や草稿が残っていませんから、もちろん創作です。が、よく出来ております。生徒にしてみれば、ほぼ初対面にもかかわらず、初代校長からいきなり「同志」扱いです。最初の入学生はわずか八人でした。翌年、三十人をこえる生徒、学生が熊本洋学校から入学、転校してきます。世にいう「熊本バンド」です。彼らこそ、さらに「同志」の名前に値します。

なぜなら、「熊本バンド」の学生たちは、学校の基盤を作るという点で、すごい働きをしましたから。だから、宣教師（外国人教員）によって、彼らは時には創設者と見なされるくらいです。

自分に背く学生も「同志」

一方、新島も「熊本バンド」の面々を大事にしました。「八重の桜」では、このバンドは、「過激な転校生」というタイトルで話題になりました。これも、当初の台本では「熊本からの転校生」というテーマでした。これをその後、変えたことも、ドラマ的には成功していた、と思います。

生意気盛りの「熊本バンド」は、新島校長すら眼中にありません。ホントに憎たらしいくらい無礼千万、というか傲岸不遜《ごうがんふそん》でした。けれども、裏はキレません。忍耐します。そして、受け止めます。

「彼等学生は、幾《いく》たびか新島先生を苦しめ、デヴィス博士を泣かしめたか知れぬが、その都度《つど》は、かれらは其《そ》の偉大な人格の力に触れ、基督《キリスト》による愛の力に打たざるを得なかった。つまり、彼等は議論に勝っても、道徳には負けたのである」（加藤直士《なおし》『宮川経輝《つねてる》伝』五四頁、日本基督教団大阪教会、一九五二年）。

ここが、襄の偉い所です。実に寛容です。これはなかなか、真似ができません。彼は、昨年、高視聴率をとった人気ドラマ（TBS）「半沢直樹」の主役のように「やられたらやり返す」ことは、しません。「倍返し」を封じます。それどころか、むしろ「恩返し」しようとします。

自分に対して激しく抵抗、攻撃する「熊本バンド」を新島は決して敵視しません。かえって大事な「同志」とみなそうとします。新島は、至る所で同志を次々と生み出して行きます。こうして生まれた同志の働きとして、同志社が成り立っていく、と受け止めます

オーナー意識はゼロ

新島は、「同志」に対して水平目線です。いや、そればかりか、誰に対してもそうです。まさに「一視同仁」です。謙虚すぎるくらい謙虚なんです。校長意識や牧師意識など、まるで持ち合わせていません。まして創業者とか、オーナーといった感覚など、まあ絶無ですね（本書二一〇頁以降を参照）。

この背景には、新島が信奉した会衆派というプロテスタント教派の特性が、ものを言っております。自由主義や民主主義、さらには平等主義をどの教派よりも大事にするプロテスタントの一派（セクト）です。ですから、会衆派信徒として、新島は熱烈な自由主義者、平民主義者であると同時に、民主主義の熱烈な信奉者です（本書八〇頁以降）。それゆえ、相手がどのような人でも、――学生であれ、知事、首相であれ、女性であれ用務員であれ――その対応はまったく同じ、という稀有《けう》の人物でした。

人の上に立ち、他者を権力や圧力で抑えつけたり、支配したりすることは、いたしません。上から目線すらありません。むしろ、人に仕えたり、奉仕するほうが、得意でした。

こうした新島校長を、長く同僚であったD・W・ラーネッドは、こう回想しています。

「新島先生には決して名誉を求《もとむ》るの心なく、又、同志社の校長として、権力を振り廻はすといふ心も決してなかったので、全く利己心を捨てゝ、人の為《ため》に働くといふ心を以《もっ》て、学校の為に生涯を費されたのであります」（D・W・ラーネッド『回想録』一一頁）。

すべては「同志諸君」のおかげ

にもかかわらず、生前から同志社は「新島氏の学校」としばしば言われました。ラーネッドは、きっぱりと「それは間違い」と否定します（*The Missionary Herald*, Apr. 1890, p.145, ABCFM）。そのことは、本人が誰よりも一番、自覚しております。前にも申した通り、新島という人は終生、創業者（校長）意識がきわめて薄く、その分、同志意識が強烈です。それが最も鮮明に表われているのが、遺言です。次のような一節があります。

「従来の事業、人或《あるい》ハ之《これ》ヲ目して、余の功とす。然《しか》れども、是《これ》皆、同志諸君の翼賛《よくさん》ニよりて出来たる所ニして、余ハ毫《ごう》も自己の功と信せす。唯、諸君の厚情ニ感佩《かんぱい》す」（④四〇四）。

あくまでも、「同志諸君」礼賛です。実は、最初の口述筆記では、「諸君」だけでした。あとで「同志」を特に書き加えさせています。心情的には、同志への深い感謝をなんとしてでも表明したかったのです。

八重は「同志」以上の「戦友」

新島を助けた「同志」は、大勢います。同僚の教師、宣教師、牧師はもちろんです。当然、家族や肉親も、です。ほかにも学生、信徒、保護者、卒業生、寄付者といった有志が、います。

名前を挙げれば、開校前後で言うと、なかでも重要なのが山本覚馬・八重兄妹《きょうだい》でしょう。覚馬のことは、「八重の桜」で世間的にも知られるようになりました。ここでは八重について述べます。

当時の京都では、八重以外、襄の伴侶となる可能性は、キリスト教（信徒）の観点から見ても、ほぼゼロです。新島にとって、他の選択肢は、ないのも同然です。一方、彼女自身も積極的に襄の「同志」になろうと努力いたしました。

ドラマでも「同志」としての八重の振る舞いは、健在でした。アルプスの峠で襄が認《したた》めた遺言（英文）が、誤って京都に発送されたシーン（発送は、創作です）などは、その典型です。

ドラマでは遺言を読んだ八重は、こうつぶやきます。「大学を作《つぐ》るごどは、ジョーの戦なんだ。命《いのづ》を削って、ジョーは戦《ただが》ってる」。「世界中が敵《てぎ》でも、構わねぇ。私は、一緒に戦う」。

八重は「同志」というよりも、むしろ「戦友」の方が、ぴったりきますね。彼女自身が、元ジャンヌ・ダルクであったことを考えると、どこまでも襄の「戦友」でありたい、という思いが強かったと思われます。

襄からすれば、なんとも強力な援軍です。味方にすれば心強いです。が、敵にまわすと、これほど手ごわい相手はいないでしょうね。

蘇峰が見た新島夫妻

夫妻をよく知る徳富蘇峰は、こう評しています。ふたりは、性格が相当違っていたにもかかわらず、「此《こ》の結婚は、当時、出来得る程度に於《おい》ては、先《ま》づ上々と云ふの他はあるまい」。

蘇峰によると、新島は妻に関して、「会津武士の家の者であると称し、それを誇りとし、又、彼女に対する信頼の根本義として居《い》た様である」といいます。

「彼女も亦《また》、新島襄なる者を、全面的に其《そ》の人物を解得せざるにせよ、日本に於《お》ける有数の高尚な人物であることを信じ、自から之《これ》を誇りにして居たことは、間違いあるまい」(『三代人物史』五〇〇頁)。

ちなみに、蘇峰は新島の「同志」としての八重に関して、三つの特徴を挙げています。(一)、健康。(二)、陽気な性格(頗る快活)。(三)、公共心(奉仕)が旺盛、の三つです(同前、五〇〇頁)。もうひとつ付け加えるとしたら、(四)気分も男らしい、という点です(同前、五〇一頁)。

八重から監視・反対

この有力な「同志」は、時には襄の監視人となります。それでなくとも、八重は「悪妻」呼ばわりされていましたから、襄にとっては手ごわい存在であったはずです。中国には、「雌鶏《めんどり》うたえば家滅ぶ」(英語の方が、分かりやすいかもしれませんね。It is a sad house where the hen crows louder than the cock.)という言い伝えがあるそうです。さすが儒教の国です。嫁が強い家庭は崩壊する、ロクでもない、というのです。

日本でも、これに共鳴する人がたくさんいたでしょうね。新島夫妻はそうではありません。ですが、それでも夫妻をよく知る徳富蘇峰は、やや遠慮がちに、こう言っております。「どうも偉い人は、えらい駻馬《かんば》の奥さんをもつものです」(徳富蘇峰「裏から見た新島先生」六二頁、『新島襄先生』、同志社、一九五五年）。

　蘇峰は、個人的な懇談の場では、もっと過激な八重批判を展開しております。襄の生命を縮めた要因（四つ）の中に、八重の無理解を挙げていますから。ちなみに他の三つとは、宣教師の無理解、「バイブル・クラス」（熊本バンドの中核）の傲慢、そして府知事の圧迫です（吉田曠二《ひろじ》『わが生涯の新島襄』七六頁、不二出版、一九九一年）。

夫婦間の攻防

　夫に対して無理解と言われると、八重としては辛いでしょうね。たとえば、襄が病気を押して関東に募金活動に出かけようとする時などは、夫の身を心配する妻としては当然、ドクターストップをかけます。「巡査」ではなく、「看護師」として、必死に止めにかかります。ドラマでも夫妻の攻防戦を綾瀬はるかサンが熱演していました。

　「もういい！　もうやめてくなんしょ！　ジョーの心臓が破れてしまう！　大学なんかいらねぇ！ジョーが命を削るぐらいなら、大学なんか、出来《でぎ》なくていい！」。

　あくまでも、強硬に反対します。もちろん、襄も黙ってはいません。反論します。八重も八重で、さらにけんめいに食い下がります。

　「同志社が大事だ、日本は大事だ。んだけんじょ、この世のどんなごども、ジョーの命と引き替えにはできねぇのだし！　ジョー、大学は他の人でも作《つぐ》れる。ジョーでなくとも（できる）」。

一粒の麦となって

ここまで反対されたら、襄は引き下がるのか、と思いきや、そこは襄です。八重の反論を遮《さえぎ》って、こう説得します。

「それ以上は――（言ってはいけない）。私がいなくなっても、きっと、後に続く人たちが、自由の砦《とりで》を作り上げてくれる、私もそう信じます。けれど、そのためには、まず誰かが種を撒《ま》かなければならない。一粒の麦が、地に落ちなければ――」。

「自由の砦」と並んで、「一粒の麦」という用語が、ここでは大事です。この単語は、聖書から引かれています。ドラマでは、それを新島に引き寄せて使っています。その根拠は、新島の葬儀のさいの告別説教です。

葬儀の説教は、教え子の小崎弘道が担当しました。説教者が選んだ聖書の箇所が、「一粒の麦」のところでした。「一粒の麦、地に落ちて死なずば、唯一つにてあらん。もし死なば、多くの実を結ぶべし」（「ヨハネによる福音書」十二章二十四節）。

志をつなぐ

新島には、最初の「一粒の麦」になる、というリンとした覚悟がありました。いつの日か陽の目を見る同志社大学の「初穂」になるための種まきでした。その背景には、後に続く大勢の「同志」が、自分を踏み越えて前進してくれるはず、とのゆるぎない信念と強い期待がありました。

たしかに新島は、独力で、あるいは自分一代で同志社大学が創れるとか、創り上げられるとは、まるで思っていませんでした。「大学ノ目的ハ、一時ノ急ニ応スル位ノ事ニアラス。又、小生等一代ノ仕事ニアラス。累代《るいだい》、志ヲツキ〔継ぎ〕、他年、盛大ナル大学ニ至ラシムルノ目的」なり、と承知しております（④二一八。傍点は本井。本書二四八頁参照）。

「志を継ぎ」とある点に着目してください。要は、自分の「志」を次世代以降に継いでもらうことを新島は期待しております。最初から勘定に入れています。

立志の必要

新島には、生前から、後に続く人たちが、自分の夢（宿志）をきっと実現、完成してくれる、との大きな期待がありました。そのためには、たとえ小さくても「一粒の麦」を撒《ま》いておくことが必要だ、というのです。

種とはもちろん新島自身を指します。新島の生涯は、種撒きで終わってしまいました。だから、失敗の人生であったか、と言えば、そうじゃないですよね。途中で倒れることは、新島にはいわば「想定内」のこと、だったはずです。

大事なことは、まず「志」を立てること、つまり立志です。先年、今出川キャンパスにあった同志社中学校（私の母校です）が岩倉キャンパスへ移転する時、私はメインの校舎であった「立志館」を、名前だけでも岩倉に移すことを当時の校長先生に強く進言しました。

その結果、幸いにも岩倉には「志」が入った校舎が、三棟（桑志館、宿志館、立志館）揃いました。ロケーション的にも、「志のトライアングル」を形成しています。一方、今出川の跡地には「立志」と刻んだ石碑が建ちました（本書口絵⑨参照）。

「まず、隗より始めよ」

「立志」に次ぐのは、志の中身を明確にすること。そして世にそれを知らしめる、いや訴える。そうすれば、必ずそれに共鳴してくれる人が現われて、助けてくれる。それが「同志」です。新島は事業の建設途上に「志半《なか》ばで」地上の生涯を終えました。ですが、大勢の「同志」を生み、彼らに夢を託して亡くなりました。

新島が将来「同志」になるべき人材としてまず期待したのは、もちろん同志社の学生たちです。晴れの第一回卒業式（一八七九年六月）で、彼は十五人の卒業生（全員「熊本バンド」です）に声涙共にくだる式辞を披露いたしました。その際、よく知られた中国の故事、「隗《かい》より始めよ」を下敷きにしました。

郭隗《かくかい》という学者が、ある時、燕《えん》の国王から相談を受けます。宿敵の相手国を負かすために、必要な人材を集める秘訣が知りたい、というのです。郭隗は、答えます。「賢者を招きたければ、まず凡庸な私、隗から採用されてはいかがでしょうか。そうすれば、それを聞きつけて、私よりもずっと優れた人物が、次々と進んで応募してくれるはずです」と。

王がこの提言を聞き入れたところ、やがて楽毅《がっき》という素晴らしい賢者を招くことが出来ました。その結果、みごと宿敵を討つことができた、という故事です。

「楽毅を待つ」

新島はこれを紹介した後、涙ながらにこう訴えます。

「諸君、之《こ》れは支那《しな》〔中国〕の史的物語でありますが、私は今や恰《あたか》も此《こ》の郭隗の役目を果したいと思います。自ら顧みて、私自身は此の教育事業〔同志社校長〕に必ずしも適任であると考へて居るものではありませんが、と申して、他に当たるべき人もないので、『先《ま》ず隗より始めよ』という精神から、私は敢《あえ》て一身を挺して、此の事業に当ったわけであります。

従って、之れは私一人では決して成し遂げることはできません。私は隗の役目を果すもので、私の後に楽毅が出て来なければなりません。

果して然《しか》らば、其の楽毅は何人ぞ。私は信ずる、今卒業して社会に出でんとせる諸君こそ、実に其の楽毅であらねばなりません。私は、此の大事業の大成を諸君の力に俟《ま》ち、哀心《あいしん》、諸君に信頼して居るものであります」（森中章光編『新島襄片鱗集』三二二～三二三頁、丁字屋書店、一九五〇年）。

「熊本バンド」

式辞は、評判を呼びました。こんな哀願を校長から、涙ながらに聞かされては、誰でも「馬耳東風」とすませるわけには、まいりませんよね。なかでも一番感激したのは、当の卒業生たちです。「八重の桜」でも、「過激な転校生」として紹介された実に勇ましい学生集団、「熊本バンド」です。バンドのひとりだった徳富蘇峰に証言があります。「如何《いか》なる傲岸《ごうがん》なる熊本バンドの卒業生（先輩たち）も、以上の告辞には、感激せざる者はいなかった」（『三代人物史』五二三頁）。

いまひとり、バンドのリーダー格の小崎弘道は、自分たちの猛者《もさ》振りをこう述懐しています。「熊本より同志社ニ来た青年の一団は、恰《あたか》も猪武者《いのししむしゃ》か、鼻切れ牛の如《ごと》きもので、頗る乱暴なものであった」（『創設期の同志社』一二三頁、同志社社史資料センター、一九八六年）。

在学中の「熊本バンド」の学生たちは、乱暴なばかりか、校長の新島を過小評価していました。評価どころか、時には侮蔑《ぶべつ》さえします。たとえば、バンドのひとり、浮田和民は、率直にこう告白しています。「先生は中々親切なお方ではあったが、当時、私共は、所謂《いわゆる》学問の師としては、先生を信じてゐなかった」と（同志社校友会編『新島先生記念集』一三八頁、同志社校友会、一九六二年）。

それが、新島のもとで三年間の同志社生活を終え、いざ社会に出るという段になって、ようやく新島を見直す機会が与えられたのです。それが、卒業式でした。

海老名弾正も感激

小崎や浮田の同級生、海老名弾正《だんじょう》も次のように証言しております。

「新島先生も此《こ》の時、（卒業生の演説と共に）演説をせられた。それは、私共、三年間、聞いた事がない演説であった。非常ニ深い感動を与へられた。そして、初めて先生の真相を知ったかの様に感じ、特ニ此の時から、先生ニ対する尊敬の念が起った様な事でした。

先生の演説の主意ハ、『自分は器《うつわ》ではない。必ず後から人物が出ると思ふ。其《そ》れを待つ為に、自分はその器でないけれども、初〔始〕めて居るのである云々《うんぬん》』」（『創設期の同志社』二九四頁）。

たしかに新島の演説は、今読み返してみても、的《まと》を射ています。これを聞いて卒業した十五人の中から、新島の後を継ぐ同志社社長（あるいは校長）が数人出ました。とくに、新島の宿志である同志社大学を実現させるにあたって、中心的な働きをしたのは、彼らとその後輩たちです。新島の思惑通り、彼らは実に有力な「同志」となったのです。

学生へ最後のアピール

同じような校長スピーチは、新島最晩年にも繰り返されます。死去する三か月前のことです。全校の学生は学内のチャペルに臨時に呼び集められ、新島のアピール、いや哀願《あい》を聞きました。新島は、「常〔の洋服〕とは違って、羽織《はおり》、袴《はかま》の和服姿」でした。それればかりか、「顔面憔悴《しょうすい》」のうえ、「白布で頸《くび》を巻かれ」た、という異常な姿です。

学生一同は、何事かと仰天します。新島は口を開き、まず、学生たちが日ごろ捧げてくれている同志社大学設立募金への礼を述べます。ついで——

「自分は近く、病を犯《おか》して、東上〔関東出張〕の途につかんとして居る。同志社大学設立の挙は、遷延《せんえん》日を重ねるに忍びないからだ。思ふに前途遼遠《りょうえん》、到底この病身で目的成就は六カ敷《むつかし》からう。半途で倒れた自分の志を継ぎ、同志社大学の挙を完成して貰ふのは、諸君を措《おい》て外《ほか》はないと思ふ。諸君、何分《なにぶん》よろしくお頼みする」（傍点は本井）。

「同志社大学の完成は、一代や二代でなる仕事ではない。斃《たお》れて後ちも止まざるは、自分の決心である。自分をして斯《こ》の不退転の志を達成せしむるは、諸君である。諸君、何分宜敷《よろし》くお願いする」

（『新島先生記念集』一〇九頁）。

「不退転の志」を受け継ぐ

新島は必死の形相《ぎょうそう》で、「不退転の志」を学生に披瀝《ひれき》したのです。気分としては、まるで「遺言」です。たしかに、これが現役学生への最後の言葉になりました。

新島が訴えたかったこと、それは、自分の宿志を後続の誰かが受け継ぎ、成就してほしい、という一点です。学生たちは、病人の口から出る一言一句を決して聞き漏らさじ、とばかり「全身を耳にした」といいます。そのひとりが、牧野虎次でした。後の同志社総長です。彼は、古希《こき》を迎えてから、「この譲られたるバトンを〔新島校長から〕受け継ぐべき有為《ゆうい》の士の輩出を待つや、切なり」との待望を表明しています（『新島先生記念集』一〇九～一一一頁）。

新島の志というバトンを受け継ぐ者こそ、新島の「同志」です。新島はこうした「同志」が、自分の死後も次々と現われることを確信していました。そのために彼は、生前から、「新島似の人物」を生みだすことを念願していました。
その証拠となりそうなエピソードが、ひとつあります。

高官から仕官のオファ

京都で同志社を開き、その経営に腐心していた当時、東京のある政府高官から「政府に出仕しないか」との熱心な誘いがありました。首都を東京に奪われた後、寂《さび》れ行く一方の京都なんかに引っ込んでいるばかりか、内外ともに塾みたいに貧弱な学校をシコシコと経営するなんて、貴君のような才能と学歴の持主には、不得策ではないか。むしろ思い切って中央に出て「日本大政府の上に立ち」、日本全体の教育行政のために働いたほうがずっといいではないか、というオファーです。

この高官とは、田中不二麿《ふじまろ》でしょうね。彼は新島を見込んで、文部省に入ることを再三、執拗に誘っています。オファーに対する新島の返事は、そのつど「否《ノー》」でした。

この時の返事（返信）は、次のような内容であったと伝わっています。本人の言葉そのものじゃなさそうですが、『新島襄全集』には未収録ですから、関係個所を参考までにここに引用しておきます。

千百の新島を生みだしておく

「貴諭の段に付ては、小生も全く考へざりしもあらざれど、若《も》し仮に襄が今、朝《ちょう》〔政府〕に立ちて何程の事をか取ると仮定せしに、其事業たる実に言ふに堪へざる程の小さき事たるに過ぎざるべし。

左《さ》れども、若し国の一隅に引退して、幾多有為の士を教育し、之《これ》をして出でて社会に立たしむることを得るに於《おい》ては、只々一人の新島のみならす、千百の新島が国家の為めに働くに至るべし。此《こ》れ、小生が畢生《ひっせい》の目的とする所なり云々《うんぬん》」(原著者不明・山内英司編『新島先生逸事』一頁、傍点は本井、私家版、一九九二年。本書二七九頁参照)。

「千百の新島」は、自分の死後、自分の宿志を継ぐ後継者となってくれる、との期待が、新島の胸には当初から宿っていたはずです。要は、「同志」をいかに生みだすか、です。

先日、昔の教え子から、「先生、あの頃から卒アルに新島先生《せんせ》のこと、書いてはりましたね」と言われました。あわてて二十数年前の同志社女子高卒業アルバムを開いてみたら、たしかに、その前後も毎年、同じ餞《はなむけ》の言葉を書いていました。

この学園から、「新島襄の志を志とする『襄の娘』が起り来らんことを」と。

「志を継ぐ」のは誰か

新島は、亡くなる三か月前、病気を押して京都を発ち、群馬県まで出張します。大学設立のための募金活動です。しかし、予想されたかのように前橋で倒れ、大磯で療養します。が、結局、再起できないまま、四十六歳で死去します。宿志の大学設立という夢は、こうして挫折してしまいました。

前橋で彼は旧知の新井亳(群馬県在住。本書三九頁参照)に宛てて手紙を寄せました。その中には次の歌が詠み込まれています。

斃《たお》るれど其のこころ根の枯れされは
　また来る春に花そ咲《さく》らむ

新島は、この歌にふたつの意味をこめた、と自身、語っています。ひとつは、挫折や失敗はあるものの、自分は決して失意落胆はしない、いずれ再挙を必ずはかりたい、という強い決意表明です。もうひとつの狙いは、「大望」を遂げる前に病魔に侵されてしまった。しかし、たとえ斃れることがあっても、「誰カ余之志を継ぎ、此事業を成就セしむるあるへしと陳《の》へたるなり」。

両者を合わせてみると、「兎《と》ニ角《かく》、小生ハ死ニ至る迄も、必す為すの決心に有之候間《これありそうろうあいだ》、小生之心事を知り賜ふ貴君ニハ、此歌の意も、御了解あるへしと存候」（④二六二）。

「同志」への期待

ここでは、「余之志を継ぎ」という文言に注目してください。「同志」が起り来らんことを望む気持ちが、表明されています。前にも紹介したように、新島は、大学の設立は、「小生等一代ノ仕事ニアラス。累代《るいだい》志ヲツキ、他年、盛大ナル大学ニ至ラシムルノ目的」なり、と覚悟しておりましたね（④一一八）。ここでも「累代、志をツキ（継ぎ）」と言っております（本書二四八頁）。

教え子の徳富蘇峰や増野悦興《よしおき》にも、「同志」が必ず引き継いでくれる、という確信を伝えています。「縦令《たとい》、小生斃《たお》ル、モ、皇天必ラス生ニ代ルノ人ヲ起スベシ、ト固ク信シテ疑ハス。断然、戦地ニ赴クノ用意ハ致居候」（③五四三）。

「予、一《ひと》たび死す。必ず我党中、起て予が志を継ぎ、之を成就する者あるべし」（傍点は本井。拙著『敢《あ》えて風雪を侵《おか》して』三六頁）。

「私立」は「志立」

さて今日は、明日から正式に同志社社員になられる新入教職員に向けての講演会です。毎年三月末に、こうして同志社総長とふたりで「教育講演」をさせていただいて、もう十年近くになります。皆さまの先輩にあたるスタッフに七年前に披露した講演は、以前に出した拙著『敢《あ》えて風雪を侵して』に収録いたしました。

今日のお話も、いずれ拙著（それが本書です）に収録しますので、読み返していただければ、うれしいです。毎年、私がこのハーディホールで紹介していることがあります。早稲田の先生方が考案されたことなんですが、「私立」の特徴は「志立」と「資立」にある、という指摘です。実に上手な捉え方ですね。国公立の学校との違いをとてもうまく言い表わしております。私も感心して、以来、あちこちで使わせてもらっています。

とくに共感するのが、「志」です。たしかに私学は「志」から始まります。「志」抜きには、私立は始まりません（拙著『敢えて風雪を侵して』一九頁）。

「同志」が創る学園

その点、同志社は合格です。まず、ネーミングの点でも、「志」入りの学園だからです。見た目からも、私立同志社は「志立大学」の典型と言えます。校名のど真ん中に「志」が入っていますから。

他学で言う建学精神とか、創立理念は、同志社の場合は、「志」がそれにあたります。その「志」が校名の中心に据えられて、初めて同志社と言えるのです。つまり、「志」がなかったり、抜け落ちたりすると、同志社ではなくなります。「同社」大学になりかねません。

私は十年ほど前から授業や講演はもちろん、学内集会のあちこちでそれを訴えてきました。おかげでかなり浸透してきました。市民権を持ち始めています。その証拠に、本学の広報課が作成する大学案内やデジタル情報にも、盛り込まれるようになりました。

現に、いま同志社大学HPの大学案内には、キャッチコピーとして、「全ては一人の青年の『志』から始まった」というタイトルがつけられています。ほかにも、「今なお連綿と息づく新島襄の『志』」といった文言も見当たります。

「ワン・パーパス」

じゃ、同志社の「志」とは何か、です。まずは、「襄の志」です。それに共鳴する人を「同志」といいます。同志社は、新島の発した建学精神に共鳴した「同志」たちが働く、いや、創り出す学園です。新島の「志」を受け継いだ「同志」たちが、それを教育活動に反映させることで、初めて「同志」社の名にふさわしい学園が成り立ちます。

同志社の「同志」になること、それが教職員スタッフに課せられた大事なミッションです。

私たちの校歌（カレッジ・ソング）は、英語ですね。冒頭の歌詞二字から、「ワン・パーパス」（One Purpose）と呼ばれています。これは、初期の外国人教員が、同志社という校名をOne Purpose Companyと英訳したことに由来しています。

「ワン・パーパス」を日本語にすれば、「同志」です。同じ志を持つこと、同じ方向を目指すこと、それが出来ると、私たちは、相互に「同志」になれます。「同志社」の構成員になれます。

同志社を同志社とするには

そうは言っても、同志社の図体《ずうたい》がこれだけ大きくなりますと、どことなく安心感や気の緩みが漂い始めます。法人が経営する学校の数は、幼稚園を含めると、今では十四校になりました。人数で言えば、学園全体では四万人をはるかに超えます。ちょっとした地方都市の規模です。大学をとってみても、二つの大学の学部の数は、来年度から延べで二十になります。驚くべき数字です。

だから、ほっておいても学園は未来永劫《えいごう》まで続くような気分になりがちです。これはダメですよ。錯覚しないでくださいね。安泰なんてことは、ありえません。

なぜなら、同志社を同志社にしようとする努力や試みがなされなくなると、やがて内部崩壊が始まります。そして、「ただの学校」にまで朽ちて行きます。そうすれば、本来の特性が消え失せて、普通の大学、ありふれた学校に成り下がります。いや、最悪の場合には、周囲から見捨てられ、廃校せざるをえません。

これが、十九世紀の開校当初であれば、事情は違います。なにしろ、（当時の宣教師が見るように）学校は「侮蔑と嘲笑の対象」だったのですから（*The Missionary Herald*, Apr. 1890, p.146, ABCFM）、スタッフは必死になって外圧に抵抗して、経営と教育に取り組まないと、学校は潰されます。

二十一世紀になっても、心構えが変わったり、エネルギーが枯れたりしてはなりません。意図的に同志社にしようと頑張るスタッフがいる限り、同志社は制度的にも精神的にも朽ち果てません。むしろ、理念的にはいよいよ拡大、発展するはずです。新島の目算では、ソフト面を含めて、学園を完成させるまでには、そうした努力が三百年（これまでの伝承では、二百年）は必要だ、というのです。

「志」が抜け落ちると――

新島の「志」が抜け落ちて、同志社が「同社学園」になってしまうと、外見はともかく精神的には、もはや新島の志とは無縁の組織です。もう一度、くり返します。「同志社」のど真ん中には、「志」が座っています。「志」がなくなれば、「同志社」ではなくなります（拙稿「立志をつなぐ」九頁、『Ever Yours』同志社中学校、二〇一〇年三月）。

将来、そういう日が来るようなことがもしもあれば、看板を書き換えてください。新島的には、「今出川大学」とか、「御所《ごしょ》北女子大学」に改名すべきでしょうね。

つまりは、同志社が引き続き同志社であるかどうかは、新島の「宿志」が受け継がれるか、受け継がれないか、これで決まります。新島の永眠直後に開かれた追悼集会で、あるクリスチャン・ジャーナリスト（竹越三叉《さんさ》）が、こうアピールしております。新島の「宿志」がよく代弁されていますから、引いてみます。

「新島先生を記念するために集まられた皆さん。どうか皆さんは、新島先生の志をついで、日本国民を偉大と正義と高潔と剛毅に満ちた国民にならせるように努めて下さい。これこそが、新島先生を記念する最上の道であります」（『新島襄の生涯』一六四頁、傍点は本井）。

これはとりもなおさず、このスピーチから百二十四年後の今日、ここに集まられた皆さんへのアピールにも、そのままなりえます。

「吾人の志を助けよ」

最後は、新島自身の言葉です。ふたつ紹介します。いずれも、神が新島の中に起こした「願い」と言えます。ひとつは、学外向けのアピールで、例の「同志社大学設立之旨意《のしい》」を締めくくる最後の文です。教え子の徳富蘇峰が、新島の意を汲んで書き上げた名文です。

「願くは、皇天、吾人《ごじん》が志を好し、願はくは世上の君子、吾人が志を助け、吾人が志を成就するを得せしめよ」（①一四一）。

さすが、恩師と一体の蘇峰だけのことは、あります。たったひとつの文の中に、「志」がなんと三度も使われています。「同志社大学設立の旨意《しい》」の面目が躍如《やくじょ》とする一文です。

ここで言う「吾人の志」とは、もちろん新島の「志」を源流とする同志社の創立理念です。主として外部者へのアピールですが、学内の人間も、無関心であってはなりません。

志を継ぐ

もうひとつは、学内向けのアピールで、在校生に向かって発せられたものです。先ほども紹介したのですが、大事ですからもう一度、繰り返します。

「半途で倒れた自分の志を継ぎ、同志社大学の挙を完成して貰ふのは、諸君を措て外はないと思ふ。諸君、何分よろしくお頼みする」。

これは学生に向けて発信されたものです。しかし、新島の後に続く教職員、しかも今のスタッフにもそのまま当てはまります。新島の「同志」になるべき人と言えば、まずは学生、教職員、卒業生でしょう。さらにはその家族や教会員（信徒）が、中核になるべきでしょうね。

先年、同志社がこの近くのホテル（レジーナ京都）を買収して、校舎に転用したさい、ネーミングをどうするか、で相談がありました。私は、迷わず「継志館」を提案しました。「継志」という言葉を、学内のどこかに見える形で刻んでおきたかったのです。ここから歩いて数分の新町《しんまち》通り（新町キャンパス南）にありますから、一度、確認してください（本書口絵④参照）。

「継志」重視は、個人的にもそうです。私は「新島襄を語る」シリーズという講演集を十年前から出し始めて、いま第九巻まで来ております。第一巻は、『千里の志』でしたので、第十巻は、『志を継ぐ』（本書です）で締めよう、と前から決めております。「立志」に始まり「継志」に至る、という「志シリーズ」です（本書五頁参照）。

「諸君、何分よろしくお頼みする」

さて、結論です。同志社の完成には三百年（二百年は誤伝ですよ）、と新島は予測、いや覚悟していました。新島は「宿志」の完成をすべて後続の者に託しました。それからすると、私どもの学園はたかだか創立百三十九年ですから、まだ折り返し地点にも届いていません。建設途上もいいとこです。

つまり、新島の志を実現したり、敷衍《ふえん》したりする余地は、まだまだ学園の中に残されています。教職員スタッフには、やるべきことがまだまだいっぱい残されている、ということです。

じゃ、何から手をつけたらいいのか。まず新島の「志」に触れ、それに共鳴し、それを受け継ぐ「同志」になる。ついで、「同志」リレーよろしく、バトンを次世代に送り届ける。こうして、ひとつの目的、すなわち「ワン・パーパス」を軸にスタッフが連帯、一致、協働する。それが、創業者から与えられた課題、宿題です。同志社の場合は、ミッション（使命）と言い換えられます。

皆さまの奮闘が期待されます。新島襄は皆さまにも、こう懇願しておりますよ。

「諸君、何分よろしくお頼みする」と。

「奇しき御手《みて》、汝を導かん」

そう言われても、明日から始まる同志社での新生活に、漠然とした不安を抱いている方も中にはおられるでしょうね。

ですが、大丈夫ですよ。皆さまのこれからを基底で支えてくれるものが、皆さまの背面《うしろ》に控えています。振り向いて、ホールの壁に飾られた英語の文言を読んでください。第一回卒業式の式辞で、新島が締めくくった英語のメッセージです（写真は拙著『ひとりは大切』一九〇頁参照）。

日本語にすると、「行け、行け、行け、心やすらかに。雄々しかれ！　奇しき御手《みて》、汝を導かん」です。新島を終生、護り支えた「奇しき御手」は、皆さまをも必ずや祝福し、導いてくれます。それを確信して、「同志」に至る道のりの第一歩を、まずは雄々しく踏み出してください。

（同志社新入教職員教育講演会、同志社大学寒梅館ハーディホール、二〇一四年三月三一日）

誰カ余之《の》志を継き

上州の知人、新井毫へ前橋から出した書簡（一八八九年十二月十日）に見える一節（④二六二）。全文は、「誰カ余之《の》志を継き、此《この》事業を成就セしむるものあるへし」。

新島は医者の反対を押し切り、大学設立募金のために関東に出向いたものの、案の定《じょう》、前橋で倒れた。書中では、「病魔之一囚人」、「敗軍之将」と自称する（④二六一）。

けれども、新島の意気は軒昂《けんこう》である。「大望」を遂げずに「失敗」したにもかかわらず、けっして「失意落胆」せず、「再挙」を図る決意を表明する。「余之志を継き」、事業を完遂してくれる同志がいることを確信していたからであろう（本書二九〜三〇頁参照）。

新島の死の直後に開かれた追悼記念会で、竹越與《よ》三郎（三叉《さんさ》）は講演をこう締めくくる。

「どうか皆さんは、新島先生の志をついで、日本国民を偉大と正義と高潔と剛毅に満ちた国民にならせるように努めて下さい。これこそが、新島先生を記念する最上の道であります」（J・D・デイヴィス著、北垣宗治訳『新島襄の生涯』一六四頁、傍点は本井、同志社大学出版部、一九九二年）。

「新島襄を語る」シリーズが完結
――『千里の志』から『志を継ぐ』までの十年――

シリーズの始まりは

ようやくひと仕事が、終わります。私のライフワークのひとつ、「新島襄を語る」シリーズ最終巻の出版作業です。

このシリーズの準備は、今からちょうど十年前の二〇〇四年の春に始めました。それまでの非常勤講師（兼常勤嘱託職員）が、大学（神学部）に拾われて、いきなり（大学院）教授になった時です。

個人研究費や、出版助成金のシステムを使えば、本が毎年出せるのでは、と舞い上がりました。はたして何巻まで続くのか、いや、続けられるのか、その見通しも、まったく不透明でした。

手始めに「第一巻」と振ってみて、行けるところまで行ってみよう、と気楽に考え、とりあえず企画をスタートさせました。

あれこれ準備のすえ、一年後の二〇〇五年春に第一巻を出し、続いて同年暮れに第二巻が出せました。意外に順調な滑り出しでした。もともとやりたかったプロジェクトであったうえに、興味深く読んで下さる方からのお褒《ほ》めの言葉も、継続と加速の推進力になりました。

調子に乗って、第二巻の「おわりに」という所で、「白昼夢」を公表しました。「せめて五巻、できれば十巻くらい出せればなあ」と（拙著『ひとりは大切』二二二頁）。

大団円

当初は、ホントに白昼夢というか、夢物語に過ぎませんでした。が、幸いなことに、漠然と目標とした第十巻（本書です）にこうして十年間で漕《こ》ぎ着けられました。

語る材料や話題は豊富なので、十巻くらいのボリュームなら大丈夫いける、といった確信は、当初からありました。むしろ問題は、どう語るか、です。それと最大のネックは、補助があるとは言え、出版費用です。好きな本を好きな時に好きな形で出す、という気ままな自費出版ですから。

本書（第十巻）は、ひとまずの「区切り」です。だから、第一巻の書名、『千里の志』を受けて、第十巻は『志を継ぐ』としました。「志」で始めましたから、締めも「志」に、と前から決めていました。

「大団円」とまではいきませんが、舞台の序幕（プロローグ）が終幕（エピローグ）をちゃんと用意する、という構成プランを、せめて書名の上だけでも完結させたい、とひそかに目論んでいました。

思わぬ軌道修正

ただ、この間に、思わぬ出来事に遭遇し、当初の軌道を大幅に修正することを余儀なくされました。

大河ドラマ「八重の桜」（二〇一一年六月公表）です。突然の新島夫人の出現、いや抜擢《ばってき》に、世間は大

いに面喰《めんく》らいました

そりゃ、そうでしょう。大河ドラマというのは、売り込み合戦が非常に激しいことで知られています。あちこちの道府県、市町村から何年もかけて（その数は四十を超えるでしょうか）、NHKへの陳情が行なわれているのを、私も仄聞《そくぶん》しております。

なのに、新島八重の場合は、スタートからして、まるで白紙状態です。出身地の福島県にしろ、ゆかりの深い同志社にしろ、事前運動やら売り込みなどは、カケラもありませんでした。ほとんど誰も期待しておらず、頼みもしないのに、という異例の選抜、人選です。

逆から見れば、大本命が落選する、という大番狂わせでした。相撲で言えば、もともと取組自体さえ考えられない、はるか十両以下の相撲取りが、東の正横綱を破ったような世紀の「大金星」です。

八重のコメンテイター

それにしてもNHKは、陳情ゼロの人物、しかも全国的にはほぼ無名の女性をヒロインによくぞ抜擢したものです。これこそ「三・一一」が生んだ「大英断」です。

以後、私のもとへあちこちからお声がかかりました。「八重のことを知りたい」というのです。とりわけ、大河ドラマの時代考証を引き受けてからは、いっそう「お呼び」に拍車がかかりました。あちこちからのオファーはすごかったです。

去年末にドラマが完結してからも、半年くらいは余燼《よじん》が残りました。今年の六月になってようやく

「八重特需」も霧散し、八重コメンテイターの仕事もなくなりつつあります。

「歴史秘話ヒストリア」

私とＮＨＫテレビ、特に八重番組との接点は、五年前です。二〇〇九年四月に、「歴史秘話ヒストリア」（新島八重の生涯）の番組制作に協力し、インタビュー出演もしました。

この番組は、あくまでもノンフィクションを貫く、というのが、最大の特色です。面白《おもしろ》、可笑《おか》しく作る、単なる娯楽番組ではなく、歴史番組、ないしは教養番組です。この点は、大河「ドラマ」との大きな違いです。

この「ヒストリア」（新島八重の生涯）は、「八重の桜」が決まる伏線としては、とても大事な番組だった、と今も思っています。その証拠に、去年一月九日、「八重の桜」開始に合わせて、また再放送されました。

ただし、今度は「八重の桜」ＰＲ番組の役割も兼ねておりますから、会津カラーを強めたリメイク版です。私のインタビューシーンはそのまま生き残っておりました。そして「八重の桜」が終わる十二月にも、またまた再放映されました。

泥縄《どろなわ》の八重研究

二〇〇九年春に話を戻します。「明治悪妻伝説　初代ハンサムウーマン　新島八重の生涯」と題された「歴史秘話ヒストリア」番組が終わった後、私は『ハンサムに生きる』（このシリーズの第七巻目）を出して、八重を紹介しました。

これは、ノンフィクションです。この種の八重本のハシリです。あるいは、その後の「八重の桜」放映決定や八重ブームに火をつける役割をはたしたかもしれません。

それとは別に、私の中でも、おそまきながら八重を歴史研究の対象として見直すようになりました。けれども、本来の八重研究家は（私を含めて）誰ひとりいません。ただ、研究対象にはなっていませんが、八重は早くから小説や漫画、あるいはドラマの領域ではそこそこ、取り上げられてきました。

福本武久氏

たとえば、小説家の福本武久氏など、さしずめこの面でのトップランナーです。ですが、絶版になっていた福本氏の小説、『会津おんな戦記』にしろ『新島襄とその妻』にしろ、二〇一二年になってから復刊された文庫本には、それぞれ『小説・新島八重』という文言が、あらたに書名に付け加えられています。そもそも小説でしたから、「屋上、屋を架す」嫌いがあります。なぜか。

評伝や歴史書でないことを断っておかないと、誤解が生じる恐れがあるかもしれない、との懸念からでしょう。だから、念を入れるために、小説自体にわざわざ「小説」であることを明記する必要があったのでしょうね。

それと、以前のように書名で「その妻」呼ばわりすれば、それこそ、八重を刺身のツマ扱いすることにもなりかねません。ですからここは、はっきりと主役の「新島八重」を前面に押し出すべきでしょう。その結果が、「小説・新島八重」という、小説にしてはちょっと不思議な文言が、書名のなかにわざわざ挿入されたのでは、と推測できます。

別巻シリーズの立ち上げ

私にとっても、八重をもっと研究しなければ、という想いが、「八重の桜」で加速しました。そこで、これまで出してきた「新島襄を語る」（いわば本流）とは別に、「新島八重を語る」シリーズ（いわば支流）を別に立ち上げるプランも、一瞬、頭の中を過《よぎ》りました。

しかし、会津と戊辰戦争（白虎隊）を語って終わりとする八重論ならいざしらず、八重の生涯をトータルに捉えるには、襄や同志社の存在、さらには信仰（キリスト教）の分析が不可欠、との確信が私にはありました。

そこで、襄とのセットで、すなわちカップルとして八重を見る、八重を語ることにしました。私にできることは、夫妻としての視点から八重の姿を捉えることです。他の著者や小説家、ライターには無いような利点が私にあるとすると、それは（この半世紀間、つき合ってきた）襄の目線で八重を見る、という視点でしょう。

こうして、私は「地の利」を最大限に活かして、新島目線で八重像を書いたり、語ったりすることに力を入れることにしました。

本流から支流へ

別巻シリーズを立ち上げたのは、以上の理由からです。そのため、「新島襄を語る」の第九巻を出した時点で、本流から支流の八重本の方に軸足を置きかえました。

支流とはいえ、予想よりも「多作」になり、結果的に別巻は四巻になりました。これらを含めて、私が関わった八重本は都合、七冊にもなりました。いわゆる単著（個人の著作）が五冊、共著が一冊、そして漫画監修が一冊です。

ですが、語り尽くした、という気分からは、まだまだほど遠いのが現状です。

十四巻のラインアップ

こうして、「新島襄を語る」シリーズ全十巻の当初の見込みが、最終的には十四巻に膨《ふく》らみました。で、まとめとして、以下に全巻を列挙してみます。出版のペースは、一年に最低一冊、多い年は三冊という実績です。

第一巻『千里の志』（二〇〇五年六月）
第二巻『ひとりは大切』（二〇〇六年一月）
第三巻『錨《いかり》をあげて』（二〇〇七年二月）
第四巻『敢《あ》えて風雪を侵して』（二〇〇七年一〇月）

第五巻『元祖リベラリスト』(二〇〇八年七月)
第六巻『魂の指定席』(二〇〇九年五月)
第七巻『ハンサムに生きる』(二〇一〇年七月)
第八巻『ビーコンヒルの小径《こみち》』(二〇一一年五月)
第九巻『マイナーなればこそ』(二〇一二年二月)
第十巻『志を継ぐ』(二〇一四年一一月)

別巻一『日本の元気印・新島八重』(二〇一二年六月)
別巻二『八重さん、お乗りになりますか』(二〇一二年一二月)
別巻三『八重の桜・襄の梅』(二〇一三年六月)
別巻四『襄のライフは私のライフ』(二〇一四年五月)

出典と索引

内容的には、何よりも「わかりやすさ」を主眼にしました。文体を語り口調(です・ます調)にしたのは、そのためです。一般啓蒙書ではありますが、その一方で、玄人《くろうと》筋にも読んでもらえるような内容と体裁を心がけました。

つまり、一般書(講演集)では、異例のことなんですが、叙述の典拠(引用)を明示したり、引用のたびに、それぞれの出典を入れたりました。典拠を文中に入れると、一般の方々には、読みづらく、煩《わずら》わしいことは、十分、承知しています。

巻末には索引もつけました。完全な手作業ですから、一冊分の索引を作るには、これだけで数十時間かかります。時間に追われる時には、正直、いやになります。自分で自分の首を絞めるアホウな仕事に見えてきます。ですが、半分は自分のためと思って、完遂《かんすい》しました。

書名へのこだわり

書名は、新島の想いや考えが読者にストレートに伝わるような文言を毎回、探しました。「新島ワールド」を彷彿《ほうふつ》させてくれる印象的な用語を使いました。

第一巻の書名にした「千里の志」は、函館の密航記念碑に彫られた周知の文言です。新島自身の旅立ちと、「新島襄を語る」シリーズの船出とを重ねてみました。襄同様にどこに行けるのか、確固とした見通しはありません。が、両者ともに「奇しき御手《みて》」に導かれて、目的地に安着したいです。

最終巻は新島の「志を継ぐ」にしました。

気分はいわばCD作成

本を出版する作業自体は、けっして難しいことではありません。執筆や編集、レイアウトといった仕事は、むしろとても楽しいものでした（例外は、索引作りです）。

例えるならば、ミュージシャンが取り組むCD制作みたいなもんでしょうか。折々に作った曲を、最後に集大成して、一枚のアルバムにする。それと同じように、いくつかの単発の講演を、テーマごとに集めて、一冊の講演集に仕立て上げるという作業、それが本作りです。

音楽の場合は、いったん発表（リリース）した曲を、あとで、たとえばCD作成の時点で手を入れることは、普通はしないんじゃないでしょうか。私の講演集は、むしろ反対です。再構成や手直しが、不可欠です。時にはそれが数か月にもおよびます。内容に一貫性をもたせたり、重複を避けたりするのが、ひとつです。さらに、中身全体をなるべく、書名にふさわしい内容に揃えるためには、点検や補充は、欠かせない作業です。

手作り感覚で

それを手作り感覚・作業でするというのが、私のやり方（ポリシー）でした。まさに「趣味が仕事」でした。表紙カバーのデザインや色調など、素人の趣向を押し通した時もあります。

その典型が、第八巻の表紙スケッチ「ビーコンヒル」です。高校一年生の「美術」の授業以来、半世紀振りに絵筆を握って描いた水彩画です。図に乗って、第九巻には「夢の吊り橋」、別巻一には「容保桜《かたもり》」のスケッチをウラ表紙に絵柄として使いました。「遊んでる」と叱られそうですが――

他人《ひと》の気持ちを明るくするには、まず自分からです。大学の授業でもそうです。やっている本人自身がまず喜んでやっていなければ、学問の楽しさや喜びは学生にはけっして伝わりません。ただ、私の場合は、「先生《おまえ》だけが楽しそうに」と言われたこともありました。

八重本の自戒と使命

学術出版はもとより、啓蒙的な八重の本を出す時にも、自戒していることが、ひとつあります。「得たものは社会に還元する」です。もともと印税とは無縁の私ですが、それでも、講演や執筆などで、謝礼をいただく機会が、「三・一一」以降、増えました。

「八重特需」で頂いたものは、主として八重本の制作や出版に回しています。福島を元気にし、東北へ復興エールを送るのになるべく還元したい、という願いからです。

もうひとつの要因も大事です。八重に関する本は、当初、二、三十冊くらい出るかな、と予想しておりました。これは、断然甘かった。最終的には、百五十冊は出た、とのことです。こうした類書に対しては、書評なり、コメントが必要な場合が、あるでしょう。

ありのままの姿

「木を見て森を見ず」と言われかねないですが、語るべき事柄は出版した何冊かの八重本だけでは、とてもカバーしきれません。それ以上に気になるのは、「八重の桜」の「虚構」です。歴史上の「史実」との間に、調和や齟齬《そご》が生まれている場合、どうすべきか――。

無理を承知で言えば、「ドラマは作り物」という大前提は承知しながらも、それでもドラマの大筋や重要な出来事をきちんと検証する、そしてその上で、八重や襄の生の姿や「真実」を歴史的に実証し、記録しておく必要があります。

ライトアップされた部分だけに目が囚《とら》われ、本質や素顔を見抜けない危険性は、いつもあります。それに、「顕彰」しすぎも問題です。ありのままの襄や八重の姿、つまりは彼らの実像の追及は、いたって面倒です。ですが、誰かがやらねばなりません。

「志シリーズ」

ホームグラウンドにいるような私にとっては、それが仕事《つとめ》です。八重や襄を史的にきちんと把握すること、並びにその成果を公表することは、私の使命です。八重に関しては、主として別巻で、それを試みました。襄に関しては、もちろん本巻です。

ずばり言ってしまうと、今回目指したのは、「志シリーズ」でした。本書の「はじめに」で使った文言をリフレインすると、「志づくし」です。演題や立場、視点を変えてあれこれ論じてきたことは、最終的には新島の精神や理念を明確にするためでした。だから、くり返しも避けられません

美辞麗句を連ねてほめてもらおう、とも思いません。要は、襄の思想と行動、さらには八重のそれを正確に把握することです。そして、読者に襄の「志」がきちんと理解され、あわよくば共鳴してもらえれば、このシリーズはひとまず成功です。

（二〇一四年九月二六日）

臥櫪之志

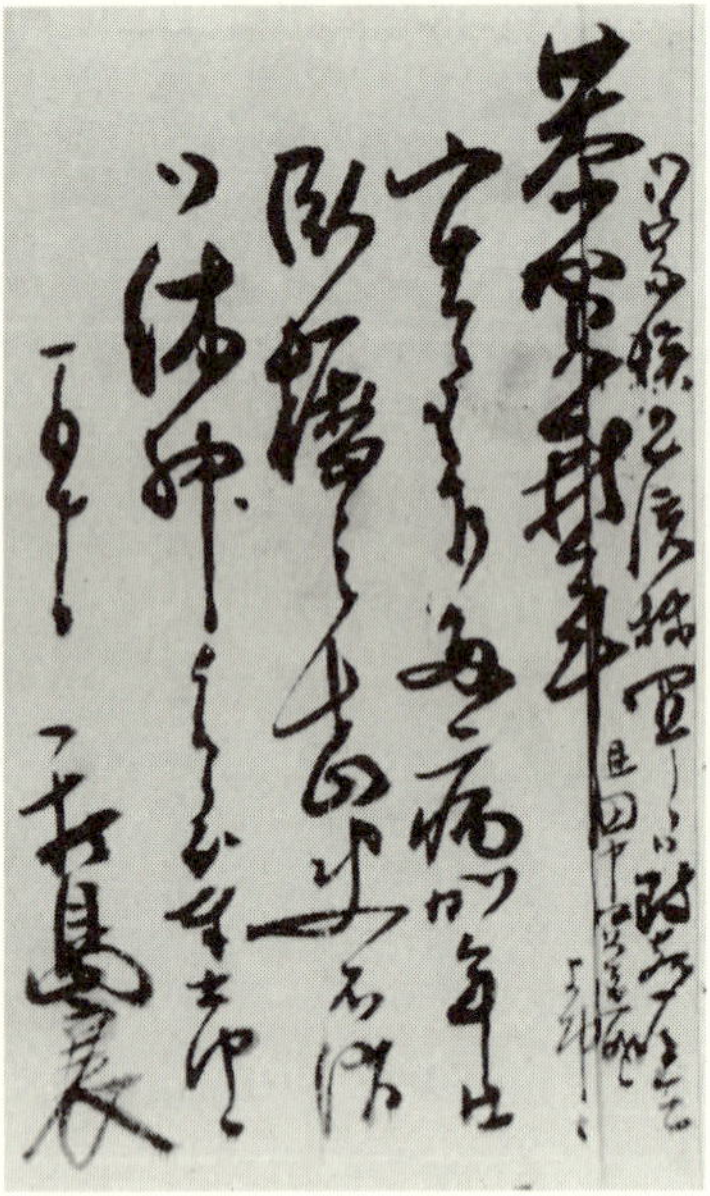

新島は「志の人」である。函館から密出国する際は、「千里の志」を抱いた（拙著『千里の志』参照）。たとえ馬小屋（櫪《れき》）に閉じこめられていても、千里を馳せる志を胸に秘めている名馬に憧れた。それが、若い頃からの新島の夢であった。

江戸の青年時代にすでに「蓬桑《ほうそう》の志」を抱いている（拙著『錨をあげて』一九頁、同『ハンサムに生きる』二二三頁）。窮屈な封建社会から「脱櫪」することを密かに夢見ていたのである。後年になっても、彼は青年時代のそうした「臥櫪之志《がれきのし》」を決して失なってはいない、と断言する。たとえば徳富蘇峰に宛てた年賀状（一八八三年一月一〇日）には「小生ニモ乍多病加年仕臥櫪之志決不消御休神被下度奉希候」とある（③二三〇）。

他の学生にも「益《ますます》千里之志を養ひ」と奨励している（『千里の志』一九〇頁）。

コラム(1)

サムライは戦場に妻を呼ばない

新島は臨終でさえも、大磯の病床に八重を呼ぶことに反対した。最後は、新島に黙《だま》って、電報が京都に打たれた。なぜそこまで、こだわったのか。

これまでは、同居していた年老いた母親への配慮が、主たる要因と考えられてきた(河野仁昭「新島襄の最後の手紙」10〜11頁、『同志社談叢』16)。実は、それだけではなさそうである。

新島は、かねてから畳の上での病死を潔《いさぎよ》しとしない武士の気概を持っていた。「戦場に臨んでいる者が、一身の病気ぐらいで、どうして安らかな休養などしておれましょうか」と明言するように、戦場での戦死を本懐とした。だから、大磯でも、「国家多端の世の中に生まれ、しかも、かかる気持ち良きベッドの上に死するは、男児としてまことに面目ない」と言ってのけて、周囲の者を慌てさせている(拙著『襄のライフは私のライフ』73頁)。

同僚の宣教師(D・W・ラーネッド)は、証言する。「彼〔新島〕は自身でも言っているように、戦場で倒れました」と。M・L・ゴードンも同様である。新島は大磯へ来たいという八重を押しとどめるのに、「昔、サムライは決して戦場に妻を連れて行かなかった」と説得したという。この証言は、ミッションの機関誌に載り、世界を駆け巡った(*The Missionary Herald*, Apr. 1890, pp.146〜147, ABCFM)。

新島自身は、元サムライとはいえ、実戦経験はない。一方、八重は実際に従軍し、しかも「サムライ」意識が強かったことを想うと、ちょっと皮肉な話である。

志を刻む
――私がつけた同志社の館名・施設名――

校舎の名前

グレイス・チャペル、素敵な名前ですね。誰がつけたんでしょうか。皆さん、知っていますか。え、知らない――私ですよ。三年前のことでした。

今日は、久しぶりに後輩の君たちと、いっしょに礼拝を守れて、うれしいです。同志社中学校を卒業してから、五十数年が経ちました。今にして思えば、この学校で新島襄先生とキリスト教を知ることができたのが、最大の収穫です。

大学での仕事に関わってからでも、二十年近くになります。その間、私の仕事のひとつは、新しい校舎や施設などに名前をつけることです。同志社は、開校直後こそ、それぞれの建物に番号を振っておりました。たとえば、第一寮（一八七六年）、第二寮（同）といった感じです。

ところが、一八八四年に最初のレンガ造りの建造物（現在は重要文化財）が竣工すると、「彰栄館《しょうえいかん》」と命名されました（写真は本書口絵①）。以来、同志社では番号や地名や年号ではなく、それぞれ意味や由来のある名前を校舎につけるのが、慣行となりました。

命名の規則

では、誰がつけるのか。ルールはあるようでない、といった感じです。たとえば、彰栄館の場合、たまたま校長先生の新島襄は、渡米中でした。だから、留守部隊の誰か（市原盛宏《もりひろ》先生あたりでしょうか）が、校長に相談せずにつけています。

学校当局が、直接、校長に伺いを立てたり、相談したり、承認をとったりした形跡はありません。新島は、八重からの私信で知らされた可能性さえあります。その返事に、「新築之《の》家〔新校舎〕は、彰栄館と称せられ候由《そうろうよし》、誠に美《うる》はしき名と存じ、又、我輩之事業之其名《そのな》に負《そむ》かさる様、致《いたし》度《たく》存《ぞんじ》候《そうろう》」と書いていますから（③三〇五）。

実におおらかですね。新島には、自分が創業者《オーナー》であるという意識が、これっぽっちもありません。「何が何でもオレがつける」といったこだわりは、見当たりません。

命名の基準

最近の命名の仕方に限れば、暗黙の、あるいは多少の基準が、あることはあります。大学の場合、企画部あたりが事務局になって、学内の「然るべき関係者」に要請して発案してもらう、それを委員会（理事会など）で協議、承認するのが、普通のようです。

その際の基準は、①聖書の中の文言（聖句）、②新島襄の言葉か、彼のスピリットを表わしたもの、③功労者の個人名――おおよそこの三種類に分けられます。しかし、それ以外に、時には④「公募」、りました。

というケースが、まれにあります。ただ、どういう時に公募するのか、ルールはなさそうです。私がこれまでに関わったのは、②と④です。あらかじめ、事務局から話があるのが普通ですが、ある時などは、話を持ち込まれたその場で決めてほしい、と言われ、二時間くらいでつけたケースもありました。

びわ湖キャンパス

私が最初に校舎に名前をつけたのは、十二年前（二〇〇〇年）のことでした。同志社大学で非常勤嘱託職員として働いていた時ですが、琵琶湖畔（滋賀県北小松）のキャンパスに大規模なリトリートセンターが、約三十億円をかけて作られました。新築された建物は、十棟くらいありました。

私はそのうち、シングル洋室棟を「深山館《しんざんかん》」、ツイン洋室棟を「大沢館《だいたくかん》」と命名しました。謂《いわ》れは、「深山大沢、龍蛇《りゅうだ》を生ず」という新島が愛唱した漢文からです（④二三五）。中国の古典、『春秋左氏傳』の一節です。

「龍蛇」とは、大人物を意味します。天下を指導するような実力者は、深山や大沢から生まれる、と中国では信じられていました。だから、新島は「同志社ハ是非、深山大沢ニなし度候《たくそうろう》」と願いました。要するに、深山大沢は、理想の同志社大学像なんです。以前、「『深山大沢』に託す夢」と題して、紹介したことがあります（拙著『千里の志』一一五頁以下に収録）。

龍の道

自然環境から見て、びわ湖キャンパス以上に「深山大沢」的なキャンパスは、同志社にはありません。あそこにはちょっとした小山もあります。私は、テッペンへ登る山路《やまみち》を「龍の道」とも名付けました。門こそありませんが、「登竜門」をイメージしました。

この時の名付け親としては、将来、びわ湖キャンパスから次々と天に昇《のぼ》る「龍」が生まれることを願いました。新島襄自身が、学生にこう発破をかけています。

「願くハ、深山大沢《だいたく》生竜蛇之句を服膺《ふくよう》し、当時〔現在〕学校ニ在るハ、深山大沢ニ蟠《わだか》まるの感を持《もち》、将来、竜蛇となって、芙蓉峰《ふよう》〔富士山〕之《の》上迄も達せん事を期し賜《たま》へ」と（④二三三）。

「深山大沢、竜蛇を生ず」の一句から、「生竜館《せいりゅうかん》」も発案したのですが、こっちはダメでした。同一のセンテンスからとって、トリオにしたかったですね。ただ、道に関しては、「龍の道」の他に、「木漏れ日の道」、「湖《うみ》の見える道」というのも、私の発案が通りました。

すべった「覚馬館」

残念なのは、他にも出したいくつかの私案が通らなかったことです。とりわけ、「覚馬館」が没になったこと、これは今でも悔しいですね。山本覚馬は、学内ではその程度の知名度、というか、認識度でした。

これが、今年だったら、当選圏内に入るはずです。山本八重（新島八重）のお兄さんだからです。

この間から始まっている大河ドラマ、「八重の桜」では、おそらく新島校長以上の出番が、今後、用意されるはずです。準主役とも言われていますから。西島秀俊というイケメン俳優が演じています。ドラマ上の扱いでは、ニイジマはニシジマに負けそうです。

大河で取り上げられたとなると、覚馬にまつわるネーミングが、将来、実現する可能性が膨《ふく》らむと思います。彼抜きには、あの時代、あの場所に同志社を開校させることは、まず無理です。新島単独では、とても考えられません。

一方、八重を館名にする動きは、覚馬以下です。同志社女子大を含めて、昔も今も、学内の動きは、ゼロです。八重の知名度が、学内でも低かった事例をひとつ紹介します。私たちが今います、この宿志館が、岩倉キャンパスに出来た時に、和室が組み込まれる、と聞きましたので、名前を「八重パーラー」(Yae Parlor) にしたらどうか、と提案しました。駄目でした。

山本兄妹は、学内でもその程度の扱いです。今年の大河ドラマ効果で、いつの日か、「覚馬館」や「八重ハウス」が実現するといいですね。

「ベリー館」と「リチャーズ館」

びわ湖キャンパスの場合、ほかにも選外になった候補(私案)があります。「ベリー館」と「リチャーズ館」です。いずれも、人名です。ふたりとも、アメリカ最古のミッション、アメリカン・ボードが、京都(同志社)に派遣してくれた宣教師です。一方は牧師と医師を兼ねています。他方は看護師です。

ベリー（J.C.Berry）は、新島から呼ばれて、岡山から転勤して来ます。新設された同志社病院の責任者となるためです。リンダ・リチャーズ（L.Richards）は、女性宣教師で、看護師の資格をアメリカで初めて取りました。だから看護史では、「アメリカ初の有資格看護師」（the America's first trained nurse）として、アメリカでは超有名人です。

ボストンのある看護学校で校長として働いていた時に、同志社が京都に立てた看護学校（名前は、京都看病婦学校）の責任者として呼ばれます。

残念なことに、新島の死後まもなく、病院も看護学校も、潰《つぶ》れます。以後、同志社がこの方面に進出するのは、同志社女子大学薬学部（二〇〇五年）や大学の生命医科学部（二〇〇八年）の設置まで待たねばなりません。いずれ医学部や看護学部もほしいですね。

悲願の医学部

医療・医学プロパーと言えば、やはり医学部です。本学は、最近（十一月三十日）、「医科大学（医学部）設置基本計画検討チーム設置を検討するための委員会」を発足させました。マスコミはこぞって「すわっ、同大に医学部」と報道しました。

京都の医師会からは、さっそく反対表明が出ました。けれども、歴史的には、同志社大学に医学部があってもちっともおかしくありません。いや、なければならないのです。関西でも最も早い一八八

○年代に、早くも着手していますから。

もしも、新島の取り組みが成功し、あの時代に医学部が出来ていたら、関西で最初の部類に入ります。看護学校なんかは、日本で二、三番目というハシリですから、もちろん、西日本で初めての試みでした。

それに加えて、新島の大学構想を考えると、同志社としては、いずれ医学部を持たないことには、新島の宿志、悲願がかなえられません。病院と看護学校は、新島が描いた医学部構想の一環でした。新島が夢見た同志社大学は、当初、神学部、法学部、医学部の三部構成でした。当時、欧米では、これら三学部を揃えることが、大学の基本というか、常道みたいなところがありました。だから、新島もこれに倣《なら》いました。

現在、本学の学部数は十四にも拡大しました。もう満タン状態です。ですが、医学部は「臥龍点睛《がりょう》」です。新設ではなく、再建とでも言うべき特殊な性格の代物です。

「ハーディ・ホール」

びわ湖キャンパスはこれ位にして、次ぎに、室町キャンパスに移ります。大学は烏丸《からすま》通りの旧学生会館を取り壊して、「寒梅館」（二〇〇四年）を建てました。約六十億かけたおしゃれな建物です。大学院やレストラン、ロビーなどのほかに、大小ふたつのホールが組み込まれました。

寒梅館そのものは、私の命名ではありません。聞くところによりますと、その由来は、花にまつわる次のふたつ。この場所が「花の御所」と呼ばれた室町幕府の跡地だということ。いまひとつは、新島の好きな花が寒梅であったこと、です。

新島は寒梅に関して、漢詩ふたつを詠んでいます。これはかなりよく知られている事実です。だから、誰が言い出しても、「寒梅館」はすんなりと通ったはずです。

珍しく、館内のホール名は、公募で決めることになりました。私も学生に混じって、こっそり応募してみました。大ホールは、「ハーディ・ホール」、小ホールは、「テイラー・ホール」が相応《ふさわ》しい、と。

結果は、一勝一敗でした。大ホールは採用、小ホールは落選でした。私は、今でも思います。「ハーディ・ホール」の名前を同志社のコンサートホールに残せたことは、同志社への私の最大「遺産」ではないか、と。

ハーディの息子

なぜなら、ハーディ（A.Hardy）という人は、ボストンのセレブであるばかりか、新島の「養父」とも言うべき人です。新島自身が、「予ハ、多年、同志社ノ仕事ヲ為スニ、ハルデー氏ニ頼ム」と明言する通り（②二八一）、ハーディ抜きに、同志社の発足と発展はありえませんでした。新島の英語名も、ジョゼフ・ハーディ・ニイシマ（Joseph Hardy Neesima）と言います。

つまり、同志社は、ハーディさんの息子が（山本覚馬と共に）立てた学校です。本学の学生はもちろん、コンサートや映写会、講演会などでホールに出入りされる市民が、そのあたりのことに多少とも気付いてくださったら、ボストンに対して、少しは恩返しができた気分になります。

ちなみに、落選したテイラー（H.S.Taylor）というのは、最初の渡米の時に、上海からボストンまで新島を運んだ船（ワイルド・ローヴァー号）の船長です。彼もハーディ商会の社員であり、船中で新島をたいへん可愛がってくれました。いわば、「新島の兄貴」です。

大ホールが父親なら、小ホールは兄貴の名前をつけてほしかった、というのが、私の率直な思いでした。実際には、大学四年生が発案した「クローバー・ホール」が、当選しました。「単品」なら、ベストに近い名前です。が、私としては、大小のホールを「連携《コラボ》」してつけて欲しかったですね。

学研都市キャンパス

二〇〇六年十一月、同志社は木津川市にあったキャノンのエコロジー研究所を購入し、その敷地を学研都市キャンパスと名付けました。キャノン時代の建物の名前も変える必要があり、私に相談がありました。私案通りに「快風館」と決まりました（拙著『錨《いかり》をあげて』二九頁）。

現地を見る時間がありませんでしたから、想像力を膨らませて考えました。聞けば、小高い丘の上に立つ建物だといいます。そこで、心地よい風が吹いているイメージが湧いてきました。そこから「快風館」に辿り着くのに、時間はそんなにはかかりませんでした。

もちろん、本物の風だけが、命名の決め手ではありません。むしろ、船の名前（快風丸）に由来したほうが、大きいと言うべきです。新島が函館から密出国できたのは、この船が新島を品川から函館まで運んでくれたからです。

快風館

もっと遡《さかのぼ》れば、その前に品川から玉島（現在は倉敷市）まで、試運転航海をする快風丸に新島は、乗船できました。所有者の備中《びっちゅう》松山藩主、板倉勝静《かつきよ》の配慮です。この藩は、新島父子が仕えた安中藩の本家筋に当ったことが、新島には幸いでした。

新島の後半生は、上海で決まった感があります（拙著『錨《いかり》をあげて』四八頁）。しかし、快風丸がおぜん立てをしてくれなければ、上海のビッグな幸運（ワイルド・ローヴァー号乗船）、というか奇跡は、ありえません。新島の輝かしい後半生への第一歩となったのが、快風丸です。

同じように、これからも快風館での学業が、大勢の学生たちにとって、新しい人生を切り開く起点となってほしい、と願います。卒業生たちが、ここから大海原《おおうなばら》へ希望を胸に抱いて、どんどんとこぎ出してほしいですね。

京田辺キャンパス

京田辺キャンパスに移ります。私が名前をつけた校舎が、ここにもひとつだけあります。「医心館」です。二〇〇八年に生命医科学部の拠点として建てられた校舎です。この館名は、創立者新島が志した医療教育への想いを継承すると同時に、「医の心を耕す」、あるいは「医の心を科学する」という教育姿勢を表わしたいと願い、つけました。

十九世に新島は、医学部構想を実現するために、病院（同志社病院）と看護学校（京都看病婦学校）を設置するところまでは、なんとか漕《こ》ぎ着けました。当時の帝大（現東京大学）中心のドイツ医学に対して、英米医学の必要性を痛感していたからです。

いや、それ以上に、医療や看護の領域こそ、患者や病傷人を労《いた》わり、思いやるというキリスト教精神や気持ちが、もっとも有効に働く、と見ておりました（①一一一参照）。

「愛心館」

人の育成（人格教育）には、「知育」だけじゃなくて、「心育」（こころの教育）が不可欠――これが新島の信念です。このことは、理系や医系の分野においても、普遍的に言えることです。その意味で、私としては、医療や医学の教育面でも、ぜひとも「こころ」重視の姿勢を前面に押し出したかったのです。技術《スキル》や手術《オペ》、あるいは実験データ、学説が先走るのではなく、精神面への配慮が大事なことを同志社は強調して行かねばなりません。

将来、もしも看病婦学校の再来として看護学部ができるなら、建物は「愛心館」とでも名づけてほしいですね。これなら「医心館」との相性《コラボ》も抜群です。

新島は「看病婦学校設立の目的」という設立趣意書の中でこう言っています。「病人ノ心ヲ思ヤリ、真実ノ愛心ヲ以テ、病人ノ為ニスル人カ、入用デアル」（傍点は本井。①一一三）。これこそ、キリスト教系の看護学校が必要な要因だ、というのです。

「クラーク・チャペル」

次に、源流とも言うべき最古のキャンパス、今出川キャンパスはどうか。そこのランドマークは、レンガ造りのクラーク記念館です。設立当初からこの建物は、館名の由来となった青年、クラーク（B.S.Clarke）の両親の意向により、クラーク神学館（第二代神学館。英語では、バイロン・S・クラーク記念館）と呼ばれてきました。が、一九六三年に現在のコンクリート神学館（三代目）が竣工してからは、クラーク記念館と（日本語でも）呼ばれるようになりました。

記念館時代の後半、とくに戦後には、大勢の学生を「収容」するために記念館のホールは、ふたつの普通教室に改造されました。近年（二〇〇四年から二〇〇八年まで）、約十億円をかけて修復工事が行なわれました。基本は、「復元」です。

そこで、内部のホールも建築当時の姿に戻され、各種の集会が可能になりました。これを機に、「クラーク・チャペル」と正式に呼ぶことを提案したところ、諒解されました。

クラークって誰？

ただ、問題が残りました。名前の由来となったクラークその人のことが、これまで不明でした。これでは同志社として、まことに申し訳ありません。ので、復元を機会に真剣に調べました。

そうしたら、おおよその略歴などが判明し、彼の肖像写真もゲットできました。写真は一階に（それまでの両親の写真と共に）飾ることができました。詳しいことは、神学部から出ている『基督《キリスト》教研究』（七一の一＆二、二〇〇八年六月、一二月）に紹介論文を書きましたので、それをご覧ください。

ともあれ、今出川キャンパスにはこれで、三つのチャペル（同志社チャペル、神学館チャペル、クラーク・チャペル）が揃うようになりました。

「シャローム・チャペル」

チャペルと言えば、京田辺キャンパスにもチャペルを建築する機運が、ようやく盛り上がってきました。現在、設計に関して国際コンペ中です。できた暁には、名前は「シャローム・チャペル」(Shalom Chapel) がお勧めです。

「シャローム」は、ヘブライ語で「平安」とか、「平和」を意味する言葉です。ユダヤ人などの間では、「アロハ」と同じように挨拶によく使われる日常語になっています。神に向かって「シャローム」と賛美し、そして神の言葉にこころ静かに耳傾ける礼拝の場には、もっとも相応しい名前です。チャペルは、こころの平安だけでなく、国家や世界の平和を祈る場でもあります。

ただ、混乱も懸念されます。ひとつの大学にチャペルが四つも揃うと、呼称を明確に区別しておかないと、いけません。京田辺の正式チャペル名は、たとえば「京田辺シャローム・チャペル」とでもしておかないと、外部の人はウロウロすることになります。

今出川でもそうです。現在、「神学館礼拝堂」と呼んでいるチャペルは、「神学館チャペル」にすべきでしょう。ひとつのビルの一角（神学館三階と四階の一部）に組み込まれているのですから。「堂」と言ってしまうと、外部の人は独立した会堂（建物）を探すはずです。

継志館

今出川キャンパスから新町《しんまち》キャンパスに移ります。そこから新町通りを南に少し下がったところにあるのが、「継志館」です。私の学生時代は、あそこはすでに同志社の校地でしたが、その後、社会保険庁に売却され、「ペアーレ京都」という商業施設（プール、スポーツジム、客室、レストランなど）が建てられました。その後、経営者が変わり、「レジーナ京都」と改称されました。

結局、このホテルは、経営難のために売りに出され、同志社が最近、買い戻しました。それまでこのプールやジムを利用していた会員《ユーザー》からの要望もありましたので、大学の施設でありながら、学外者も引き続き利用できる施設になりました。二〇〇九年九月から運用開始されました。同志社は、百％出資の「同志社エンタープライズ」という株式会社に管理と経営を委ねています。

ホテルの建物が、校舎となった時に、新しい名前が必要になりました。こうして生まれたのが、「継志館」です（本書口絵④参照）。

継志館の名前の由来

建物の名前については、「同志社ナビ」というサイトでも話題になっています。同志社エンタープライズの山元省吾部長がインタビューで次のように回答されています。

―「継志館」という名前の由来は、どういったものなのでしょう?

その辺の詳しい事に関しては、神学部の本井先生に聞いた方がいいかもね。その名前を付けたのは、本井先生なんだ。『マンガで読む新島襄』の監修もされている有名な先生だよ。私から詳しいことは言えないけど、「継志」の部分は、文字通り「新島襄の志を継ぐ」という意味なんだ。

山元部長に代わって答えますと、「継志」は新島の言葉なんです。

「余の志を継ぐ者はいるか」

「志を継ぐ」という新島の言葉をどこかに付けたい、と私は以前から、狙っていました。いわば、とっておきの名前でした。そこで、ホテル名の改称が話題になった時、次のような要望書を当局に提出しました。

「新島襄は高尚な『志』を極めて大切に考えました。『同志社』というネーミング（山本覚馬による、と伝承されてはいますが）そのものに、そのことが窺えます。同志社のスタッフには、新島が実現しようとした『宿志』をきちんと受け継ぎ、発展させるという使命が与えられております。その意味で、学生やスタッフが、それを正当に理解、自覚し、継承する契機となるように、『継志館』という館名を提案いたします」。

幸い、通りました。新島自身も喜んでくれるような気がします。彼は、かねてからこう訴えていましたから。「誰カ余之《の》志を継き、此《この》事業を成就セしむるあるへし」と（④二六二、本書三九頁）。恩人のA・ハーディさんが亡くなった時に、新島は、「今ヨリ振《ふるっ》テ君ノ志ヲ継キ」とも、決意表明しています（②四一一、本書一六二頁）。次は、私たちが新島の志を継ぐ番です。

岩倉キャンパス

最後は、この同志社中学校で締めます。私の高校生時代は、ここには同志社高校しかありませんでしたが、数年前に同志社小学校が隣りに新設されました。ついで三年前には、中学校が今出川キャンパスからこの京都市北部の岩倉キャンパスに移転しました。

その時には、すでに、同志社高校と同志社小学校は、主な建物を完備させておりました。残るは、同志社中学校です。

ほとんどの校舎は、二〇一〇年にほぼ同時に竣工しましたので、命名もひと仕事でした。私は、その時の校長、川瀬勝也先生といっしょに、まず全体構想を考えました。すでにここのキャンパスには、「宿志館」と「桑志館」という大きな校舎が立っていて、高校が使っていました。そこで、中学校としてはこれとは別に「立志館」をメインの建物にすることを提案しました。なぜか。

「志」という字が入った建物が、三つ、岩倉に揃うことになるからです。川瀬校長もこれに同意されましたので、配置的に「志の三角形《トライアングル》」を骨格としたグランド・デザインができました。

志のある建物

「志」は、新島の思想の中でも背骨に当たる文言です。キーワードです。若い頃から、「小子ノ志」を大事にしております（③三六）。一生、志を大事にした「志の人」でした。新島のこの姿勢を考慮すれば、館名に「志」を入れることは、すぐれて新島的です。

「志」と言えば、昨年（二〇一二年）の秋に竣工したばかりの烏丸《からすま》キャンパス（新しく京都市から購入した京都市染織試験場跡地です）の新館は、「志高《しこう》館」と名付けられました。同時に竣工した、いまひとつの巨大な新築校舎、「良心館」と並んで、まさに「大正解」のネーミングです（建築費は合計で約二百二十億円、と聞いています）。

これらふたつの命名には、私は関わってはおりません。が、今後、同志社大学を代表する建造物になると思われます。実は、今回、「良心館」が建てられた場所には、もともと中学校の「立志館」と「日新館」が立っていました。それらを取り壊して、巨大ビルが建てられた、というわけです。

同志社中学校

つまり、岩倉の「立志館」は、実は今出川の「立志館」の後裔《こうえい》、あるいは生まれ変わりです。前者は三代目、後者は二代目です。初代の「立志館」は、私が一九五五年に中学校に入学した時は、旧い木造二階建てでした。その後、コンクリート製の四階建て（これが二代目）に建て替えられました。

敷地が大学のものになれば、取り壊されることになっていましたから、名前だけでも、岩倉に「避難」、あるいは「移植」すべきだ、と考えました。卒業生にとっては、「立志館」と言う名を残せば、今出川と岩倉をつなぐ大事な絆になるはずです。

卒業生と言えば、かつての立志館の存在（今は消滅）やら中学校を記憶に留めるために二〇一〇年三月三十一日に今出川キャンパス（チャペル前）に石碑が立てられました。川瀬校長の文字で「立志」と彫られました（本書口絵⑨）。

こうして中学校の新旧両キャンパスでも「立志」はキーワードとなりました。私は中学校が出した移転記念誌に「立志をつなぐ」という小文を寄せ、こう記しました。この石碑は次世代への「置き手紙」になるだろう、と（『Ever Yours』九頁、同志社中学校、二〇一〇年三月）。

新彰栄館

現在、中学校跡地（今出川キャンパス）では、すでに「良心館」が仮オープンしています。その傍らでは、最後の工事が進められています。「新彰栄館」の取り壊しです。私が中学校に入学する少し前（戦後間もない一九五二年）に、彰栄館につなげる形（彰栄館増築工事）で新築されました。

当時から、旧館にぶつける乱暴な設計、との批判が一部にありました。ぶつけられた旧館は、「原型を損ねている」という理由で、重要文化財の指定が遅れたことも、事実です。

今回、彰栄館はようやく戦前、いや建築当初の姿に戻ります（本書口絵①）。シンメトリックな、きれいな景観が、蘇るのはうれしいことです。その反面、これでもって、彰栄館とチャペルを除いて、私の母校（同志社高校を含めて）から、馴れ親しんだ校舎がすっかり姿を消します。今は闇に葬られた館名に、労《ねぎら》いの言葉をかけてやりたい気分です。「お疲れさまでした」と。

「グレイス・チャペル」

岩倉キャンパスの建物について、もう少しお話しします。ここで一番の目玉は、この「宿志館」（中高共用）です。中に大小ふたつのチャペルがあります。「チャペルは同志社の基礎」、「同志社の精神」なり、と新島校長は宣言しています（①一〇五）。

そこで、私は大きなチャペルには「グレイス・チャペル」、小さなチャペルには「さきがけホール」という名前を用意しました。いずれも、私のお気に入りの名前です。ありがたいことに、ふたつとも採用されました。

まず、前者ですが、「グレイス」には、いくつかの意味があります。宗教的に見た場合、狭い意味では食前の祈り、広義では（衣食住を始め）神から与えられた恵みを意味します。そうなんです――「アメージィング・グレイス」です！

ところが、同志社で「グレイス」と言えば、ラットランド（ヴァーモント州）のグレイス組合教会が、まず、イメージされますね。新島がアメリカ留学を終えて帰国する時に、キリスト教学校の設立のために、声涙ともに下る募金（献金）アピールをした、あの会場です。新島が最終的に得た献金（約五千ドル）が、一年後、「同志社の核」となり、京都開校につながったことは、よく知られています。

その意味で、地元では、「同志社は、私たちの教会から生まれた」という伝承さえあるくらいです。ここもまた、同志社設立の起点のひとつです。

私は何度もお邪魔しています。五千ドルの百分の一を献金して帰ってきた年もありました。天井のブルーがとても鮮やかなチャペルです。さいわい、この「グレイス・チャペル」の内部も、どことなく本場のグレイス組合教会の雰囲気を偲《しの》ばせてくれます。教会は、「八重の桜」にも出てきます。

「さきがけホール」

次に、小さい方のチャペルです。謂《いわ》れは、新島の好きな梅です。彼はとりわけ寒梅が好きでした。彼が作詞した漢詩「庭上の一寒梅」から、最後の文言「魁《さきがけ》」を採りました。ただし、表記はひらがなにしました。詩文は次の通りです。

庭上の一寒梅　笑ふて風雪を侵《おか》して開く
争はず又力《つと》めず　自《おのず》から占む百花の魁

自ら、「笑ふて風雪を侵して」開花する「寒梅」に、新島は自らの人生を重ねていました。「寒梅」は、競争心や義務からではなく、ごく自然体で花をつけます。その結果として、自《おの》ずから「百花の魁」（花々の先頭）の位置を占めることに新島は感嘆しています。

別の漢詩「寒梅」でも詠ったように、「敢《あ》えて風雪を侵して開く」という「敢為《かんい》の精神」を発揮するのが、寒梅です（拙著『敢えて風雪を侵して』五二頁、七六頁）。彼は自分自身、その姿勢に共鳴するばかりか、同志の人たちや他者、とりわけ同志社の生徒、学生にも同じ期待を寄せています。

「さきがけホール」から、社会の風雪を侵して開花し、「時代の魁」となる人物が、次々と生み出されることを期待したいですね。

現役最後の誕生日

実は、二か月前、つまり去年の十一月二十八日のことですが、私は朝一番に、「さきがけホール」で、後輩の同志社高校一年生といっしょに同志社創立記念礼拝を守りました。生徒たちは、一生懸命に私の説教を聞いてくれました。その日の夕方には、今出川のクラーク・チャペルで行なわれた同志社大学のＥＶＥ（学園祭）記念コンサートで講演を担当しました。

自分が名付けたふたつの施設で、同じ日の朝と晩に、話し（説教や講演）をしたのは、初めてのことでした。しかも、この日は七十歳になった節目の誕生日でもありました。

朝の礼拝説教で、「突然ですが、今日は私の誕生日です。明日は、同志社のお誕生日です」といきなり切り出したら、高校生が一斉に拍手してくれました。

夕方は夕方で、出演した三つの音楽団体《サークル》（グリークラブ、ゴスペルサークル Joyful-Joyful 、ハンドベル・クワイア）の全員が、ステージの最後に突然「♪ハッピ・バースディ」を歌ってくれました。花束まで用意されていたのには、ホントにびっくりしました。

定年退職前の現役最後の誕生日は、私には忘れられない日となりました。

「リバティ・ウイング」(Liberty Wing)

話が脇道にそれました、話しを「宿志館」に戻します。ここには、大、小ふたつのホールのほかにも、もうひとつ、ホールがあります。そこを「リバティ・ウイング」と名付けました。「自由こそ命」の新島は、日本の「元祖リベラリスト」ですから(拙著『元祖リベラリスト』参照)、「自由」(リバティ)も新島が愛好する言葉です。「志」や「良心」、「自由」と並ぶキーワードです。

彼は、時として「日本人初の自由独立人」と評価されることがあります。それほど「自由・自治」が身についた正真正銘の自由人でした。新島に始まるこうした精神的な土壌は、今も学園内に根付いており、同志社校風の最大の特徴は、自他共に「リベラル」である、と認められています。

雄飛館

最後は、体育館です。岩倉には、それまでの体育館のほかに、新しく君たち中学生が使う体育館も竣工しました。これには、「雄飛館」という名を付けました。

「雄飛」という言葉は、新島が亡くなる三週間前に、療養していた大磯(神奈川県)から同志社普通学校五年生の横田安止《やすただ》クン(例の「良心碑」の名言を手紙で貰った九州男児です)に宛てた手紙に出てきます。しかも二回も、です。

（一）「他日、中原《ちゅうげん》ニ雄飛するの準備を為《な》されん様」（④三〇六）。

（二）「予、病床ニアルモ、志ハ天下ニ雄飛スルヲ如何《いかん》セん」（④三〇九、本書七九頁）。

（一）で言う「中原」とは、世界、あるいは天下を意味します。新島は同志社の生徒たちが、将来、世界で羽ばたくような人物に育ってくれることをこころから期待していました。この点からも、新島自身が「志」を天下に雄飛させたいと願っていたことが、分かります。

「雄飛」という躍動感あるこの言葉は、身体的な動きが伴う体育館にはまさに相応しい、と考えました。さらに、生徒たちが「あけぼのの翼をかって」（「旧約聖書」詩篇の一三九章九節）、空高く舞い上がるような活躍をしてくれるように、との祈りもこめました。新島の願ったキリスト教主義教育の成果としても、おおいに評価できるんじゃないでしょうか。

志を刻む

以上、十余年にわたって、ここ岩倉を始め、あちこちのキャンパスの建物や道に縁《ゆかり》の深い名前を付けさせてもらいました。ありがたいことです。

その際、一貫して心がけたことは――私の想いではなく、新島の望みや願いが伝わるようなネーミングを第一に考えたことです。決め手は、新島のメッセージが館名などを通して、ストレートに発信されているかどうか、です。

新島が理想としたキリスト教教育は、なによりも良心や、自由や、精神（魂、心）を大事にいたします。学校（授業）や教会（説教）などにおいて、新島が抱いた志を聞いたり、調べたりして心に刻む作業が、これからもたえず反復される必要があります。

志を見える形で残す

そうしたソフト面の作業と共に、ハード面でそれをサポートするシステムが同じように重要です。目に見える建物や施設に、新島の志がくみ取れたり、それを端的に示すような名前や記号を刻み込むことです。

本学では、中学校を始めとして開校以来、全学的にこうした両面の取り組みが試みられてきました。そうした伝統と風習に、私自身もたとえ限られた期間であっても、こうして関わることができました。その内容が貧しくとも、貴重な機会を与えられ、意味深い作業に参画できたことは、うれしい限りです。

建物に刻まれた新島先生の志を、皆さん、忘れないで下さい。そして、末永く伝えて下さい。

（同志社中学校礼拝、宿志館グレイス・チャペル、二〇一三年一月一六日）

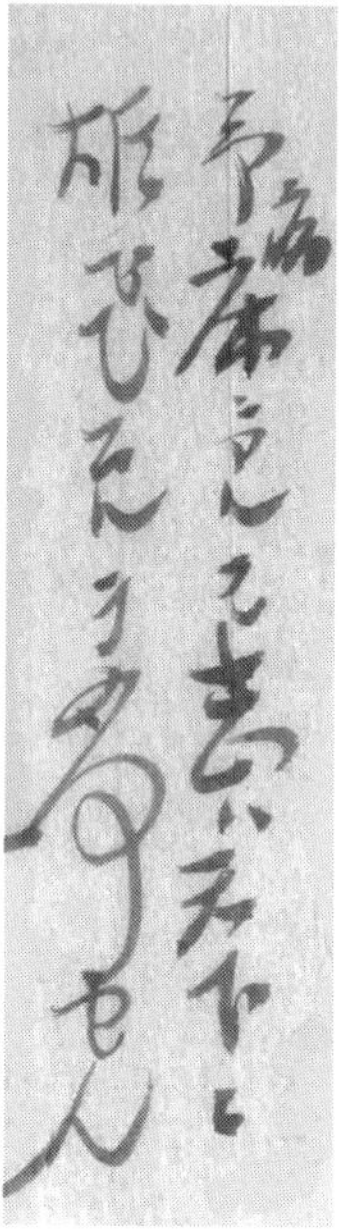

志ハ天下ニ雄飛スル

永眠三週間前（一八八九年十二月三十日）、大磯で療養中の新島が、横田安止《やすただ》（同志社普通学校五年生）に宛てた手紙の一節。「予、病床ニアルモ、志ハ天下ニ雄飛スルヲ如何《いかん》せん」とある（④三〇九）。

新島は、亡くなる直前まで、高尚で遠大な志を失わなかった。「志の人」新島襄の面目が躍如とする（本書七七頁参照）。

自由人・新島襄のキリスト教（一）

――会衆主義者への道――

二大運動

最晩年（一八八六年～一八九〇年）の新島襄が取り組んだ二大運動、それは同志社大学設立運動と教会合同運動です。教育者としては前者が、牧師としては後者が、彼の直面した最後の大問題でした。大学設立の件は良く知られていますので、詳しい説明は不要でしょう。ですが、後者の教会合同は、理解をするのに多少の情報と準備が必要です。

教会合同と普通言っておりますが、厳密に言えば、教派合同です。当時の代表的なプロテスタント二大教派（教団）である長老派（一致教会）と会衆派（組合教会）が、そろって合同を進めるという運動だからです。

新島襄の教派

新島襄は、会衆主義者です。よく知られているように、日本における会衆主義の源流です。この点は、新島の思想と行動を見る場合には、中軸に据えるべき重要な視点です。

会衆派はイギリスを起点とし、アメリカの東北部、ニューイングランドで花開いた教派です。プロテスタントのなかでも、その神学はかなり特異です。

日本では、同志社を拠点にして一派を形成します。それが、日本組合基督《キリスト》教会と言われる教団です。したがって、新島は例の「熊本バンド」の面々と並んで、同志社系の組合教会の有力指導者です。

それが、教会合同運動では、割れます。小崎弘道を始めとする教え子の「熊本バンド」の牧師たちが、もっぱら推進派であったのに対し、新島は批判的、あるいは慎重派です。

すなわち、この運動を巡っては、不幸にも師弟間で対立が生じました。最終的に運動は、新島が死去した一八九〇年に挫折します。推進派からは、失敗の原因は恩師の反対が大きかった、と批判されます。

合同運動に批判的

新島は、なぜ合同に反対したのか、その理由を見てみます。結論を先に言えば、自由を死守するためです。ここでのキーワード、それは自由・自治です。

新島は自己の「畢生《ひっせい》之《の》目的」として、「自由教育、自治教会、両者併行、国家万歳」を挙げます（④三一一）。

「自治教会」は、「自由教会」、あるいは「自由宗教」と言い換えることもできます。「小生之《の》固執来候主義ハ、御存之通、自由宗教ト自由教育ニ有之候也」（④一六三）とか、「真之自由教会ト自由教育を得セしめよ。此《この》二件ハ、車之両輪あるか如く、是非トモナカラネハナラサル者」とも言っておりますから（④六七）。

要するに、新島は「自由主義」に基づく学校と教会の両方を、日本近代化のモデルとして考えます。

「予ハ望ム。我カ輩ノ自由主義は、我カ国一般ノ自由ヲ存シ、自治ノ精神ヲ養フ㊡トナルヘキ事ヲ」というのです（②五〇九）。

会衆派は自由教会

自由教育の中身としては、新島は母校のアーモスト大学をモデルとする「リベラル・アーツ教育」を目指します。自由教育による自由人（リベラリスト）の育成です。

一方、自由教会、あるいは自治教会を標榜《ひょうぼう》するのが、プロテスタントの一派である会衆派系の教会なのです。その指導者のひとりとして、新島は自由と自治を守るために、あくまでも会衆派にこだわります。「小生ハ此《この》自由主義ノ教会ヲ日本全国ニ設立致し度候」と公言して、憚りませんでした（④三〇八）。教え子のひとりで、会衆派の有力牧師、柏木義円《ぎえん》はそうした恩師をこう見ておりました。

「〔新島〕先生は、日本に於《おい》て叫ばれたる自由自治の唯一の声であった。先生の一生こそは、実に日本の歴史に印せられたる唯一真成自由自治の跡である。而《しか》して、先生の此《この》自由自治の精神が爆発したのが、此〔教会〕合同反対であった」（柏木義円「新島先生と一致組合合同問題」、『上毛《じょうもう》教界月報』一九二九年一二月二〇日）。

密出国の動機

新島の教派観は、八年間に及んだアメリカ留学の産物です。ボストンを拠点とする会衆派的世界、いわば「会衆派ワールド」で培われたものです。

そもそも新島は、なぜ法を犯してまで、アメリカへ渡りたかったのでしょうか。そこには、よほどの事情というか、強烈な動機が潜んでいたはずです。新島襄の密出国動機、それを一言で言うならば、「エクソダス」（自由への脱出）でしょうね。

新島は、幕末の江戸で藩主に仕えた青年当時の生活を「篭《かご》の鳥」、「袋のネズミ」と形容しております（⑩一四）。そこから抜け出すためには、「家出」しかない、と言うのです（⑩三四）。

彼は不自由極まりない封建社会を嫌い、自由な市民社会を目指して日本脱出を夢見るようになります。聖書の言葉を借りれば、「奴隷の家」（江戸の藩邸）から「乳と蜜の流れる地」（アメリカ）へ、と飛び出すことです。

玉島航海

転機は玉島航海でした。品川・玉島（現倉敷）間を快風丸で往復した船上生活は、新島には自由が満喫できた初めての体験でした。航海後、「自由に対する新鮮な考え方に満たされた」とも、「自由を得たい強い欲望」に掻《か》き立てられた、と言っております（⑩三六）。いやおうなく、自由というものに身体ごと目覚めることができた貴重な航海でした。

自由に目覚めた「篭の鳥」は、やがて江戸から函館に行き、そこから運良く篭の外に脱け出します。その時の開放感をこう言い表しています。「篭の束縛から逃げ出し、爽やかな大空に舞い上がった鳥のように感じながら、懐かしい故国から力強く踏み出した」（⑥七六、傍点は本井）。

ここからもわかるように、新島が密出国に走った理由は、いくつか考えられるうち、最大の要因は、自由への憧憬《あこがれ》と言えます。

上海での巡り合い

新島は二十一歳で函館から密出国し、ひとまず上海まで参ります。上海では、ワイルド・ローヴァー号に乗り換えることに成功。これが新島にとっては、これ以上はないというほどの幸運でした。船はボストンを拠点にしてアジア貿易を営むハーディ商会の持ち船でした。

函館出港から一年かけてボストンに入港した後、船主のA・ハーディと巡り合うことができ、「養子」並みの資格で家庭に引き取られました。以後、ハーディは新島にとって「アメリカの父」であり、同志社をサポートしてくれた「日本ミッションの父」にもなります（⑥三一六）。

ハーディが住むボストンこそ、アメリカにおける会衆主義（Congregationalism）の「牙城」でした。同地は、アメリカ市民社会においては、いわば「自由の発祥地」です。今でも、観光客のために街の歴史がたどれる「自由の道」（Freedom Trail）が用意されています。

「合衆国民の母」

したがって、ボストンはフィラデルフィアと並んで、アメリカ民主主義の発祥地でもあります。会衆派の入門書でも、そのことはすこぶる強調されています。

「歴史上、会衆教会は合衆国民の母なり、と称すべし。蓋《けだ》し、会衆派根本の主義ハ、即ち合衆国の共和主義なり。而《しか》して、此《この》教派自身、民政なるが故に、之《これ》にて教訓せる教会員ハ、自ら善良の市人たるに適合す」（H・M・デキスター著、池本吉治訳『会衆派教会政治摘要』一二六頁、傍点は本井、警醒社、一八八九年）。

ちなみにこの書は、会衆派の教会政治（教会運営）を次のように高唱しています。

「合衆国にてハ会衆政治は、最も細密に合衆国の共和政体に符合するが故に、他の〔教会〕政治に優れる利益あり。〔中略〕貴族政治、若《も》しくハ王権政治を以て合衆国なる観念に適す、と云ハゞ、是《こ》れ荊棘《いばら》より葡萄《ぶどう》をとり、あざみ（薊）より無花果《いちじく》を採らんと欲するに外《ほか》ならず」（同前、一二六～一二七頁）。

新島もこの点は心得ており、会衆派教会は「米国共和」の「基原」（基盤）なり、と評価しています（②五二六）。こうしたことが会得できたのも、マサチュセッツ州が「会衆派ワールド」であったからです。新島にとっては、そこへの入り口が上海だったと言うわけです。

「会衆派ワールド」

新島は、ボストンの家庭、教会、学校、社会（これらすべてが会衆派です）で八年間、キリスト教的な生活をエンジョイいたしました。自由を満喫します。帰国後の新島の思想と行動すべてを決定づけるのは、教師、牧師としての両面とも、この地での生活体験です。

新島にとって、「会衆派ワールド」での生活は、それほど大事です（拙著『ビーコンヒルの小径』八～一二頁）。それについては、同志社での同僚宣教師、J・D・デイヴィスに証言があります。

「新島は米国に滞在中に、自由の価値について非常に深い感銘を受けた人であった。日本には自由が必要である、しかも、自由はキリストの諸教会のように、強い道徳的確信の持ち主の影響のもとにある制度の中で、徐々に来るときにこそ、最も安全に来るのである、と彼は感じていた」（J・D・デイヴィス著・北垣宗治訳『新島襄の生涯』一二五頁、同志社大学出版会、一九九二年）。

新島はあの「ピルグリム・ファーザーズ」の移住以来、この地に根付いた宗教的な伝統の中で、自由人へと作り代えられて行きます。

「満身、自由を愛するの人」

自由人に変身した恩師を、教え子で牧師の柏木義円《ぎえん》が、次のように描写しています。

「宗教の自由を得んが為めに、孤舟、大西洋の怒涛を横ぎり、氷雪骨を刺す天蓋万里の寒天地に自由の心を求めたる清教徒《ピューリタン》の裔孫《えいそん》なる新英蘭〔ニューイングランド〕に在て、深く其《その》宗教的感化に薫染《くんせん》せられたる〔新島〕先生は、実に満身、自由を愛するの人たりしなり」（伊谷隆一編『柏木義円集』一、七九頁、未来社、一九七〇年）。

会衆派的な風土が、新島を「自由の全身に充満したる丈夫《ますらお》」へと進化させました。ハーディを軸とする家庭、教会、学校、それにミッション（後述します）等でリベラルな扱いと教育を受けた結果、（新島自身の言葉で言えば）「自由の崇拝者」（*a freedom-loving fellow*）（⑥三四八）に変身します。

こうして新島は、（柏木の言葉を借りると）「ニューイングランドに渡りて、クロムウヰル、フランクリン以来の自由自治の精神の粋《いき》なるものを見、尚ほ深く自治教会〔会衆派〕に私淑して帰朝された」のです（『柏木義円集』二、四一二頁）。

リベラリスト第一号

この点に関して、柏木はこうも評価します。「〔新島〕先生こそは、実に日本に於ける真正なる自由主義のチャンピオンであった」とか、「新島先生以前、日本に真に自由の人無く、以後亦《また》無く、先生は古往今来《こおうこんらい》、日本唯一の自由の人であったであらう」（傍点は原文通り。『柏木義円集』二、二五六頁、四二四頁）。

同様の評価は、キリスト教や教会の外部からも、下されています。その典型が、新島こそ「日本最初の自由独立人」、という指摘です（木村毅《き》『早稲田外史』二二九頁、講談社、一九六四年）。

「自由独立人」とは、在野の自由人、民主主義者を意味すると言ってもいいでしょうね。新島は、

「私は民主政治の愛好者です」（I am a lover of democracy.）と高らかに宣言しています（⑥三六六）。以上のことに照らし合わせて、私は新島を「元祖リベラリスト」と捉え、そのままそれを拙著の書名にしたことがあります（拙著『元祖リベラリスト』参照）。

「日本の自由市民」

在米中、新島の自由人振りを端的に示すエピソードがあります。留学中の彼が、渡米してきた岩倉使節団との交渉に臨んだ時の姿勢が、ポイントです。

文部理事官として使節団に加わっていた田中不二磨《ふじまろ》が、留学生の新島を団員の一員として雇用して、力を借りようとしました。新島が提示したその時の第一条件は、「日本の自由市民（a citizen）」であることを保障するなら、というものでした（⑥九八）。

あの時代は（一八七二年のことです）、天皇の「臣民」であることが、模範的な日本人と信じられていました。その中で、自らを「市民」と認識し、それを公言した日本人が、はたしていたでしょうか。これは稀有《けう》の例です。

これも、私費留学を貫きたいという、「自由の崇拝者」らしい気持ちからです。「私はどこまでも自由を尊重する」（原文では、I am too great an admirer of freedom.）というのが彼の決意です（⑥三五四）。

「政府の奴隷」になることを拒否

青年時代、新島が経験した江戸の藩邸で殿に仕える生活は、まるで「奴隷の家」での不自由生活でした。そこからやっとのことでエクソダス（脱出）して渡米した以上、ここで「政府の奴隷」になって再び自由を失うことは、新島にはとうてい考えられません（⑥九六）。

岩倉使節団の一員に加わることが、「政府の奴隷」になる、という発想は、少々、飛躍しすぎていますが、それほど新島には、自由への憧れが強かった、ということです。とりわけ、すでに信徒になっていた彼は、神を自分の「主人」とみなすようになっていました。

「私はすでに主《しゅ》なる王であるわが救い主を、わが主、わが政府（government）と認めておりますから、その他の政府は必要ではありません。ですから、日本政府の罠から自由の身でありたいというのが、私の最善の方針です」（⑥一〇四）。

こうした信仰者としての立場からも、彼は「自由こそわが生けるモットー」（Freedom is my living motto.）と公言するにいたります。

日本に自由を移植する試み

こうして、自由を求めて出国した青年は、筋金入りの民主主義者、自由人となって日本に戻ってまいります。教会的には、「自由の全身に充満したる」会衆主義者となって帰国したことになります。

帰国後の彼の使命のひとつは、自分が体験したあの「会衆派ワールド」を母国に移植、再生し、いっそう拡大することです。古来、日本に欠乏する自由や自治といった考えを新たに導入することです。

この点に関する新島の見解を紹介します。

「自由ハ、古来英米ノ信徒カ、熱血ヲソ、キ、買イ得タル」もので、日本にとっては「輸入物」である（②五〇九、傍点は原文通り）。その「自由ノ依テ来ル所ヲ論スレハ、――英ノピューリタン教徒カ英政府ノ圧制ノ下ニ苦ミ、ピルグレム祖先〔ファーザーズ〕カ、米国海岸ニ雪風膚ニサスノ困難中ニ養成、培養シ来リ、New England ノソイル〔soil, 土壌〕ニ発達シテ、北米大陸ヲ横行シ、太平洋海岸ヨリ波及シテ、日本ニ伝来セシ」ものである（①五二四）。

以後、新島は、ニューイングランドで発達した自由思想を日本に輸入し、広めることに全精力を傾注します。帰国時に新島は「養父」とも言うべきハーディの配慮で、ミッション（アメリカン・ボード）の宣教師に任命されます。こうして、アメリカン・ボードのいわば理事長でもあったハーディが、「日本ミッションの父」になる筋道が、出来上がります。

組合教会とは

さて、「自由教育、自治教会、両者併行、国家万歳」が新島のモットーでしたね。だから、新島は教育者として、リベラル・アーツ教育の実践に力を入れました。自由人の再生産です。これについては、前に別のところで紹介いたしました（拙著『ビーコンヒルの小径』参照）。

問題は、宗教者としての新島の働きです。自由をベースとする会衆派の伝道と自由教会の建設とが、彼のもうひとつの主眼です。この結果、日本では同志社系の教団として、「日本組合基督《キリスト》教会」という団体が、新島の生前（一八八六年）に組織されます。

この教団は、戦前は一致教会（長老派、改革派）やメソジスト教会、バプテスト教会などと並んで、日本を代表する一大プロテスタント教団でした。一九四一年に至って、戦争協力のために政府により他教団（二十二派）と共に強制的に統合され、一本化されました。教派としてはこの時、日本キリスト教団に組み込まれて以来、現在に及んでいます。

組合教会の特色

それでは、新島時代の会衆派（組合教会）の特色、あるいは原則とは、いったい何でしょうか。他の派とどういう違いがあるのでしょうか。

一番の特徴は、やはり自由、ならびに自治という点です。そのことは、一八八六年四月に制定された「日本組合教会規約」の第一条「目的」に明白です。

「各地に在る独立自治の教会、互に交誼を厚うし、相《あ》い扶助し、且《かつ》、各孤立して行い能《あた》はざるの業を為さんため、此組合を立つるものとす。但し、各教会の内治には干渉せざるべし」（湯浅與三《よぞう》『基督にある自由を求めて』一七一頁、私家版、一九五八年）。

各個教会が独立

組合教会という教団に所属するそれぞれの教会（各個教会）には、主権（自治権）が保障されています。新島の言葉を借りると、「主権ノ教会ニ存スル事」が大原則です（④一三八）。これが「教会自治権」（church autonomy）です（③七〇四）。

さきに紹介した新島の言葉をここで想い出して下さい。「私はすでに主《しゅ》なる王であるわが救い主を、わが主、わが政府（government）と認めておりますから、その他の政府は必要ではありません」。特に教会ではそうです。

なぜなら、（新島が認めるように）「一個ノ教会カ、乃《すなわ》チ純然タル一政府ニシテ、教会政治ハ他ノ姉妹教会ト多少ノ関係〔fellowship〕ハ有スルモノナレトモ、不羈《ふき》独立ノ一政府ナリ」だからです（①五二八）。

要するに、柏木義円が端的に指摘するように、「教会にまで人間の政府は要すまい、之《これ》が組合教会である」（『柏木義円集』二、二一八頁）。

「干渉・任他ノ教会」にあらず

組合教会では、それぞれの教会は独立した「自治教会」ですから、外部から内政干渉を受けません。受けてはなりません。新島も「干渉・任他ノ教会」にあらず、と断言しています（①五〇〇、③五二四）。

アメリカの代表的な会衆派のガイドブックにも、こうあります。「会衆政治ハ、外よりの権勢補助を要せずして、正当に教会を組織し、運転するを得る唯一の〔教会〕政治なり」と強調されています（『会衆派教会政治摘要』一一三～一一四頁、傍点は本井）。

ところが、です。教会といえども、人間の集団ですから、大集団と小集団、中央の組織と地方の組織、団体の上に立つ人と下の人、といった両者の間で、とかく支配・服従の関係が生まれがちです。

教会内部で言えば、牧師ならびに役員と一般信徒（平《ひら》信徒、会衆）の関係が問題です。新島から見ても、教派を問わず、牧師は「治者ノ地位」に立ちがちで、とかく「治メ易《やす》キ事」に流れやすい。一方、信徒たちも、知らず知らずのうちに有力な「僅々《きんきん》ノ人」に運営を任せ勝ちになる。

その結果、信徒たち（会衆）は必ず「任他主義」に流れ、やがて「自治ノ精神」を失ない、「寡人《かじん》政治」の下に「自由ヲ売却」してしまう懸念がある、と新島は警告します（③七二一、五一八）。

平等で民主的な社会

したがって、教会の自治権がほんとうに有効に作用するためには、信徒たち（会衆）の自覚が必要です。新島はこう忠告します

「牧師、長老、又ハ執事ナドニハ、兎角権柄《とかくけんぺい》ノ帰シ易《やす》キモノナレハ、所謂《いわゆる》セッション〔church session, 小会。各個教会内の長老会〕の如キモノヲ作リテ、教会ヲ治メシムレハ、随分治メ易《やす》キ便利ハアルカハ知ラサレトモ、教会員ノセルフ・インドレスヲ失フハ、必然」だ、と（③五一七～五一八）。

新島が理想とする教会は、牧師や役員といった少数の偉い人が主導するのじゃなく、一般信徒が主役になれる教会です。構成員が平等に扱われ、そして民主的な運営がなされる教会です。要は、「人（信徒）ひとりは大切なり」です。

ヨコ社会

今風に言うと、組合教会はどこまでもヨコ社会です。牧師、役員、信徒の立ち位置はヨコ一直線です。信徒の間にも区別はありません。教会を支配すべき原則が、「自治・自由・共和・平等主義」だからです（③七〇四）。

これは、学校でも同じです。新島が管理者としての特権を振り回さなかったことは、よく知られています。同僚のD・W・ラーネッドに証言があります。「新島氏が学生たちに示す態度は、校長や教師のようではなく、父親か兄のような態度でした」（*The Missionary Herald*, Apr. 1890, p.145, ABCFM）。私生活でも教会や学校と同様です。とりわけ、教会生活では新島自身の信条である平等主義をいつでも実践いたしました。

彼は、「小生ハ元来、教会ノ政治上ニ関シテハ、会衆共和主義」だと言っております（③六七四）。「会衆共和主義」というのは、会衆を主権者とする民主政治、という意味です。だからこそ、彼は「独リ教会政治ニ至リテハ、ディモクラチクプリンスプル〔民主的原則〕ヲ甘受欣奉スル」（③七〇四、傍点は原文）と宣言しています。

現実の組合教会は

自由や会衆派の伝統を欠く日本では、以上のような教会観は、なかなか根づきません。現実には教会運営が自然の成り行きに任され、特別の注意や指導、訓練がなかったために、日本の会衆派教会（組合教会）は、「十分な交わりのない独立教会」があったり、「一面では独立が過ぎ、他面では少数者に依存し過ぎの教会」が出てくる、と新島は憂えています（⑥二六三）。

これが新島の悩みでした。信徒間に見られる現状は、大多数の牧師にも当てはまります。こうした問題点がいっきょに表面化するのが、教会合同運動です。新島の悩みが、予測できそうですね。

両教会の違い、とりわけ教会政治の決定的な相違が、ほとんど理解されていない、という不安です。新島の結論と信条は、明確です。「教会政治に関する限り、私は民主的な教会政治（Democratic polity）の偉大な崇拝者」を自称する新島（⑥三四〇）は、とかく孤立しがちでした。

平民主義

「民主的な教会政治」とは、平民的な教会政治です。「予ハ、教会ニ於《おい》テ飽《あく》マデモ平民主義ヲ取ルモノナリ」と新島は言っています（③五一八）。

そうなんです。新島から見ると、一致教会は長老支配が特徴的な寡頭政治です。教会運営は、少数のリーダーが牛耳るので貴族主義的です。新島が好む平民主義や平等主義との差が、あまりにもあり過ぎます。新島は個人生活においても、平民であることをきちんと受け入れて、実践しております。

士族から平民に籍を移す際も、不満を漏らすどころか、かえって喜ぶという、普通ならあり得ないちょっとヘンな元士族です（③一三八）。いや、「平民ハ過分ナリ」とさえ言っております（③五三二）。校長であること、教師であること、牧師であることを決して鼻にかけません。むしろ、人並み以下という意識を常に持っておりました。自分は学生や信徒以下の存在である、と本心から思い込んでいます。「我輩ハ生涯、先師タラス、無智之後弟ナリ」と言って憚らない指導者でした（③三六四）。

この点で、本来、平等意識が濃厚な会衆派の教会は、彼にとっては居心地のいい教会でした。生まれつきの会衆主義者（リベラリスト）だったかのような感すらします。

（同志社神学協議会、同志社大学寒梅館ハーディホール、二〇〇八年八月二五日）

労働ハ人生之良薬ナリ。苦難ハ青年ノ業ヲ成スノ階梯ナリ

アメリカ留学中の苦学生（蔵原惟郭《これひろ》）への忠言（③三四七）。蔵原は、新島の教え子で、たまたま二度目の渡米でボストンに来ていた新島との交流が、かの地で復活した。進路と生活（アルバイト）の両面で、新島からあれこれと助けられ、励まされた。

蔵原に宛てた手紙（一八八五年五月三十日）の中で、新島は、「古来、大事業を為せし人物中、大名カ黄金家ニ生れし者、甚稀《はなはだまれ》ナリ。労働ハ人生之《の》良薬ナリ。苦難ハ、青年ノ業ヲ成スノ階梯《かいてい》ナリ」と助言する。

さらに、かつて自身が、密出国する際、ワイルド・ローヴァー号でキャビン・ボーイとして働いた経験を持ち出し、「今日ニトリ、小弟ヲ益スル、殊ニ甚ダシ」と感謝していることを伝える（③三四七）。

↙新島が按手礼を受けた当時のマウント・ヴァノン教会（本書口絵⑦、⑧）は、同じボストンでもビーコンヒル（詳しく言うと、Ashburton Place）であった。新島が保存していた按手礼プログラム（新島遺品庫蔵）にも住所はそうある（『新島襄　その時代と生涯』49頁）。

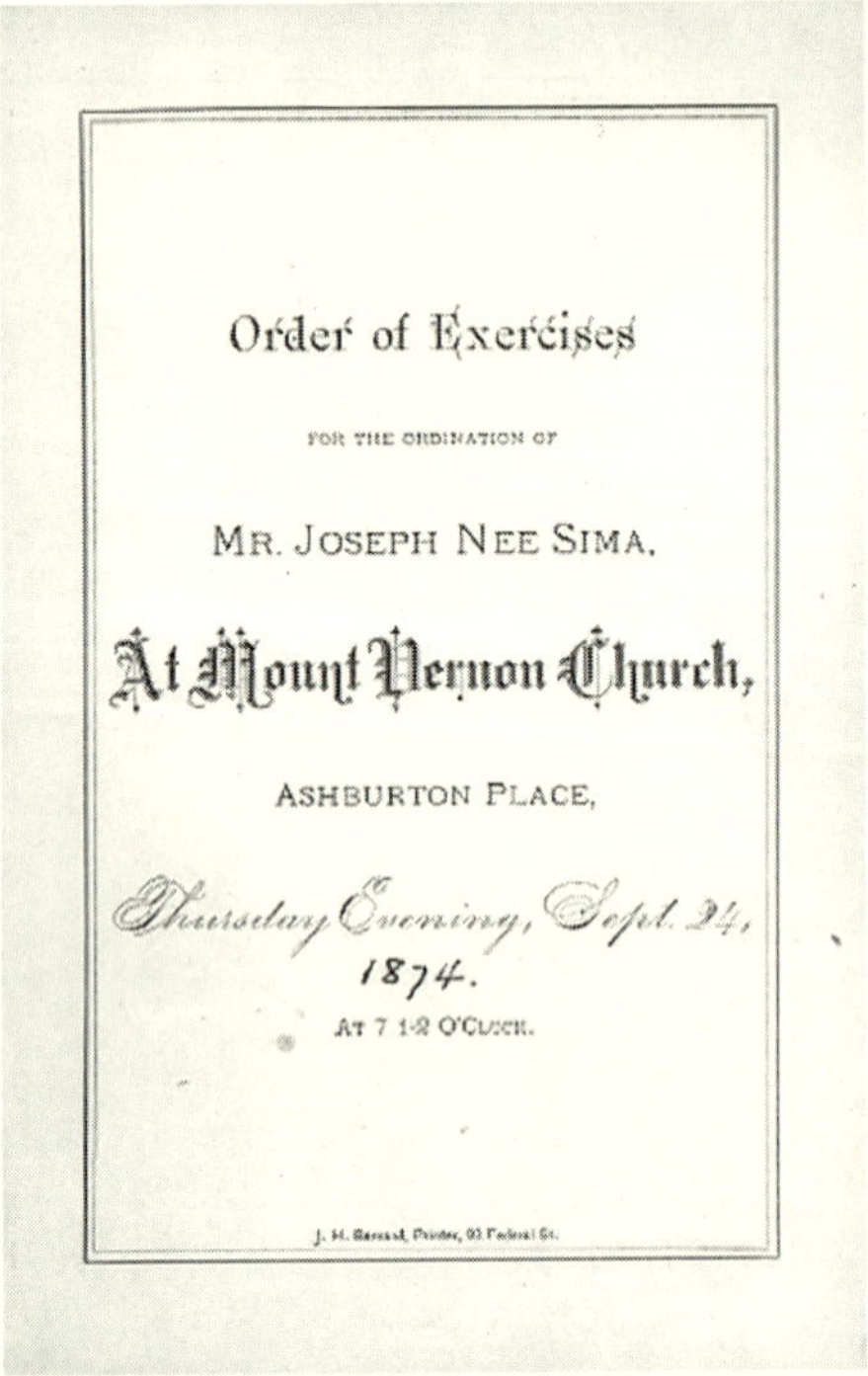

新島襄の按手礼プログラム（新島遺品庫蔵）

教会は、新島が永眠した２年後（1892年）に、バックベイに移転した。その後、教会は、市内の名門教会、オールド・サウス教会（会衆派）と合同し、同教会のあるコープレイスクエア（645　Boyliston St.）で共に礼拝を守ることになった。

今から20年ほど前（1983年）に、旧会堂は正面（ファサード）とタワーを残して、マンション（Church Court）に生まれ変わった。

新島襄「牧師」の誕生スポットが、誕生から140年を迎えた節目の年（2014年）に、ようやく正確に再確認できたのは、奇しきことである。

私は過去３度の「新島襄ボストンツアー」で、いずれも間違ったガイドをしてしまった。

コラム(2)

誤伝されてきたマウント・ヴァノン教会

移転後のマウント・ヴァノン教会
(ボストン・バックベイ)

新島襄が按手礼（正規に牧師になる儀式）を受けたのは、ボストンのマウント・ヴァノン教会（会衆派）である。神学校（大学院）を修了した直後で、1874年９月24日のことである。

これまで、教会の場所は、ボストンのバックベイ、細かく言うと、チャールズ川にかかるケンブリッジ橋脇（492 Beacon）とされてきた。

拙著でも、以前、現地写真を添えて、そう紹介した（拙著『ひとりは大切』202頁）。これが誤伝であった。最近、水谷誠教授（同志社大学神学部）が、正確な場所を特定された。

水谷教授によると、教会がそこへ移転するのは、新島死後のことである。移転後に空いた旧会堂は、1895年から1964年までボストン大学ロースクールの校舎（ISAAC RICH HALL）として使用された。↗

自由人・新島襄のキリスト教（二）
――教会合同運動をめぐって――

新島の神学

新島襄とキリスト教の関係に関して論じるのは、なかなか大変です。自身は牧師、あるいは同志社神学校（今なら同志社大学神学部）の教授にもかかわらず、教理にしろ、神学にせよ、専門書はもちろん、関係論文ひとつありません。

新島その人は、神学や哲学といった理屈ポイ形而上学《けいじ》が苦手です。神学校に入学する前に、新島は大学時代の恩師に苦手意識を伝えたようです。教授からは、「哲学や倫理学の知識が不足していることに失望してはなりません」と忠告されています。(J.H.Seelye to J.Neesima, Sep.21, 1870, Amherst College)。

ただし、手掛かりがまったく無いとは、言えません。使い方しだいでは強力な分析道具《ツール》がひとつあります。それが最晩年の新島を悩ませた「教会合同運動」です。

彼は、当時の二大プロテスタント教派ともいうべき一致教会（長老派）と組合教会（会衆派）の合同に対して、批判的、ないしは慎重派でした。新島は一方の組合教会の最有力指導者のひとりでした。それだけに、彼の反対理由を分析することが、新島の神学をおぼろげながらにでも窺い知ることに繋がる、というわけです。

会衆主義

新島の教え子で、新島からの信任がとても厚かった柏木義円《ぎえん》という牧師がいます。彼は、恩師の神学は柔軟であった、と評しています。

「先生の神学は、オーソドックスの方であったと存じますが、併《しか》し其《そ》れは単に固形の学説ではなくて、先生の信仰であり、生命であったと存じます。而《しか》して先生は、旧神学を株守《かぶもり》して他を容《い》れないと云ふ様な狭量な方ではありませんでした」（伊谷隆一編『柏木義円集』二、一三二頁、未来社、一九七二年）。

新島の神学は柔軟だ、というのです。新島が理想とする教派、ならびに教会は、同志社系の教団、すなわち会衆派（会衆主義）と組合教会です。その特色は自由、自治にありました。

彼の場合、そうした教派観がもっとも先鋭化したのが、「教会合同運動」でした。この運動における新島の対応を見ることで、彼の神学やら教会観が多少とも浮彫りされてきます。

教会合同運動では、新島や「熊本バンド」の有力牧師たち（その代表が小崎弘道です）が指導する組合教会と、植村正久らが率いる一致教会との間で、不幸な対立が生じました。対立は身内の中にも生じました。

新島は植村とはもちろん、教え子の「熊本バンド」の面々とも意見を異にしたからです。何が問題だったのかと言えば、核心は教理というよりも、後述するように教会政治（polity）の認識の違いです。

心身にこたえた教会合同問題

合同問題に関して、新島の傍に終始、いたのは、同僚のJ・D・デイヴィスです。彼は宣教師の中では合同反対派（少数派）で、新島のよき理解者でもありました。両人は、推進派のリーダー、小崎弘道からは反対運動の巨魁《きょかい》と見られていました。小崎は回想の中で、二人を厳しく糾弾しています。

「遠慮なく当時の真相を暴露すれば、この運動の妨害をしたものは、新島襄氏とデビス博士の反対態度、飽迄《あくまで》不当を極めた点である」。

しかも、小崎は「合同運動が失敗したには、過失の十中八九までが、組合〔教会〕派の側にあったのは、これ争ふべからざる事実で」あった、とさえ断定しています。

それだけに、合同推進派にとっては、新島の「反対態度」はとうてい許されるものではありません（以上、小崎弘道『日本帝国の教化』四八頁、警醒社、一九二九年）。

デイヴィスもびっくり

デイヴィスから見た当時の新島の消息は、こうです。

「この問題で彼が私に相談に来たとき、彼はこれまでに見たどんな場合よりも興奮していた。長年の間に、これほど心を煩わせている新島を私は見たことがなかった」。

デイヴィスによると、合同問題が何か月にもわたって紛糾していたその間、新島は相当な緊張を強いられました。「あの衰弱の状態では、堪えがたいほどの緊張であった」。

新島の寿命を縮めたのは合同問題だった、と言わんばかりの記述です。

新島はこの間デイヴィスに、「もしも合同が原案通りに実現すれば、自分は京都（同志社）を去って北海道へ行き、単独で仕事をする」とまで語ったといいます（以上、J・D・デイヴィス著・北垣宗治訳『新島襄の生涯』一二五〜一二七頁、同志社大学出版会、一九九二年）。

「第二の同志社」を

北海道へ退く、という決意は、一部の学生にも漏らしています。

面会謝絶とのドクターストップにもかかわらず、「会って話をしなければ、胸が破裂しそうだから」と学生をひそかに病床に呼んで、胸の内を明かしました。呼ばれたひとりが柏木義円です。彼は、その時の会見をこう回顧しています。「或時《あるとき》、先生は合同にして若《も》し成らば、北海道へ退く、とまで仰せられました」と。その時の師の沈痛な面持ちを柏木は、生涯、忘れませんでした（『柏木義円集』二、二一六頁、二三二頁）。

新島は北海道で何をしたかったんでしょうね。田舎牧師志向でしたから、ひとまずは地方伝道でしょう。

さらには、別の伝承もあります。

「若《も》し同志社教会が愈《いよいよ》合併に賛成と決するなら（ツマリ同志社の教職員、学生の多数が賛成することを意味する）、余は同志社を棄て、北海道に移り、第二の同志社を創始する」と言ったといいます。（今泉真幸《まさき》『新島襄』四八頁、同志社校友会、一九三九年）。

新島の北海道志向

それにしても、新島が、北海道を第二の働き場所に選んだのはなぜか。

おそらく、新天地で理想の教会や学校作りをしたかったのでしょうね。その背景には、かつて自分が自由な生活を満喫したニューイングランドでの体験があったはずです。

緯度から言っても、北海道は日本のニューイングランドです。ボストンに根付く自由主義的な風土を日本に移植するのに最適な土地、と見初めていたのじゃないでしょうか（拙稿「北海道を日本のニューイングランドに」、拙著『マイナーなればこそ』所収）。

反対派は少数

合同運動に関する当事者の回想の中では、柏木義円のものが一番、信頼できます。

「〔新島〕先生、晩年の二大関心事は、同志社大学の創立と一致教会・組合〔教会〕合同問題であった様に存じます。先生は固《もと》より此《この》合同には反対でした。当時、此問題は余程進捗《しんちょく》し、合同案も出来、殆んど今一《いまひ》と息で成立せんとして居ました。

組合教会側では、〔私の〕先輩〔牧師、特に熊本バンド〕は皆、合同に熱中して居られ、宣教師側は、独りシドニー・ギュリーキ氏〔S・ギュリック〕の外《ほか》は、皆賛成。同志社の先生方も、デビス先生と浮田〔和民〕先生とが先生に同情して居られた外は、皆賛成側。

先生は殆んど孤立。唯、僅かの少壮牧師と青年とが、先生の御精神に感激し、大勢に抗して奮闘して居たのでありました」（『柏木義円集』二、一二三二頁）。

新島を誤解

新島の反対行動に関しては、当時からいくつかの批判がありました。新島本人の耳に直接入ったものだけでも、「頑固ナルセクタリヤン」（セクト主義者）、「狭隘《きょうあい》ナルセクタリヤン」とか、「無ヤミニ合併ニ反対」する者、「一致敗壊論者」といった誹謗《ひぼう》があります（③七〇三、七二一、七二六）。

第三者の柏木が聞いたものでは、「人、或《ある》いは先生の此の合同反対を以て、或は先生のアメリカ癖《へき》の宗派心に出づると為し、或は同志社経営の利害打算心より来りしものとさへ為し、幾多《いくた》の誤解を先生に投げ懸けたやうであった」（『柏木義円集』二、三五六頁）。

柏木はさらに、「世には、両教会が合同となれば、同志社は合同教会の学校となり、〔ミッションからの援助が途絶えるなど〕先生に不利だから反対なさったのだ、と解する向きもありますが、其《そ》れは全く誤解だと存じます」と付言しています（同前、一二三二頁）。

柏木によれば、批判の中には、新島の教え子からのものも混じります。「全力を挙て反対被遊《あそばされ》、為に所謂《いわゆる》宗派心に凝《こ》る者との誤解を受け、組合教会の先輩〔柏木の〕すら、今尚ほ先生の精神を了解せられざるかの様に相見へ候――」（同前、三八一頁）。

小崎弘道から痛罵される

なかでも小崎弘道からのものが最も激烈です。新島の「反対態度」は「飽迄不当を極めた」というのです。たとえば、「新島氏の如きは、頻《しき》りに反対者を使嗾《しそう》し、暗々裡《あんあんり》にこの運動を妨害せられた如き事績があって、今日よりこれを見る時は、寔《まこと》に潔《いさぎよ》しとせざる点が、甚だ少くない」と恩師を厳しく糾弾します（『日本帝国の教化』四八頁）。

柏木はこれに対して、「反対者を目して、一概《いちがい》に使嗾され、煽動された者と仰せらる、のは、余りに反対者の人格を無視し、之を侮辱するものではありませんか」と反論しています（『柏木義円集』二、二二五頁）。

そこまで恩師を弁護する柏木にしても、新島の対応に疑問も差し挟んでいます。「先生のお手紙の中には、他派と伝道地を競ふ様に見ゆる所もあって、今の私共から見ると、何んだか宗派心に偏して居る様に思はれ、斯《かか》るお手紙は無くもがな、と思ふたこともあります」と（同前、二三二頁）。

柏木義円の弁護と主張

新島の反対理由に関して、柏木の見解をまとめて見てきます。

「先生が此合同に反対し給ふた精神は、反《かえ》って、此合同にして成らば、其畢生《そのひっせい》の事業たる最愛の同志社をさへ棄て丶、北海道へ退く可し、と覚悟して居給ふた程に、真剣であった」（『柏木義円集』一、三五六頁）。

宗派心が強すぎるとか、他派との競争にこだわり過ぎ、といった批判については、柏木はこう理解します。

「之《これ》は先生が伝道を競ふて徒《いたず》らに縄張りを争ふ、と云ふ様な事ではなく、自由自治の精神を日本国民に扶植するには、何《ど》うしても教会よりせざる可《べか》らず。而《しか》して、之を為すは、自治を根本精神とする我組合教会ならざる可《べか》らず、との確信より、熱心に組合教会の伝道の拡張を企図し給ふたのみで、他心はあらせられなかったのだ、と存じます」（同前、一三二頁）。

背景に人格主義

反対運動の基礎にあったもの、それはもちろん自由・自治の尊重です。が、さらにその奥にあるものを探ってみると、人格主義、あるいは人権意識が潜在していることが、分かります。この点でも、柏木の分析力は優れています。すごいです。

「彼《か》の一致・組合合同問題に当って、最愛の同志社を去って、北海道に耕するに至る、とまで思ひつめて、極力、合同に反対されたのも、亦《また》、実に此主義を傷けられることを恐れたからであった。而《しか》して先生は、亦、此精神より一人々々の霊魂の救ひを重んじ玉ふた」。

ここで「此主義」として取り上げられているのは、「いと微（ちいさ）き一人の為めにも、死し得る」姿勢、精神です。新島は「全世界よりも重き人一人の価値、神の肖像たる人格の尊貴無限を認めて居られた」と柏木は、明言しています（『柏木義円集』二、一六〇頁、傍点は原文通り）。

「人格の尊貴無限」というのは、今風に言えば、人格主義（人権や人格の尊重）のことでしょう。

自由と人権・人格

柏木は新島こそ、この面で突出した日本人であった、と捉えています。

「日本史上、由来、所謂《いわゆる》偉人、傑士は其数、決して乏しとしないが、真に凡《すべ》ての人間の尊貴不可侵を識《し》る自由の人は、果してあったか如何。我は新島襄先生が、唯一人の其人であった事を知るのである」（『柏木義円集』二、四二四頁、傍点は原文）。

人間を一人ひとり尊重すると言う場合、柏木は、W・E・チャンニングの言葉、「人なる名称は、帝王と云ふよりも、大統領と云ふよりも、尊貴なる称号なり」をよく援用します。この文言は、そのまま新島の信念でもあった、と柏木は見なします（拙著『襄のライフは私のライフ』一六四頁参照）。

「〔新島〕先生の不羈《ふき》独立の精神、自由教育、自治教会主義の根底は、実に此に在ったのである」（『柏木義円集』二、一六〇頁）。

新島が、「自由自治」を基調とする組合教会の普及を熱望するのも、「自由精神」を広め、「人格の尊厳」を発揮したいと願ったからに他ならない、と柏木は理解します（同前、三五六頁、傍点は原文）。

自由喪失の危機

「実に日本史上、唯一人の人間自由の為めのチャンピオンであった」と柏木が称賛するほど（同前、三五六頁、傍点は原文）、新島はまさに「自由命《いのち》」です。その新島に大きな危機が訪れた時こそ、教会（教派）合同運動です。

「我カ自治自由ヲ捨テ、モ、一致シタガ上策ナリト申セル輩」が身内にもいる（③七二一）。とんでもないことである。「小生ハ我カ自由主義ヲマケテモ一致スル程ノ利益ハ、ドウシテモ発見セサルナリ」（③七〇二、傍点は原文では傍線）というのが、新島の基本的なスタンスです。

要するに、組合教会の「自由の原則（our free principle）」（⑥三一七）、あるいは「会衆派の自由（our Congregational freedom）」（⑥三一七）は擁護、いや死守しなければなりません。

合同草案を見れば、その理由が簡単に判明します。

新島から見れば「近頃出来候〔合同〕草案ハ、全ク、プレシバテリアン派〔一致教会〕之組織ニして、我カ〔組合教〕会ノ自由主義ハ、益々跡ヲカクシテ見エサルカ如シ」ですから（③四九四）。

自由を「安売り」しない

自由主義を死守するために、新島は合同に「待った」をかけました。組合教会の他の指導者たちは、合同を急ぐあまり、新島の主張を傾聴する気持ちやらゆとりがありませんでした。

合同という大義名分のために、「自由」を犠牲にしたり、「大安売」しないのが、新島の基本でしたした（④六一）。「差少〔些少《さしょう》〕之情実之為、我カ子孫、千百年之自由ヲ売却スベカラス」と決意していました（③四九四）。

この差はいったいどこから来るのか。おそらく新島独り、ニューイングランド体験が豊富であっただけに、自由の価値が皮膚感覚で分かっていたものと思われます。

だからこそ、彼は「徹頭徹尾、自由ヲ主唱スル」のです。その結果、「我党〔組合教会〕ノ或ル分子ヨリハ、容《い》レラレサル」状況さえ生まれました（④二九六）。

教会政治（ポリティ）の違い

以上のことから、新島が教会合同運動に反対した要因が、自由主義にあったことは、お分かりいただけたと思います。そこで次に教会（教派）に則して、その点をもう少し詳しく見ていきます。

まず見るべきは、教会運営です。教会政治と言ってもいいでしょう。英語では polity とか、church government と言います。この面で、両教会には決定的な差がありました。

会衆派（組合教会）の教会運営の面で、最大の特徴は何か、と言えば、自由・自治です。教会の主権がそれぞれの教会（各個教会）にありますから、その教会の一般信徒（彼らが会衆です）が運営の責任を持ちます。

教会政治という点では、新島に反対した合同賛成派のひとり（新島の教え子でもある今泉真幸《まさき》）にも正確に理解されています。

「余は寧《むし》ろ賛成論者である。又た、彼〔新島〕を余りに自由を崇信し過ぎたものと見る。けれども、彼は全く主義の人であった。

彼は合併草案の信仰箇條には異論がなかった。唯だ、その教会政治に不満足であった。是《こ》れ彼が、極端な自由主義者、自由論者であったからだ」（今泉真幸『新島襄』四七頁）。

主権者は会衆

教会政治から見れば、組合教会では教会の運営権は会衆にあります。つまり会衆主権です。だから、運営は極めて民主的です。いわばボトムアップです。

それに対して、合同相手の一致教会（長老派）は、少数の長老（牧師や代表役員）が、主権を保有し、大事なことを会衆に代わって決定いたします。いわば、トップダウン方式です。

新島はこうした少数者による支配というやり方を「寡人《かじん》政府主義ノ教会政治」と呼んで、「僕ノ痛ク反対スル所ナリ」と批判します（③四八七）。彼は理由を添えて、こう公言します。「とにかく私は自由の崇拝者ですから、寡頭政治は嫌いです」（傍点は、原文の英文ではイタリクス、⑥三四八）。

民主政治vs寡頭政治

新島から見れば、一方は民主政治、他方は寡頭《かとう》政治（貴族政治）です。一致教会が少数の指導者主導であるのに対し、「会衆政治は多数政治」です（H・M・デキスター著、池本吉治訳『会衆派教会政治

摘要』一二三～一二四頁、警醒社、一八八九年）。

もっと分かりやすく言えば、ヨコ社会とタテ社会の差です。ヨコの関係を重視する組合教会では、一人ひとりが平等であるのと同じように、一つひとつの教会もまた、それぞれ平等、という民主的な関係が成り立っています。

したがって、新島が指摘するように、「共和政治」と「寡人主義」では、雲泥の差があります（④八八）。前者は地方自治、後者は中央集権です（①四九九）。「水と油」ほどの違いがあります。混じることは、そもそも不可能です（②五二〇）。

この点は、デイヴィスから見ても同じです。

「この合同は、狼と子羊がともに伏すことに酷似している。だが、子羊は狼の内側に横たわっているのだ。合同が進むにつれて、狼に起こる主たる変化は、狼が一層大きくなることだ」（J・M・デイヴィス著、北垣宗治訳『宣教の勇者　デイヴィスの生涯』二五六頁、同志社、二〇〇六年）。

古代と近代の差

新島は、二種類の教会政治の違いを次のように歴史的に捉えていました。寡人政治が「古来ノ遺伝物」であるのに対し、共和政治（衆治主義）は「近世ノ新発明」です（②五〇八）。したがって、歴史の歯車を逆転させるような合同はよろしくない、という結論になります。「新発明」（輸入物）の自治主義を捨て去って、「従来」の寡人主義に戻るなかれ、との警告も発します（①五〇九）。

さらに両教会の差は、「主義ノ相違」だと見ます（③五二六）。合同運動に関しては、「今回ハ実ニ、吾人執《と》ル所ノ主義ノ戦争ナリ」と捉えています（③六四四）。利害や打算の差ではなく、あくまでも主義の対立です。

しかも、戦力や勢力に関しても、自派（会衆派）は相手（長老派）とは天地の開きほどの差がある弱小部隊、と新島は見ています。それだけに「彼等、大砲を以て生ニ来ラハ、生ハ甘シテ其的《まと》トナルヘシ」との覚悟はしておりました（④一四三）。

「合同憲法」草案は長老派的・非民主的

もう少し、具体的に新島の見解を見てみます。合同は、内容的に一致教会のペースで進められているので、予定される合同後の基本（憲法）は、長老派に近いものになる、という懸念が大でした。

たとえば、「部会」（presbytery, 地域長老会）、「聯会《れんかい》」（synod, 全国長老会）、「総会」（general assembly, general synod, 全国総会）といった代議制的な規定が好例です。「尤《もっと》モ重要ナル条項ト認ムヘキハ、部会、聯会、総会等ナリ」と新島はここに注目いたします（②五二〇）。

なぜか。「部会、聯会、総会之如キ、自己ノ外ニ、教会ヲ支配スルモノ」、すなわち教会の外（上）に「政府ノ如キモノ」を置くことになるからです（①五二四、五二六）。

これでは、長老政治（寡頭政治）というタテ社会的支配・服従の関係が、合同後の教会を支配します。「共和平等主義ヲ以《もっ》て、新憲法ノ部会、聯会、総会ノ下ニ降伏セシメハ、我カ自由教会ノ運命ハ如何成行ヘキヤ」と新島は憂慮します（②五二一）。組合教会の「共和平等主義」（民主）的で、自由な性格が、殺されてしまいます。その結果は、少数者に主権を委ねる間接民主主義です。

直接民主制

合同草案が規定するような、主権は教会外（具体的には中会《ちゅう》）にあるといった原則（②五二六）は、組合教会の運営とはまさに対極的です。草案に対して、新島はこう主張します。

教会合同草案には、「教会ノ主権ハ、各〔教〕会ニ存スヘキモノト明言大書セラレン事ヲ」と力説します（③五二八、傍点は原文）。それが真の民主政治（直接民主主義）だからです。

「役者〔牧師や長老といった一部の指導者〕ノミニテ、教会ノ為メニ〔教会〕連合ノ如キ一大件ヲ決議スヘキノ権理〔権利〕ハ、有スヘキ限ニアラサレハ」というのです（③六六四）。「予ハ、牧師等ノ集合体ニ権ヲ帰セシムルヲ好マサルモノナリ」（③五〇〇）。

繰り返します。組合教会の大原則は、自治主義に基づく教会政治にあります。会衆に主権があり、各個教会に自治権（autonomy）が認められているのが、最大の特徴です。それ以外に、教会を支配するものは、上であれ外であれ、何も認められていません。

したがって、教会は相互に独立していますから、外（上）から干渉されたり、支配されてはなりません。

裁判権

さらに、合同草案には「申告」（appeal）とか、「戒規」（discipline）といった裁判規定が盛り込まれています。これまた、組合教会には似つかわしくないシステムです。

新島はこの点も憂慮します。「尤《もっと》モ吾人ニ於《おい》テ耳新ラシク覚ヘシ所ハ、デスプリン〔戒規〕、並ニアピール〔申告〕等ノ事ナリ」（②五二〇）。なぜなら、「吾人ハ、兄弟ノ争論ヲ裁カン為ニ、訴訟門ヲ設ケ置カサルモノナリ」（②五二六）。

柏木の反対は、明確です。「裁判されたり、上告したりすることなどは、勿論《もちろん》思ひも寄らぬ。教会にまで人間の政府は要すまい。之《これ》が組合教会である」（傍点は原文通り。『柏木義円集』二、二一八頁）。

規則偏重

政府のようなものを教会政治に導入すると、当然、規則（法律）が前面に出てきます。これにも弊害が伴います。「我が組合教会の政治は、恰《あたか》も一家族の政治にして、愛を以て繋がり、彼〔一致教会〕は、恰も一政府の如く、法律を以て束縛する有様なれば、所詮《しょせん》、今日は一致する事、難からんと信ず」（宮川経輝、『日本基督教伝道会社第九年会記事』二、二六〜二七頁、同会社、出版年不明。傍点は本井）。

一方は、「自由主義」、他方は「規則主義」です（海老名弾正、同上二八頁）。組合教会は、きつい規則で教会を外から縛ることは、ありません。小崎弘道もこう証言しています。「法律主義を排して、兄弟主義をとった事。即ち、団体であるから規約はあった。けれども、之《こ》れによって束縛する事はなかった。又、規則に照して処分するなど申す事は、組合教会の主義に合はなんだ。信者は皆兄弟で、どこまでも兄弟主義であった」（小崎弘道「開教五十年史」、『基督教世界』一九〇九年七月二二日）。

小崎はこうも回想します。組合教会は、当初、「組織単純にして、規約の少なかった」うえに、兄弟主義で教会政治を行なっていたことが、その後の発展の原動力となった。設立時（一八八六年）の規約は、わずか七か条であった。それが、次第に他派のように「規則責」になった。現在（一九二九年）では、自由主義の反動からか、規則過重の嫌いがあるが、この点は「大に反省」すべきである、と（『日本帝国の教化』二一七～二一八頁）。

繋がりは家族愛か、法律か

当初の統合理念は「兄弟主義」であった、とあるように、組合教会の絆は、家族愛です。かつて同志社大学名誉教授（神学部）の竹中正夫先生に、「組合教会の最大の特徴って何ですか」と尋ねたことがありました。返ってきた答えは、「それは、Fellowship」でした。

これを聞いた当時は、正直言ってがっかりしました。もう少し、高尚な回答が返ってくるのでは、との期待がありました。だから、「なんや、仲良しクラブか」と一瞬、戸惑いました。

しかし、今となっては、なかなかの名答だな、と感心しています。仲間との共同意識や連帯意識が重要であることを年々、思い知るようになりました。つい最近も、そんなことは戦前にすでに指摘されていることを知りました。

「我が日本組合基督教会には、伝統的なる四大精神がある。曰《いわ》く、自由、自治、自給、協同、即ち是《これ》である」と、「協同」（フェローシップ）が柱の一本にちゃんと据えられています（柏木隼雄「我が組合教会の精神」、『新生命』一九三八年七月二〇日）。

規則の緩さ

細かい規則がないために諸事、自由で、シバリが緩やかなのが、組合教会です。そこでは、規則や法で縛る度合は、ごく小さいのです。学校に関して新島は、「小生、平素之目的ハ、成丈《なるたけ》、法を三章ニ約シ」と言っております（④三〇六）。これは、組合教会系の教会にも当てはまることです。いわゆる「法三章」の伝統です。

さらに、「我カ方、イスム〔ism〕ニ関セサル、規則ヲカマワサル教会ナリ」とか（①五一一）、「我カ教会ハ、極自由、極ブロード、極簡易ニ（去リトテ、幾分カノ仕事ヲ進ムルニ、システムハ入用ナリ）基ヲオク度存スルナリ」（③七二七）といった具合に、新島も少々、威張っています。

過激に言ってしまえば、規則（憲法にあたる中心的な法）も組織もユルユルです。新島、いわく。「此ノ組織モナキ、規則モナキ、漠然タル我カ組合〔教〕会カ、規則ノ厳格ナル一致〔教〕会ト合併セントスルナラハ、我カ失フ所ハ、如何ニ多キソ」（③五〇〇）。「憲法ナキ教会ト、憲法ノ厳格ナル教会ト合スレハ、憲法ナキ教会ノ損スル所、幾干《いくばく》ソヤ」（②五〇〇）。

こうした状況で教会合同が成立すると、どうなるのか。「中央集権」（寡人政治）の元で「規則、細則、附則等ヲ出来《しゅつらい》」し、「向来、規則ヲ以、検束スルニ至ル」危険性が大きくなります（①五〇八）。

合同の進め方にも違和感

以上の理由のほかにも、新島が反対を唱えた理由が、まだあります。運動の進め方に非会衆派的な手法が混じっている、というのです。

平等主義、民主主義に立つ新島としては、推進派が少数派を切捨てようとすることに堪えられません。彼から見ると、推進派には、「一、二の反対教会は、切捨ててでも合同すべし」といった強硬な姿勢が目につくというのです（④一四三、一四七、一五二）。

新島からすれば、「一個の教会は大切なり」です。少数派や小規模な弱小教会が、中央、あるいは大規模な教会によって無視されたり切り捨てられたりすれば、新島の憤慨は収まりません。

運動の進め方が、すでに寡頭政治というか、少数の有力者や大教会主導です。「今ノ体《てい》ナレハ、全ク牧師マカセニテ出来タル連合、即チ牧師之連合ニシテ、決シテ共和・平等主義ヲ取ル我カ組合〔教〕会ノ連合ニアラサル」と新島は批判します（③六四二）。

組合教会の一部の有力指導者の姿勢を見て、新島は、「兄等《けいら》ハ、民〔会衆〕ハ之ヲ知ラシムベカラスト、寡人政治主義ヲ取ラル、」と警告します（③六八五）。少数の有力牧師が、会衆を無視して事を進めようとするのを見て、「民ハ知ラシムベカラサルノ手段ハ不同意仕候」と懸念します（③六七二）。

少数者こそ尊重

新島には自分自身がマイナー派との自覚がありました（拙著『マイナーなればこそ』参照）。それだけに、弱者や少数派に人一倍、寄り添うことができました。「諸君ヨ、人一人ハ大切ナリ。一人ハ大切ナリ」（①一〇七）を援用すれば、「一個の教会は大切なり」です。

反対運動を展開する相手に向かって、新島は、「傷める葦を折ることなく、煙れる麻を熄《け》すことなく」（「マタイによる福音書」一二章二〇節、④一四八）とか、「騶虞《すうぐ》は折らず生草の茎」（李白、④一四三）の一節を送ります。これこそ、新島自戒の言葉《モットー》です。

柏木によれば、新島は「いと微さき一人の為めにも死し得る方であった」。それは、「先生が全世界よりも重き人一人の価値、神の肖像たる人格の尊貴無限を認めて居られたから」であったといいます（傍点は原文。『柏木義円集』二、一六〇頁）。

性急すぎる

最後に、新島の反対意見の中には、さらに進め方に対する注文がありました。重大問題にしては、あまりにも事を急ぎ過ぎる、つまりは性急すぎるというのです。

もっと時間をかけて、論議、研究すべきなのです（①五〇一）。とりわけ、主権者たる会衆は、もっと自覚的に、積極的にこの問題に取り組むべきだ、というのが、新島の判断でした。それもしないで、「牧師任せ」というのは、非会衆派的な対応ですよね。「全ク牧師マカセニテ出来タル聯合、即チ牧師之聯合ニシテ、決シテ共和平等主義ヲ取ル我カ組合〔教〕会ニアラサル」やり方、というのが、新島の見解です（③六四三頁）。

さらにその牧師にしても、大多数の者は少数の有力牧師に問題を委ねる、といった傾向がありました。新島はこれにも異を唱えます。「牧師方ノ内ニモ、福音ヲ伝フルニ甚熱心ナルモ、教会政治如何ニ至リテハ、随分、無頓着千万ナルモノノ如シ」と（③五二五、傍点は原文）。

要するに信徒、牧師ともに教会政治の正しい認識が欠けているというのです。だから、結論として新島は、合同問題の延期説を唱えます。時間をかけてじっくりと論疑すべき、と提言します。

信徒教育

新島は、合同問題を契機に組合教会に所属する信徒たちに研修やら教育が必要だ、と思い始めます。主権者である一般会衆が、まずは「組合教会とは何か」をしっかりと学習し、その特色をきちんと理解しなければ、というのです。とりわけ、教会政治の内実です。

そのため、新島は教え子に対して、学習会で使えるような適当なテキストの翻訳を依頼します。その結果、日の目を見たのが、『会衆派教会政治摘要』（警醒社、一八八九年）という入門書です。翻訳（抄訳です）は池本吉治、監修（校閲）は小崎弘道です。

池本は同志社を出た信徒で、小崎が牧師を務める霊南坂教会に所属しておりました。小崎が経営する警醒社の社員でもあり、民友社社長、徳富蘇峰とも交流がありました。新島の住所録にも、そうあります（拙著『新島襄の交遊』裏表紙のカバー参照）。民友社と言えば、合同運動では新島側についた有力な支持団体ですから、新島にとっては強力なサポーターでした。

H・M・デキスター

著者はH・M・デキスターです。原書は、『会衆派入門』（*A Handbook of Congregationalism*, 1880）といい、アメリカではよく読まれた著作のようです。

デキスターは、イェール大学を経て、アンドーヴァー神学校を出た後、各地で牧師をしたり、会衆派系新聞の編集などを担当したりしています。（新島が卒業した三年後の）一八七七年から七九年までアンドーヴァー神学校で会衆派の歴史を講じたこともあります。

デキスターが当時、編集長を務めていた『コングリゲーショナリスト』という会衆派系の新聞は、日本の合同問題に批判的でした。「合同は実質的には長老派による会衆派の吸収であろう」との声明を出していました。そのため、推進派の宣教師、D・C・グリーンからは、「不当きわまる声明」と攻撃されたりしました（E.B.Greene, *A New-Englander in Japan Daniel Crosby Greene*, pp. 211～212, Houghton Mifflin Company, 1927）。

日本国内では、合同をめぐって新島とグリーンは、立場を異にしました。だから、デキスターに対する評価が正反対であっても、ちっとも不思議ではありません。

『会衆派教会政治摘要』

デキスターの主張は、新島にとっては、渡りに船でした。その著作は、日本でも願ってもない強力な武器になる、と新島は踏んだわけです。同書の翻訳では、タイトルを変え、わざわざ「教会政治」の文字を入れた点に注目すべきです。冒頭の「諸言」を、池本はこう書き起こしています。

「一致組合両教会の合同ハ、日本基督教の大問題なり。蓋《けだ》し、両教会合併に就《つ》き、最も緊要なるハ、教会政治の事なり」（二頁）。

続いて、教会政治の如何《いかん》が、将来の日本の政治を決める、と大言壮語されています。こうです。

「教会政治にして、若《も》し君主独裁の傾きあらんか。将来、我国の政治は、君主独裁の傾を帯るならん。教会政治にして、若し民主自由の傾きあらんか、将来の国家も亦、民主自由の傾を受けん。教会政治が近きに遠きに及ぼす影響や大なり、と云ふ可し」（同前）。

出版をめぐる秘話

全国の組合教会の信徒たちが、この翻訳書をテキストにして教会政治のことを勉強してほしい、と新島は願いました。けれども、その出版は順調じゃありませんでした。翻訳は早くに出来上がったものの、小崎がなかなか「校閲」に取り掛かってくれません。

困った池本は、新島に書を寄せて、小崎に忠告してほしいと依頼しています（⑨上、四九三）。

さっそく新島はそれを実行します（③七二八）。小崎が合同反対派の首領だけに、新島は苦々しく思ったんじゃないでしょうか。

さらに、合同推進派の中には、この書の出版に対して、「反対論を吐クモノアリ」、と新島は海老名弾正に苦情を言っております（③七二五）。

合同絶対反対論にあらず

念のためにここで指摘しておきたいことがあります。新島は何が何でも合同に反対したゴリゴリの反対論者ではない、というひと事です。自身、「小生ハ元来、合併反対論者ニアラス」とさえ言っております。じゃ、なぜ反対運動をするのか。「只今ノ如キ仕方ニ反対」するのです（③七二六）。

合同の仕方次第では、態度が変わります。言ってみれば、条件付賛成派です。条件さえ合えば、合同ＯＫです（⑥三五一）。自分の基本的なスタンスは、「中庸な合同反対論者」（a mild Anti-unionist）だ、と自身で告白しているくらいです（⑥三六三）。

では、条件とは何か。会衆派の原則（つまりは、自由、自治、民主）が守られ、民主的な方法で進められる合同なら賛成です。

主義の点でも条件つきです。たとえば絶対に譲れないのは自由主義です。「我カ自由主義ヲ曲ケスシテ、合併シ得ルノ策アラハ、決シテ不同意ハ申スマシ」（③七〇二）。自由さえ十分に保障されるならば、彼は進んで積極的な合併支持者に変身する、というのです。「小生ハ如此《かくのごとく》、強固ナル合併〔真ノ合併〕ヲ望ムモノナリ」とさえ、言っております（③七二八）。

反対派の拠点

最後に、反対運動の動向です。世代、並びに地理的な特徴が見られました。小崎によれば、新島の支援者、つまりは合同反対派の拠点は東京と京都、それも若手の信徒たちであった、といいます。

「当時、この運動に反対したのは、同志社〔教会〕の学生と東京霊南坂教会の青年信徒であったが、孰《いず》れも彼〔新島〕より煽動せられて、この挙に出でた形跡がある」（『日本帝国の教化』四八頁）。

これに対して　柏木は次のように反論します。

「小崎先生は、〔合同〕反対は唯、同志社教会と霊南坂教会のみだと仰せられますが、上州〔群馬県〕の諸教会も亦《また》、鉾《ほこ》を連ねて反対し、故杉山重義氏や故大久保真次郎氏は、其《そ》のチャンピオンであったと存じます」（『柏木義円集』二、二二五頁）。

もっと正確に言うと、全国的には次の三か所を挙げるべきです（⑥三四六参照）。

（一）京都　同志社教会（主として学生信徒たち）

（二）東京　霊南坂教会、番町《ばんちょう》教会（徳富蘇峰が率いる民友社派の青年社員たちがいる拠点です）

（三）上州　安中教会、原市《はらいち》教会、甘楽《かんら》教会、高崎教会、藤岡教会、前橋教会

新島は、これらの三派を結集して、推進派に対する一大勢力とすることを試みました。そのためには、（二）派と（三）派による「関東フェデレーション」（関東連合）を結成することが、先決でした。このことが、小崎たちにより、姑息なやり方と見なされました。

越後と上州への期待

新島最晩年の伝道計画では、何と言っても越後伝道がトップに位置します。愛弟子の広津友信を新潟教会牧師として送り込んだことが、最大の要因です。

同地での自由・自治教会の形成を心から望んでいました。これについては、前に紹介したことがあります（拙著『近代新潟におけるプロテスタント』一二三〜一二六頁、日本キリスト教団新潟教会、二〇〇六年を参照）。

つぎに重きを置かれたのが、上州伝道です。安中教会に続いて甘楽教会（現富岡市）が設立され、その後も原市や前橋、高崎、藤岡にも教会が立ち上がりました。教え子としては、前橋教会牧師の不破唯次郎がその中軸です。合同運動との関連で言えば、上州の諸教会の動きは、越後以上に新島の関心事でした。

甘楽教会への期待

彼は、甘楽教会の伝道師、奈須義質に宛てて、「小生ノ我カ自由、自治、共和、平等主義ノ教会、永々保存之為メニ合掌シテ御依頼申ス所也」と書き送っています（③六五四）。新島はとりわけ、「両毛〔上毛野《かみつけの》と下毛野《しもつけの》〕ハ地理ト云ヒ、又人気ト云ヒ、平民主義ノ発達スル望アル所」と見ておりました（④三四）。

さらに奈須の後を継いだ河波荒次郎《あらじろう》（甘楽教会伝道師）にも、「可相成《あいなるべく》ハ主之為ニ、彼《かの》上毛地方之人民を導き、真正之自由を与へ、将来可為之元気を御養ヒ被下候」と、大磯から伝えています（④三四二）。死去する八日前のことです。

以上から分かることは、最晩年の新島の期待と想いは、実に上州と越後にあった、と言えます。新潟と群馬を含む関東地区にある同志社系教会で伝道に従事されている皆さま方は、ぜひそのことを再確認し、新島襄の信仰や志を遺訓として受け継いでいただきたいと思います。

「真正之自由」を育てる

「真正之自由」を人民に与えよ、との願いは、いち地方教会への遺訓だけでなく、新島が生涯の最後に発した遺志となりました。会衆主義者で自由人の新島が、最期まで望んだことは、自由・自治・共和・平等の上に立てられた組合教会の成長と拡大でした。

新島にすれば、命がけのエキソダス（密出国）までして渡米したのも、自由のためでした。それだけに、ようやくアメリカで手にした自由を安々と手放すことは、ありえませんでした。しかし、新島がしたような経験を生身でしたことがない日本の牧師や信徒たちは、なかなか自由のありがたさを実感できませんでした。「熊本バンド」でさえも、組合教会独自の精髄《せいずい》が理解できかねました。

再び奴隷のくびきに繋がれるな

新約聖書はこう警告しています。「この自由を得させるために、キリストはわたしたちを自由の身にしてくださったのです。だから、しっかりしなさい。奴隷の軛《くびき》に二度とつながれてはなりません」（「ガラテヤの信徒への手紙」五章一節）。

それを踏まえたかのように、新島はこう断言します。「教会政治に関する限り、私は民主的な教会政治（Democratic polity）の偉大な崇拝者」なので、「この原則を抱いたまま葬られたい」（⑥三四〇）。自由人・新島の面目が躍如《やくじょ》とする言葉です。

この点を見抜いた山路愛山という人の言葉を結論とします。新島が合同に反対したのは、「実に自由と独立とを基礎とする組合〔教〕会派の教育政治に心酔したるが為のみ」（山路愛山「新島襄先生の伝を読む」七四頁、『中央公論』一九〇七年一一月号）。

新島は会衆主義者のまま、自由人のまま、地上の生涯を終える覚悟でした（⑥三三八、三四六）。

（関東同信会講演会、新潟県新発田《しばた》市・泉屋、二〇一四年一一月一〇日）

志ヲ励まし

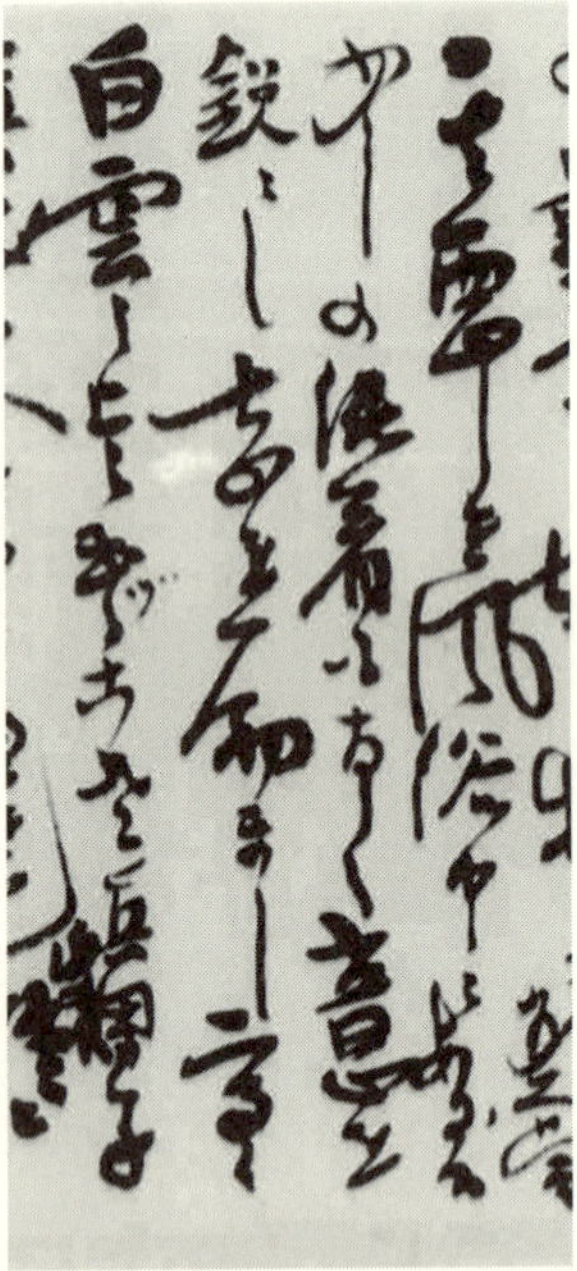

同志社を中退して東京へ赴いた二人の教え子（徳富蘇峰、河辺鍋《なべ》太郎）に送った手紙の一節。「其《その》悪しき風俗中ニあるも少しの頓着もなく、意を鋭ニし、志ヲ励まし、高く白雲之上ニ出ヅるこそ、真男子、真丈夫と申へき也」（③一八〇）。

「路に当れるテンプテーション〔誘惑〕之為ニ大志を屈するなく」ともある（③一八一）。新島自身が、どこまでも「大志」を抱いた「志の人」であった。終生、ひたすら「志操ヲ高尚ニ」して、堅持した（②一四）。その志には私心がなく、「高尚な志」、「清潔ノ志」そのものであった（②四二五）。「鄙劣《ひれつ》〔卑劣〕の志」とは、まるで正反対であった（③二一二）。

コラム(3)

新島襄の世界ランキング

アメリカには、かつて会衆派信徒・牧師の人気投票があった。全米会衆派の大会では、毎年、プログラムに教会名士16人の写真を掲載する。1904年、セントルイス博覧会中に同市で開かれた大会の際に、高得票を得た70名の名前が、『コングリゲーショナリスト』に発表された。

日本では、原田助《たすく》(同志社総長)が自著の『信仰と理想』(116〜124頁、警醒社、1909年)でそのリストを公表している。上位８人は以下の通りである。

(１) Ｊ・エドワーズ (J.Edwards)
(２) Ｈ・Ｗ・ビーチャー (H.W.Beecher)
(３) Ｈ・ブッシュネル (H.Bushnell)
(４) Ｄ・Ｌ・ムーディ (D.L.Moody)
(５) Ｊ・ロビンソン (J.Robinson)
(６) Ｍ・ホプキンス (M.Hopkins)
(７) Ｃ・Ｇ・フィンニー (C.G.Finney)
(８) Ｅ・Ａ・パーク (E.A.Park)

圧倒的にアメリカ人が多い。その中に、５位に入ったロビンソン始め、Ｏ・クロムエル、Ｊ・ミルトン、Ｄ・リビングストンといったイギリス人が、数名、上位(９位以下)に食い込んでいる。

それ以外で目立つのが、26位の新島襄で、唯一のアジア人である。新島が永眠して14年を経た時点での投票であることを考えると、なかなかの善戦である。

なお、アメリカでの位置を見る場合、新島の全身像がワシントン大聖堂の外壁面に据えられていることも、参考になる。日本人は、新島と賀川豊彦のふたりだけである。

富岡の夜明け
――甘楽教会創世記――

ハプニング

今日のお話は、三か月前（二月十六日）にするはずでした。ところが、あの時は前々日から記録的な大雪でしたから、きゅうきょ中止となり、今日に延期されました。

前日（十五日）の朝、私は、大雪のことは聞いておりながら、まさかあそこまでの豪雪とは思いませんでした。富岡はともかく、高崎まで辿りつけば、後はなんとかなるだろうと甘く考えて、京都を発ち、東京まで参りました。ところが、長野新幹線は終日運休、上越新幹線も不通で、運転再開のメドもたたない、というじゃありませんか。

やむなく、そのまま京都にトンボ返りしたというわけです。さらに、来る時に東京でもハプニングが、ありました。東京駅で荷物を持ってウロウロしていたら、「いいですか」と見知らぬオジサンに突然、捕まりました。名刺をもらったところ、なんと東京新聞の記者でした。列車運休で難儀する旅行者を捕まえる、という取材でした。新聞記事やテレビニュースではよく見かけますが、まさか自分がそんな役回りをすることになるとは――長い人生で初めての経験でした。

帰宅してニュースを見て、またまたびっくりです。富岡では積雪八十センチ以上。ガレージが潰れて、住民が亡くなるという事故もあった、と報じていました。とにかく異常なまでの大雪でした。

群馬県甘楽郡富岡市

というわけで、あらためて皆さま、こんにちは。甘楽《かんら》教会に二度までもお招きいただき、ありがとうございます。同志社や新島襄にとって、何かと縁《ゆかり》の深いこの教会で、創立記念講演ができるのは、大変うれしいことです。

私はこれまで群馬県の教会やキリスト教学校には、何度もお邪魔しています。現にこの一月も安中《あんなか》と高崎に四日間おりました（拙著『八重の桜・襄の梅』九二頁以下を参照）。今月の末にも、また安中に戻って参ります。

ですが、安中教会と並ぶ伝統のある富岡教会でありながら、ご当地は今回が初めてです。富岡は、県下では（安中、伊勢崎《いせさき》、桐生《きりゅう》に続いて）四番目に古いプロテスタント教会ですが、同志社系（会衆派）に限定すれば二番目、というのが、スゴイですね。

富岡製糸場

来てみてびっくりしたのは、あの富岡製糸場の隣りなんですね。こちらの伝道師が、かつて京都の新島に送った手紙には、教会の住所が「上州富岡製糸場前」（⑨下、六七二頁）とあります。その意味が、来てみて実感できました。

製糸場は、いよいよ世界遺産ですね。来月（六月）の世界遺産委員会で、正式に登録が実現しますよね。内定段階でも、これだけの賑わいですから、大変な注目度です。

そこで今日のお話しは、富岡にまつわる新島情報を満載いたします。

彼は一度だけ富岡に来たことがあります。安中教会が出来る前のことですから、伝道のためじゃありません。街を通過しただけです。しかし実は、その後、甘楽教会が発足するに及んで、その設立式典に出席する手はずをちゃんとしております。これは今日、明らかにしたい教会秘話《サプライズ》のひとつです。

新島襄の帰国

その新島なんですが、アメリカ留学中に牧師となった新島は、一八七四年十一月末、十年振りに横浜に帰国します（今秋、横浜では帰国百四十年記念イベントが予定されており、私もお話しを頼まれています）。横浜からすぐに安中に駆けつけ、留守家族と涙ながらの再会を果たしました。

この時の新島の身分は、宣教師です。自分の意志と決断で「帰国」した、というよりも、アメリカのミッション（ボストンを拠点とするアメリカン・ボード）から日本へ「送り返された」のです。組織の一員としての帰国ですから、いわば「派遣社員」です。

ミッションの活動拠点（ステーション）は、当時、阪神地方だけですから、新島も関西での宣教（伝道）が本来の仕事《つとめ》になります。彼もそれが自分の使命《つとめ》だと認識していました。

一時滞在中の安中で、彼はキリスト教の伝道にさっそく着手しました。宣教師となっての帰国ですから、当然のことです。しかも、「キリシタン禁制」の高札《こうさつ》が、維新政府によりこっそり外された翌年（一八七四年）のことです。それだけに、大ぴらな伝道活動は、寺院やお上《かみ》から睨《にら》まれても、おかしくない時期でした。

斎藤寿雄

この時に新島が蒔いた福音の種は、二年後（一八七六年三月）に実を結びます。安中教会の設立です。さらにそれから八年後（一八八四年二月二十一日）には、安中教会から枝分かれする形で、次なる分身（枝教会《ブランチ》）が生まれます。それが、「甘楽第一基督《キリスト》教会」、いまの甘楽教会の前身です。

一九二六年三月に甘楽教会は「新島先生五十年記念伝道集会」を開催しています（『甘楽教会百年史』二四七頁、日本キリスト教団甘楽教会、一九八四年）。五十年の起点とされたのが、安中教会の設立です。

次に甘楽教会が創立五十周年記念会を開いた際、宮前半五郎と並ぶ設立の立役者、斎藤寿雄《ひさお》（八十六歳）はまだ執事として健在でした。当日、彼が披露した創立前後の回顧談に次のような発言が含まれています。

「抑《そもそ》も当教会の発端は、明治七〔一八七四〕年、新島襄先生が帰朝されて、安中に滞在せられし時に、斎藤氏が毎日曜日に安中まで出張せられ、キリスト教を聴きしに始まるものである」（『甘楽教会百年史』二五九頁）。

新島も教会設立式に参加の予定

新島がもしも安中伝道を始めなければ、安中教会はもちろん、甘楽教会も存在しませんでした。そうした経緯は、最初にここに種を蒔いた新島は、もちろん熟知しています。だから、甘楽教会が設立された際には、ぜひ自分も立ち合いたい、と熱望いたしました。当地からの熱烈な招待状やら、懇請もあったでしょうね。

そのために、教会設立の三週間前、新島は早々と京都を発ち、東京に向かいます。目的はふたつ。ひとつは（官立の学校と同じように私立学校の）同志社の学生のためにも徴兵猶予の特典が得られるよう、東京で政府関係者や有力者に陳情をすること、もうひとつが甘楽教会訪問です。

後者に関しては、「安中ノ一地方（茂木《もてぎ》〔平三郎〕氏伝道ノ新地〔甘楽郡〕）ニ教会設立ニモ往《ゆ》カル、ベシ」と伝わっています（『池袋清風日記』上、四八頁、同志社社史資料室、一九八五年）。茂木は、こちらの教会の初代伝道師です。

しかし、新島は東京で体調を崩したため、陳情だけで予定を切り上げざるをえませんでした。結局、二月十八日（教会設立三日前です。船便のこともあったのでしょう）、横浜から帰宅の途につきます。甘楽教会の設立式典に立ち会えずに、空しく帰宅せざるをえないことに新島は落胆し、退却を痛惜したに違いありません。上州伝道にかける彼の想いは、それほど特別でしたから。

政界・官界の要人に落胆

ここで、ちょっと脇道に逸《そ》れて、東京での新島の陳情活動について触れておきます。この時、新島は錚々たる政界官界の要人を次々と訪ねています。伊藤博文、大山巌《いわお》（八重の後輩ともいうべき捨松《すてまつ》の夫です）、品川弥二郎、大木喬任《たかとう》、田中不二麿《ふじまろ》といったＶＩＰです。

彼らの反応は、皆、期待外れでした。なかでも田中の対応には大失望です。かつて、岩倉使節団で欧米を同道した際には、文部理事官であった田中とは意気投合した間柄でしたが、その時の田中に比べると、あまりの変身振りに「無精神」と切り捨てています。「嗚呼《ああ》、天下ヲ患《うれ》フルノ士ニアラス。自家保存ノ策ヲ為《な》サルニ似タリ。御身カ大切、天下ハドウデモヨイ」という印象を受け、ひどく落胆します（⑤二五〇〜二五九）。

辻密太郎へ漏らした要人批判

世のＶＩＰたちへの失望は、反転して同志社学生への期待に転化します。新島が将来を見込んだ学生のひとりが、辻密太郎です。のちの甘楽教会牧師ですよ。辻が普通科から神学科へ進む直前の一八八四年夏、新島は二人の学生（彼と堀貞一《ていいち》）を伴って滋賀県彦根伝道へ出向きます。

その道中、新島は「高位高官」に関し、辻に次のような想いを吐露します。

彼らは、「確乎《かっこ》たる一定の主義主張もなく」、「恰《あたか》も器械の如《ごと》く」事務的に職務を消化するだけ。その典型が、「余が知友、田中不二麿氏」である。「帰朝の暁には、協力一致して、天下の子弟教育の為めに尽さん、と在米中に堅く相約《あい》したるも、其功空しく、帰朝後、一旦要路に立つや、節操を破られたり。変心も亦《ま》た甚し。主義主張を枉《ま》げてまでも、自己の地位を保持せんとせらるゝか如し。かゝる人物の多き、信頼すべき人物の実に乏しき」ことを「大ひに歎息せられたり」（杉井六郎《むつろう》『遊行《ゆぎょう》する牧者―辻密太郎の生涯―』八一頁、教文館、一九八五年）。

高官は「無精神」

新島は田中には、（先に見たように）この翌年に東京で直接面談した直後に、「無精神」という評価を下しています。辻相手に漏らしたことが、後日、そのまま立証されたようなものです。

新島が船中で辻に語った結びの言葉は、「辻君、ともに大ひにやろうではないか」でした（同前、八一頁）。恩師のこの一言は、同志社を卒業する柏木義円《ぎえん》に与えた餞《はなむけ》の言葉、「君にコンフィデンスを置く」と双璧をなすもの、と言えるでしょう。

辻も柏木も、卒業後はいずれも上州伝道に尽力します。ふたりの動機の中には、上州出身の恩師の期待に応《こた》えたい、という気持ちが潜在してはいなかったでしょうか。

安中伝道が生んだ摩擦

話しを戻します。帰国後の新島が、さっそく着手した安中伝道は、大きな成果を挙げました。しかし、キリスト教がすんなりと地元住民から受け入れられたと考えるのは、ちょっと楽観的すぎます。

抵抗勢力である佛教界などからの反発、これは安中でも例外ではありません。それ以外にも、上州という内陸部では、開港地や居留地とはまるで違った冷ややかな反応が、見られました。

たとえば、新島が安中《あんなか》の龍昌寺で「四海皆兄弟」という話しを披露したところ、旧藩士たちが、「武士も町人もみな兄弟なんて、そんな馬鹿なことがあるもんか」と嘲笑したといいます。

また、どこで話しをしようが、何も配らない新島に対して、「何年も不在して帰ってきたのに、土産物ひとつ持ってこないという法はない」と老人たちが、いきまいています（大濱徹也『明治キリスト教会史の研究』一六三〜一六四頁の註二〇、吉川弘文堂、一九七九年）。

県令・楫取素彦

県庁も不審の目でキリスト教を見ます。「高崎支庁の官吏」が、わざわざ安中まで出向いて来て、新島の話を聞いています（千木良昌庵《ちぎらしょうあん》「安中教会初代史」『上毛《じょうもう》教界月報』一九一二年九月一五日）。これは、単なる関心や好奇心だけじゃなく、偵察の意味もあったはずです。

当時、群馬県（熊谷県《くまがい》）の県令（知事）は、長州閥の楫取素彦《かとりもとひこ》でした。彼はさっそくヤソを取り締るべきかどうか、中央政府にお伺いを立てました。交渉相手は後輩にあたる伊藤博文です。二人はお互いに萩出身で、しかも吉田松陰の関係者ですから、気心の知れた関係です。

楫取は松陰より一歳上で、松下村塾の塾頭でした。鳥羽伏見の戦いにも従軍したといいます（『日本知事人名事典』一、二八三頁、日本図書センター、二〇一二年）。そうならばひょっとして、山本三郎

（山本八重子の弟）と銃撃戦を繰り広げたのかも知れませんね。

楫取は、二度結婚します。妻としたのは、いずれも松陰の妹たちです。つまり、彼は松陰の義弟に当たります。

一方、博文は楫取より十二歳下で、しかも松陰（松下村塾）の門弟です。だから、恩師と仰ぐ松陰先生の義弟に当たる楫取は、博文にとっては、二重の意味で兄弟子にあたります。

伊藤博文との再会（一）

要するに、新島が着手した安中伝道は、ただちに地元で社会問題となりました。県令の楫取が神経を尖らせ、解決に乗り出さざるをえないほどの騒動です。ついには、東京でも問題視すべき事件にまで発展しました。

事件は、不思議な巡り合わせによって、関係した政府要人（伊藤博文です）を通して、事件直後に、新島自身の耳にも入ります。これは二人だけの秘話です。

新島だけがその秘話を記録していました。こうです。新島がその後、安中を引き揚げて大阪に赴任する際に乗船した船（横浜～神戸）に、伊藤博文も乗っていました。偶然です。彼ら二人は、すでに旧知の間柄だったようです。

というのは、岩倉使節団の仕事を手伝った時に、ワシントンかその周辺だと思われますが、新島は伊藤（使節団副使）に会ったことがあるようです。そうであれば、それ以来の再会です。大阪に着いてから、途中の船内での様子を、新島は旧知のアメリカ人に英文で報じております。私訳してみます。

「乗客の中には、著名な日本の政治家がひとり、いました。便宜的に□□氏と呼んでおきます。この国では大変な有力者で、首相に次ぐ位置にいます。三年前、合衆国に派遣された使節〔岩倉使節団〕の一員〔正使に次ぐ副使四人のひとり〕でもありました。

彼が乗船した時、すぐに誰であるか、分かりましたが、私は無遠慮に自己紹介することはいたしませんでした。しかし、まず彼の方から近づいて来て、私が新島であるかどうか、尋ねました」。

伊藤博文との再会（二）

「横浜から当地に来る途中〔一泊二日の船上生活中〕ずっと、彼〔伊藤博文〕は頻繁に私といっしょに散歩し、実に親しく私に話しかけてくれました。つい最近、私が安中で説教したために東京で起きた事件について、話してくれました。

私が安中を出発した直後、その地域の僧侶たちが県令に請願して、これ以上、あの地方で私に新しい宗教を語らせないようにしてもらいたい、と懇願いたしました。私が説教をしてからというもの、実に大勢の人たちが寺に来ようとしなくなったからです」。

新島が安中滞在を切り上げて、東京に向かったのは、一八七四年十二月二十四日のことです。横浜での乗船が、翌年の一月二十日。神戸着は翌夕です。

したがって、佛教勢力が県令に陳情したのは年末あたり、そして県令が伊藤に相談を持ちかけたのが、正月休み明け、つまりは中旬頃ということになりそうです。

伊藤博文の英断（一）

いずれにせよ、安中伝道を巡って惹起した騒動は、久しぶりに再会した新島、伊藤双方にとっては、起きたばかりのなまなましい出来事でした。新島は手紙でこう続けます。

「県令は、中央政府に問題を持ち込むために、まず□□氏〔伊藤博文〕に会い、どう処理すべきか、尋ねました。けれども、県令は私の名前を忘れていましたので、ただ簡単に私のことをこう伝えました。最近、アメリカから帰国した某が、安中で新しい宗教を説いて、僧侶たちを甚だしく妨害した、と。

□□氏は、『その人物は新島ではないか』と聞きました。彼が私の名前を挙げたので、県令はそれが私であることを思い出したのです。『もし、新島ならば、心配はまったく無用だ（it is all right）。これについては、あれこれ言わぬように』と」。

注目すべきは、後述するように十二月下旬に自分の所へ挨拶に来た新島の名前を、県令が覚えていないことです。このことからも、県令が伊藤を訪ねたのが、一月中旬頃であった公算が高いですね。

伊藤博文の英断（二）

楫取の話しを聞いて、「それは新島だ」と伊藤がピンと感づいた、というのは大事です。これによって、新島と伊藤が、これ以前にすでにアメリカで交流があったことは、まず確実だと思われます。すでに新島の人柄や素性をある程度、知っていたからこそ、新島に関する限り、安中伝道の取り締まりは不要だ、と伊藤は即断できたはずです。ワシントンでの交流が、思わぬところで、生きてきます。

新島は続けます。「そこで、県令は中央政府から〔取り締まりに関して〕満足のいく回答を得られないまま、国に帰りました。思うに、□□氏は、私だけではなく、確実にキリスト教のためにも大変な便宜を図ってくれたことになります。彼自身は信徒ではないが、キリスト教の持つ力を知っている、と私は確信いたします」（以上、⑥一六一～一六二）。

伊藤は新島に向かって、「実はこの間、県令が君のことでわしの所へ相談にやって来たばかりだよ」とでも暴露したんでしょうね。

なお、新島が私信とはいえ、伊藤の名前を□□と伏字《ふせじ》扱いにしているのは、なぜか。たぶん、伊藤への迷惑を考慮したからだと思われます。伏字ながら、伊藤であることは、明白です。ここは彼以外に、該当者はいません（拙著『新島襄の交遊』二一四～二一六頁、思文閣出版、二〇〇五年）。

大河ドラマ「花燃ゆ」（二〇一五年）

さて、楫取素彦と聞いて、皆さまはもうお気づきですよね。来年の大河ドラマに出てきます。ヒロインの吉田文《ふみ》（女優は井上真央《まお》さん）の再婚相手ですから。要するに、群馬県は、去年の「八重の桜」に続いて、ヒロインが二度目に結婚する男性が、来年も深く関係するというオイシイ県なんです。

実は新島も、楫取とは接触がありました。繰り返しますと、大阪に赴任するために、安中を引き揚げるその日（十二月二十四日）、県庁（熊谷《くまがい》県庁でした）を訪ね、県令と面談しております（⑧一三三）。県令が、東京政府（伊藤博文）に新島の上州伝道の件でお伺いを立てたのは、その直後です。

ちなみに、安中教会牧師として一番名を知られた柏木義円《ぎえん》は、青年教師時代の「美談」（実は柏木がねつ造したウソ）が楫取県令の耳にまで届き、県令に感心された、というエピソードを後年、告白しています（柏木義円「予は如何《いか》にして基督信者となりしか」、『上毛教界月報』一九〇八年七月一五日。同「予が回心の顚末《てんまつ》」、『上毛教界月報』一九一六年一月一五日）。

鉄山見物ツア

安中滞在中の新島に戻ります。彼は、大阪に赴任するまでのおよそ一か月間に、あちこち出向いています。そのひとつが、鉄山視察です。

安中の近在で鉄鉱脈が最近見つかった、と聞いた新島は、もうじっとしておれません。なにしろ大変な鉱物・化石マニアですから。帰省してから四日後に、すぐに親戚、知人ら八人と現場に急行します。妙義山を経て、甘楽郡小坂《おさか》村（現下仁田《しもにた》町中小坂《なか》）へ出かけ、一泊しております。翌日、雨の中、鉄山を見物してから、富岡を通って、夜に帰宅するという行程です（⑧一三二）。富岡では、製糸工場を見学したかもしれませんね。

富岡との関連で誤解されやすいことがひとつ。これより十余年後のことですが、新島は日記のアドレス欄に「富岡町五番地　新聞記者　岡野敬胤《けいいん》」という人の名を書き残しています（⑤三一五）。富岡は富岡ですが、こちらは函館区富岡町五番地にある北溟社《ほくめいしゃ》（函館新聞）の記者ですから、お間違えのありませんように。

海老名弾正

それでは甘楽教会の設立ものがたりに移ります。新島襄と甘楽教会関係者との繋がりを軸にお話しいたします。この教会を立ち上げたのは、三十五人の信徒たちで、いずれも海老名弾正《だんじょう》から安中教会で洗礼を受けた人たちです。今からちょうど百三十年前（一八八四年）のことでした。

海老名と言えば、皆さまご承知の安中教会初代牧師です。「八重の桜」にも登場しましたので、「熊本バンド」の一員として全国的に広く知られるようになりました。新島襄の教え子であり、同志社第一回卒業生（十五人）のひとりですね。

その海老名ゆかりの甘楽教会が設立された場所と日に関しては、私にはちょっとした個人的な思い入れがあります。まず、教会発足の場所ですが、北甘楽郡南後箇《みなみごか》村中平（現富岡市）です。新島襄の父親、民治《たみじ》の出身地である上州安中《あんなか》とは、隣町みたいなもんですね。

事実、この教会は発足の経緯で言えば、安中教会のブランチ（枝《えだ》教会）としてスタートしています。昨年五月には、安中市が「富岡製糸場と新島襄・八重夫妻ゆかりの地を訪ねる」と題して、バスツアーを挙行したそうですから、安中と富岡は地域的には一体なんですよね。

洗礼五十年

一方、教会の創立記念日ですが、一八八四年二月二十一日です。今年でちょうど創立百三十年、由緒と伝統を感じますね。

実は、今日の説教が披露されるはずだった二月十六日は、奇しくも私の受洗記念日でした。五十年前（一九六四年）のその日も、たまたま日曜日でした。同志社教会で茂義《しげる》太郎牧師（本書二二二頁参照）から洗礼を受けました。大学二年生の時でした。

同志社教会というのは、新島襄が自宅に創立し、八重が会員第一号になった、というまさに新島夫妻ゆかりの教会です。同志社という学園に一年遅れて、一八七六年末に発足しております（本書二六〇頁以下を参照）。

ちなみに、受洗記念日というのは、信徒にとっては、新しい自分が生まれた日ですから、いわば第二の誕生日にあたります。しかも、私にとって五十回目という節目の精神的な誕生日に、甘楽教会誕生を記念する集会でお話しすることになっていた、というのは、奇遇です。

茂木一郎・平三郎

さて、私事はともかく。この教会の初代伝道師が茂木平三郎であることは、さきほど申しました。皆さまは、すでにご存知ですよね。安中教会の信徒（会員）で、一時、同志社神学校で学びます。父親は、碓氷《うすい》郡郷原《ごうばら》村の田村瀧次郎です。茂木一郎の長女（千代子）と結婚し、養子になりました（今

泉真幸《まさき》編『天上之友（一）』一〇四頁、米沢尚三、一九一五年）。

茂木一郎もやはり安中教会の信徒でした。蚕種《さんしゅ》販売や古着商を営むかたわら、コールポーター（聖書販売人）として、各地でキリスト教を説いて回りました。一八九四年からは、宮崎に転住し、C・A・クラークを助けて十年間、伝道に従事しました（同前、一〇五頁）。

一郎は、甘楽伝道の基盤を築いたひとりです。彼が南後箇《みなみごか》村字中平に出張し、土地の資産家、宮前半五郎に福音を説いたことが、翌年（一八八四年）、宮前の自宅が「南後箇仮会堂」となる契機になりました。一郎は婿養子とした平三郎に伝道を委ねます（『明治キリスト教会史の研究』一三七～一三八頁、一七〇頁の註六五）。

この平三郎も、やがて富岡から転出します。その後、奈須義質と久保田栄が、しばらく伝道師を務めますが、長続きしませんでした。

河波荒次郎（一）

奈須と久保田の後を受けたのが、河波荒《あら》次郎です。この伝道師も短期で終わりました。ですが、彼の在任中の一八九〇年一月に、新島襄が大磯で亡くなりますので、注目しておきたいと思います。

河波は東京専門学校（今の早稲田大学）の青年会（ＹＭＣＡ）でキリスト教信仰を養ったようです。学生時代は本郷教会（現弓町《ゆみちょう》本郷教会）に所属して、伊勢時雄牧師から指導を受けます。伊勢時雄とは、後年の横井時雄です。横井小楠の遺児で、熊本洋学校でも同志社でも、海老名らとは同級です。

そうなんです、例の「熊本バンド」の一員で、同志社の第一回卒業生のひとりです。

河波は、その意味では、同志社で学ぶ機会こそありませんでしたが、同志社系の教会で信仰を養った信徒です。

河波荒次郎（二）

河波は、伊勢の紹介と推薦を得て、一八八八年九月二日に本郷教会から甘楽教会に転入会します（『甘楽教会百年史』九八頁）。転入の理由は不明です。

富岡転入の翌月、伊勢牧師が富岡伝道に出張して来ます。河波からの要請に応えたのでしょう。河波は恩師に同行し、奈須ともどもに下仁田《しもにた》に出向き、説教会にも出演しています（同前、九九頁）。彼にとっては、晴れがましい舞台だったでしょうね。

河波は十月には、教会書記、ついで（一致教会との間で進行中の、懸案の教会合同のための）憲法取調委員に選出されます。こうしてしだいに教会運営の中枢を担う人材へと押し上げられて行きます（同前、一〇一～一〇三頁）。

最後は、伝道師です。一八八九年一月に、熊本へ転任する奈須に代わって、伝道師に指名されます（同前、一〇七頁）。それを伝え聞いた新島は、前橋教会の不破唯次郎《ふわ》牧師に宛てた手紙（一八八九年三月一日）で、河波の就任を感謝しています。

「河波君ニハ奈須氏之後を負担せられし由、実ニ困難中、不絶《たえず》プロヴィデンス〔摂理〕之《の》吾人を助《たすけ》賜ふを奉謝候」（④六五）。

河波は専門の神学教育こそ受けてはいませんでしたが、翌年四月に辞職するまで、約一年五か月にわたって、伝道師の職を務めます。その間、教会外部者との接触で顕著なことがありました。最晩年の新島襄との交流です。

新島襄と河波の交信

往復書簡が残っているにも関わらず、これまで二人の交流の消息は、なぜか光が当てられてきませんでした。

河波から新島へは、三通。逆に新島から河波へは二通の手紙が、『新島襄全集』には収録されています。新島が送った最初の一通は、一八八九年二月三日のもので、富岡の「伝道之任」を引き受けてくれたことを「天幸之至」と捉え、「小生も大ニ喜ひ申候」と率直に歓迎しています（④三七）。

交信の最後のやり取りは、一八九〇年一月、そう、新島が亡くなる直前です。

すなわち、新島は永眠八日前の一月十五日に、療養先の大磯百足屋《むかでや》から富岡の河波に宛てて、手紙を発信しています。河波が富岡伝道を放棄して新潟へ転出することに、反対しております（④三四二）。十七日に別人に宛てた手紙が絶筆ですから、これは新島が書いた最後の手紙のひとつです。

木原勇三郎

同日、新島は木原勇三郎にも手紙を書き、河波に対し「越後行ハ断念セト」説得してほしいと頼んでいます（④三四三）。木原は二週間前の一月二日にわざわざ大磯まで新島を訪ね、「河波氏進退之事」を相談しています。新島は「高田専門学校木原□□氏」と日記に記すので、木原は河波の学友と思われます（②四〇七）。

不思議なことに、木原に宛てた新島の手紙は近年、同志社に戻ってきました（拙稿「新島襄に関する新資料の紹介」一〇七～一〇八頁、『同志社談叢』二九、同志社社史資料センター、二〇〇九年三月）。

一方、河波は同月十七日に新島に対して、返事を認め、政治活動に従事するために新潟へ転出する自分の計画が、新島に反対されたことに抗議しています（⑨下、一二七五）。この手紙が大磯に着いた頃は、新島はすでに臨終寸前でしたから、おそらく読むことはなかったのではないでしょうか。

新島の臨終・葬儀に立ち会う

以上のような交流がありましたから、河波は新島襄の急な臨終にさぞかし仰天したでしょうね。新島を見舞うために、さっそく大磯に駆けつけております。

そればかりか、新島の死後は、遺体に付き添うために同じ列車に乗りこみ、京都まで行っております。教会代表として、でしょう、葬儀にも参列しました（『新島遺品庫収蔵目録』上、八八頁、一二五二、同志社社史史料編集所、一九七七年）。

同志社には、新島の葬儀に際し、全国から送られてきた弔文やら弔電が今もきちんと整理されて、保存されています。その中には「甘楽基督《キリスト》教会」からの弔電があります（同前、九五頁）。

ちなみに、茂木平三郎から送られた弔文もあります（同前、九六頁）。彼もまた、恩師の死を悼んだことが、分かります。

その後の河波

河波が京都から富岡に戻るのを待って、二月七日には、甘楽教会で新島襄の追悼記念会が開催されます。その時の消息は、「大磯ニ赴カレシ河波兄ニハ、当時ノ有様ヲ細《こまか》ニ述へ、各兄弟姉妹ニ勧メヲ為サレタリ。其主意ハ、左ノ如シ」と教会日誌には記されています。残念なことに、「其主意」の部分だけが欠損しています（『甘楽教会百年史』一三七頁）。

その理由をあえて推測すると、新島に反対されたために、一部、批判的な言辞でも入っていたのでしょうか。結局、河波は春（四月十六日）になって、当初の計画通り、新潟に転じてしまいます。

新潟では、どうやら越後出身の市島謙吉という改進党員の支援者として、共同戦線を張ったようです。その市島は、一八八五年から一年間、東京専門学校で政治学を教えた後、越後に戻り、政治活動を開始していました。

河波の越後赴任に反対した新島は、「市島の提灯《ちょうちん》持ち」にはならないように、と忠告しています。これに対して、相手が新島であろうと、到底受け入れられない、と河波はご立腹です。豪胆《ごうたん》な性格らしく、「何《いず》レ面会シテ、閣下ニ噛《か》ミ付キ申サン」とえらい剣幕でした（⑨下、一二七五）。

その一週間後、河波は大磯で新島に「面会」します。河波とて、もの言わぬ身となった新島に、もはや噛みつくことはできませんでした。

政界で活躍

その後の河波の動向は、不明なことが多いのです。が、どうやらそのまま政治家としての道を歩んだことは、確かなようです。東京専門学校（早稲田大学）出身ですから、改進党や立憲民政党の地方議会議員や代議士として政界で活躍します。頭山満《とおやまみつる》で有名な玄洋社のメンバーにも、名前を連ねています。略歴は、以下の通りです。

一八六五年、福岡県（筑紫《ちくし》郡大野村）にて誕生。大野村会議員、郡会議長を経て、一九〇三年に県会議員、一九〇五年には玄洋社系の九州日報（現西日本新聞）副社長に就任。一九一七年には代議士に初当選。一九三二年十一月十日、永眠（『玄洋社発掘』増補版、三四二頁、西日本新聞、一九九七年）。

代議士（福岡県選出）としての経歴は、当選三回（一九一七年、一九二四年、一九三〇年）で、在任期間は八年五か月です。所属政党は、憲政会、新党倶楽部《くらぶ》、立憲民政党です（宮川隆義編『歴代国会議員経歴要覧』四六一頁、政治広報センター、一九九〇年）。

福岡出身ですから、彼の蔵書は、遺族が九州大学総合図書館に寄贈しています。書簡類は、福岡市総合図書館が所蔵しています。

河波の性格と経歴

富岡教会でも、河波のことは知られていません。「東洋流の豪傑肌」だったようで、福岡では「玄洋社式豪傑」で通ったといいます。議論を好み、雄弁でもありました。一九二四年の時点で、福岡県憲政会の幹事長として活躍しています。

実家は、県下有数の資産家でしたが、持って生まれた政治熱に冒《おか》されて、全財産を使い果たしたといいます（加藤紫泉《しせん》『新代議士名鑑』四四七頁、国民教育会、一九二四年）。

別の人名録にはこうもあります。若くして一八八六年に家督を相続。一八八八年に東京専門学校邦語政治科を卒業後、村会議員を皮切りに町会議員、郡会議員を歴任し、最後は八幡市（現北九州市）から衆議院議員選に出馬して、当選を繰り返しています。その間、九州日報副社長にも就任していますす（『大正人名辞典』Ⅱ上巻、カ七三頁、日本図書センター、一九八九年）。

残念ながら、青年時代、とりわけ大学を出てから、議員になるまでの詳しい経歴は不明です。人生の大半を政治家として活躍した河波が、ごく短期間とは言え、富岡で伝道師をしたというのは、興味深いですね。しかも、そのわずかな短い期間に新島襄と交遊が生まれたというのも、奇遇です。

新島襄との邂逅

両者の邂逅《かいこう》は、実は、それ以前にさかのぼります。河波が東京専門学校に在学中のことでした。彼が高田馬場から新島に出した手紙によれば、河波は当時、学内のキリスト教青年会（ＹＭＣＡ）の一員であったことが窺えます（⑨下、八〇一頁）。手紙は三月十九日とあるだけで、書いた年は記入されていません。が、全集では、なぜか一八八九年と断定されています。一八八八年のミスです。

そこには、「閣下御臨校之節迄ハ実ニ微々タル者ニシテ」とあります。実は、東京専門学校の青年会を訪ねることを新島に依頼したのが、河波でした。東京滞在中の新島の日記（一八八七年三月五日の条）に、「山中茂、河波氏来訪。高田専門校中、二十名程、道ヲ求ムルモノアル由、大隈（初代校長だった大隈英麿《ひでまろ》か）ニ面会ヲ頼マル」と記されています（⑤二八八）。

この時が、両者の初対面でした。河波は、青年会の幹事ともいうべき中軸であったことが、窺えます。要望に応えて、新島はさっそく三日後の八日に、大隈（英麿か）を訪問しております。「ワセ田ノ大隈氏ヲ訪ヌ」とその日の日記には、あります（⑤二八八）。

先の河波の手紙は、それより一年後のものです。学内の青年会が「当専門校ノ辛子種《からしだね》」になるよう、引き続き祈ってほしい、と新島に対して懇請しています（⑨下、八〇一）。

新島襄が期待するもの

新島から河波への手紙（二通）の内容をもう少し詳しく見てみます。前述した事柄以外にも、富岡や上州に限らず、これからの日本への期待と希望とが綴られています。

まず、第一信には、（先に紹介したように）奈須の後任を引き受けてくれたことへの感謝です。「貴君ニハ未タ神学等、御脩《おさ》メナキヨリ、或ハ少シク躊躇《ちゅうちょ》スルノ憂モ」あるかも知らぬが、伝道は「不《ふ》撓《とう》之《の》信仰」と「不抜《ふばつ》之《の》精神」で行なえば、必ず成果が上がるはず、と激励しています。

ついで、「人心之改良」こそ、「真の黄金時代をわが東洋に現出せしめ」る道であることを信じて、取り組んでほしい、との要望です（④三七〜三八）。同じことを新島は秩父伝道に取り組んでいた卒業生（大久保真次郎）にも、伝えています。「人心之改革なくして、物質上之改革なんする者そ」（③四六三）。

新島にしてみれば、甘楽教会の設立は、日本初の官営模範工場の富岡製糸場の開設（一八七二年）と並ぶ、富岡を代表する近代化のモデルであったでしょうね。教会は、「改良中、大根原トモ称《しょうすべき》可人心之改良」（④三八）という精神的な近代化を、そして製糸場は殖産興業という「物質上之改革」（物質的な近代化）を目指す、という期待です。

富岡への期待

それじゃ、もうひとつの手紙（第二信）は、どうでしょうか。ここにも新島の信念、「真の自由」、「真正の自由」の重要性が、力説されています。「主之為ニ彼《かの》上毛地方之人民を導き、真正之自由を与へ、将来可為之元気を御養ヒ被下候」というわけです（④三四二）。精神的な近代化とは、とりもなおさず自由社会の建設です。新島には、「自由教育」と「自治（自由）教会」こそが、国家を近代化へと推進させるためには不可欠の車の両輪でした。

したがって、新島は河波が越後へ転じて政治活動をすることにあくまでも反対します。富岡に残留させるために、新島は前橋教会牧師の不破唯次郎にも支援を頼みます（⑨下、一二五五、一二七〇）。新島は、越後への転出が伝道師の俸給の低さから来ているのでは、と睨み、増給を試みようとまでします。もし、それが不可能な場合には、自ら応分の加勢も惜しまないので、富岡伝道に引き続き尽力してもらいたい、と願いました（④三四三）。

指導者として、実に細やかな配慮をしておりますね。それは、地方伝道に従事する若い伝道師に対して、新島が往々取る援助策《サポート》です。

奈須への手紙

実は河波の前任伝道師、奈須義質にも新島は手紙を出しています。ちょうど、教会（教派）合同運動のさ中のことで、合同に批判的な新島は、上州の教会の対応に満足しています。「今回、関東より延期説之起りしハ、見事」というわけです（③六五四）。

それ以上に大事なのは、この反対運動に関して、自由を護る戦いだ、と新島が位置づけている点です。そのため、新島は奈須に向かって、「小生ノ我カ自由、自治、共和、平等主義ノ教会、永々保存之為メニ合掌シテ御依頼申ス所也」と懇請しております（③六五四）。会衆主義の教会以外に、「自由、自治、共和、平等主義ノ教会」はない、との確乎たる信念が、新島にはありました。

上州の会衆派教会が、そのモデルになってほしい、と新島は願います。

富岡への遺訓

以上三通の手紙のほかにも、新島には富岡や上州伝道の期待を述べている手紙があります。最晩年、「関東ノ地ハ、自由ノ活種ヲ捲《ま》ク為メニハ、良田沃野ナリ」と断言する新島のことです（④三四八、傍点は原文通り）。さらに「関東人ニ有為活発ノ気象アリ」と睨《にら》んで、積極的に関東伝道に目を向けます。なかでも、上州の諸教会は「自由の一団体」を形成しているだけに、新島の期待も自然と高まりました（④二九六）。

だから、大磯で病床に伏しながらも、「関東伝道策」に腐心します。亡くなるちょうど一か月前に、上州の牧師三人（不破唯次郎、杉田潮《うしお》、杉山重義の連名）に宛てて、こう書き送っています。杉田と杉山に対しては、「成丈《なるたけ》、富岡ニ応援シ、益《ますます》富岡ヲカタメ、且ツ殊ニ此《この》一ヶ年ハ、下仁田《しもにた》ニ尽力アリテハ如何」との進言です（④二八一～二八二）。

ここで表明された新島の奨励や期待は、甘楽教会への彼の「遺志」になりました。河波に宛てて二通目の手紙を認《したた》めた二日後に筆をとったのを最後に、新島は臨終を迎えていますから。

辻密太郎・せん

歴代の伝道師では、河波の経歴（とくに教会以外の）は異色です。それに対して、甘楽教会初代牧師となった辻密太郎は、生涯、伝道に終始した宗教者です。同志社神学校を出ていますから、新島の教え子のひとりです。新島が、将来を期待していた学生だったことは、前に紹介しました。

辻は、甘楽のあと、高崎でも牧師をしていますから、上毛地方の伝道者としては、柏木義円ほどじゃありませんが、それでも比較的、名前が残っていると思います。詳しい評伝も出ています。杉井六《むっ》郎《ろう》『遊行《ゆぎょう》する牧者――辻密太郎の生涯――』（教文館、一九八五年）です。

私として強調したいのは、夫人のせん（旧姓高松せん）です。彼女は同志社女学校の第一期卒業生（全部で六人）のひとりです。新島八重の教え子でもあります。辻夫妻は、それぞれ同志社の男子校と女学校の第一回卒業生ですから、いうならば同志社カップルの典型《はしり》です。

せん・しん姉妹

残念なことに、せんは、長男を生んだ後、産後の肥立ちが悪くて、若くして急死してしまいます。教会員は、「いと盛大なる埋葬式」で彼女を弔っています（『甘楽教会百年史』三四頁）。

彼女の働きを悼《いた》んだ教会員たちは、密太郎が転出した後でも、記念会を催したり、墓碑を建てたり、と彼女を偲んでいます。

密太郎は、二人目の妻として、せんの妹、しんを迎えます。彼女もまた、同志社女学校の卒業生です。辻は、再婚後もしばらくは当地に留まっていましたが、やがて「伝道の都合にて」高崎に転じた、と回顧しています（同前、三六頁）。

先妻の死から四十数年後、密太郎は富岡についてこう述懐しています。

「余の半身は、御地に埋めあれば、余に取りては、一寸時も忘るゝ事能《あた》はず。生前、一度は御礼傍《かたわら》、墓参をさせて頂き度《たき》心願なるも、未だ神の御許しを得ず。必ずやその時の到来せん事を切願する次第なり」（同前、三四頁）。

密太郎にとっては、富岡は、遠きにありて想う第二の故郷《ふるさと》のようですね。

現職の牧師が在職中に配偶者を亡くすというケースが、富岡ではもう一件あります。後述する住谷《すみや》天来《てんらい》夫人の住谷美津子です（同前、二三五〜二三七頁）。一般的な傾向として、教会の負担は、えてして夫人の側に傾きやすいことを認識しておく必要がありますね。

富岡教会の創世記を担った人びと

何はともあれ、さまざまな試練を乗り越えて、甘楽教会は、今年で創立百三十周年を迎えました。かりに最初の十年を創世記と呼ぶならば、それはちょうど、最初の信徒を生んだ海老名弾正や最初の定住伝道師、茂木平三郎から最初の牧師、辻密太郎が伝道を担当した時期にあたります。

この間の牧会《ぼっかい》担当者をリストアップしておきます（『明治キリスト教会史の研究』二九二頁、註の三六）。

一、茂木平三郎（一八八四年二月〜一八八五年九月）
二、久保田栄（一八八六年七月〜一八八七年四月）
三、茂野衛（一八八七年七月〜同年一二月）
四、奈須義資（一八八八年七月〜一八八九年一月）
五、河波荒次郎（一八八九年一月〜一八九〇年四月）

六、辻密太郎（一八九一年四月〜不明）

会衆派系の日本組合教会

しかし、彼ら以外にも、教会の基盤を据えるのに大きな働きをした信徒がいます。その典型が、宮前半五郎や斎藤寿雄です。ここで名前を挙げたこれらの伝道者や信徒には、何らかの形で、同志社や新島襄との繋がりがありました。

それゆえに、この教会は出発当初から、同志社系（教派としては、会衆派系の日本組合基督《キリスト》教会）の教会として歩み出す路線が、ここでしっかりと設定されました。

だから、歴代牧師・伝道師の大半は、同志社神学校（今の同志社大学神学部）の卒業生です。現在の藤《とう》英彦・知佳牧師夫妻もそうです。

歴代中、もっとも在職期間が長い牧師が、岡部太郎牧師です。やはり同志社の卒業生で、十九年間にも及びます。ついで、群馬県出身の住谷天来《てんらい》の十七年間です。

住谷天来・悦治

住谷は同志社に学んではおりません。短期間ですが、早稲田や慶応に学んでいます。しかし、「熊本バンド」の不破唯次郎から、洗礼を受けて、群馬県の同志社系教会（前橋や甘楽）で伝道に従事しましたから、多分に同志社系です。

私には、天来よりも甥の住谷悦治先生の方が、近い存在です。同じく群馬出身で、天来から洗礼を受けた信徒です。さきほど、この会堂の一室に悦治先生の色紙が飾ってあるのを見て、懐かしい気分になりました。

悦治先生は、長く同志社大学経済学部教授を務められました。私は大学院（経済学研究科）で先生を指導教授として新島襄や同志社の歴史などを研究したかったのですが、先生はちょうど同志社総長在任中でしたので、叶《かな》いませんでした。

幻の『住谷天来伝』

総長と言えば、十二年に及んだ総長職のため、住谷悦治はとうとう『住谷天来伝』を刊行できずに終わりました。ライフワークだったのに、です。

教職員から選挙で同志社総長に選出された時、家族会議で一晩中、そのことが論議されました。息子たち（一彦氏も馨《かおる》氏も）は、伝記執筆を優先するため総長を辞退すべきだ、と強く主張いたしました（住谷一彦他『住谷天来と住谷悦治』一四六頁、みやま文庫、一九九七年）。

私と同じく、天来伝も総長職の犠牲者です。

富岡と同志社をつなぐ絆

しかし、住谷先生は、天来のことをあれこれと大学の内外で話されたり、書いたりしておられました。たとえば、遺言に従って天来の遺骨を鉄橋から利根川に投じた一件。これは「神とわたくしだけの知っている一つの秘密」です（住谷悦治『あるこころの歴史』二九九頁、同志社大学住谷篠部奨学金出版会、一九六八年）。聞いてから半世紀後のいまも、鮮明に覚えているエピソードです。

だから、当時の私には、富岡と言えば、まず住谷天来でした。その後、越後の教会史をまとめる仕事をしたおかげで、長岡や中条《なかじょう》で伝道に取り組んだ茂木平三郎や岡部太郎なども近い存在になりました。

今日は、そうした背景を持つ甘楽教会での創立記念講演です。公私にわたる同志社との繋がりのいくつかを披露できて、とてもうれしいです。今後もそうした絆（教派的には会衆派の伝統）が継続し、教会に対する新島の宿志が受け継がれ、実現することを期待いたします。

（教会創立百三十年記念講演、富岡市・日本キリスト教団甘楽教会、二〇一四年五月一八日）

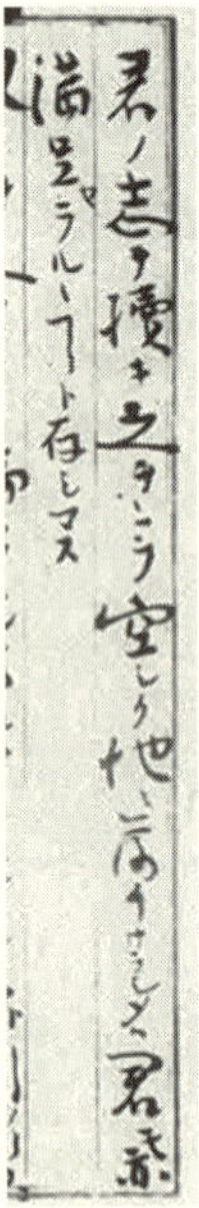

君ノ志ヲ継キ

新島は、人に対して自分の志を継いでくれることを一方的に期待するだけではない。自身も「継志」を心がけた。受け継ぐべきものは、まずはキリスト教である。「救主基督《キリスト》ノ心ヲ以テ、我カ心ト為シ」とか、「キリストノ心ヲ以テ心ト為ス」べく、生きようとした。尊敬する人間で言えば、「アメリカの父」であるA・ハーディである。新島は、彼の追悼説教で、「今ヨリ振テ君ノ志ヲ継キ、之《これ》ヲシテ空シク地ニ落チサラシメハ、君モ亦《また》満足セラル、事ト存ジマス」との決意を披瀝している（②四一一）。

徳富蘇峰
――襄、八重、諭吉をめぐって――

九州人

せっかくの九州（大分）ですから、「八重の桜」（新島襄・八重夫妻）に絡めて、九州出身のふたりの巨頭もあわせて紹介いたします。徳富蘇峰（熊本県人）と福沢諭吉（大分県人）です。

皆さまのような大分の方にとっては、もちろん、福沢の方が近い存在ですが、新島との交流の深さという点では、圧倒的に蘇峰です。とりわけ、今年（二〇一三年）は、徳富蘇峰にとって節目の年です。生誕百五十年ですから。

地元紙の『熊本日日新聞』では特集記事が、二度にわたって組まれました。わたしも取材（インタビュー）を受けました（同紙、二〇一三年一一月一三日の朝刊。本書一八一頁以降に転載）。

関係書の出版もありました。畏友の伊藤彌彦教授（同志社大学名誉教授）が、『維新革命社会と徳富蘇峰』（萌書房、二〇一三年四月）を出されました。東京でも、『いま、なぜ徳富蘇峰か』（藤原書店、二〇一三年）――これにも私はエッセイを寄稿しています――が出版されるという持て方です。

時代の寵児

私自身は、大学を定年退職するのを契機に、『徳富蘇峰の師友たち――「神戸バンド」と「熊本バンド」――』（教文館、二〇一三年三月）をこの三月に上梓《じょうし》いたしました。十余年前に出した『新島襄と徳富蘇峰』（晃洋書房、二〇〇二年）の続編です。

こうした出版ブームのほかにも、いま、放映中の大河ドラマ「八重の桜」が話題です。いわゆる、「熊本バンド」のメンバーの中では、最初にドラマに顔を出したのが、金森通倫《みちとも》です。が、全体を通して一番、出番が多いのは、蘇峰です。しかも、最後まで顔を出します。最終回（第五十回、十二月十五日）の終りにも登場します。

いかに、蘇峰が新島襄だけでなく、八重の「近親者」であるか、がよく分かります。テレビ時代ですから、まるで時代の寵児《ちょうじ》です。

これに対して、福沢は、「八重の桜」では、名前こそ出ますが、役としては出てまいりません。いずれ何年かして、大河ドラマの主役として世に出る機会があるのじゃないでしょうか。

「八重の桜」

「八重の桜」では、同志社時代の蘇峰（猪《い》一郎）は八重の敵、襄の味方、というスタンスで描かれていました。ドラマですから、必ずしも史実通りではありません。多分に誇張されています。

新島と蘇峰との関連で言えば、注目されるのは、「自責の杖」事件です。学生スト（集団無断欠席）

を決行したのは、二年上級組ですが、背後でリモコン操作した「黒幕」が、最上級生（五年生）の蘇峰でした。ストの原因や背景、経緯などは、悩ましいくらいに複雑です。以前、詳しく分析したら、新書版一冊くらいになりました（拙著『新島襄と徳富蘇峰』第一章参照）。

ドラマでは、「妻のはったり」というテーマ（第四十回）で、ハイライト的に取り上げられました。そこでは、八重のついたウソが原因となった、という設定でした。もちろん、ウソが導火線になった、というのは創作です。八重を主役にするためのフィクションです。

同志社を退学

この事件が原因で、蘇峰は同志社を中退した、というのが、広く流布している通説で、ドラマもそれに基づいています。しかし、本当は、それだけじゃなくて、別の事件（学園紛争に続く教会紛争）がその後に発生し、それが直接の契機となります。そうしたことを先の拙著で解明したんですが、今日にいたるまで、なかなか認知されません。真相は通説や常識に勝てず、相変わらず俗説が蔓延《まんえん》しています。研究者として、やるせないですね。

それはともかく、退学前のエピソードをひとつ。蘇峰は、学校への不満から、一時（一八七九年）、校外の「或る水車の二階」に下宿しました。同時に不平派も集まってきて、まるで異分子の溜まり場みたいになります。彼は「水車に対して大声を発して」朗読やら演説の練習をしております（『蘇峰自伝』一一四頁、中央公論社、一九三五年）。その後、いったん寄宿舎に戻りますが、不平が爆発し、やがて東京へ飛び出します。

蘇峰が下宿をしてから五十七年後（一九三六年）に、かつての水車小屋の家主（牧家）が、敷地内に碑を立てました。戦後の一九七六年に至って、近くの神社（叡電元田中）に移されました（杉井六郎《むつろう》『徳富蘇峰の研究』一三〇頁、注一三、法政大学出版局、一九七七年）。

興味深いことに、牧家からは戦後、同志社高校の英語教員（牧克忠氏）が出ています。私は、高校生の時に氏から授業を受けたことがあります。奇縁ですね。

「徳富蘇峰先生勉学之處」碑
（京都市左京区・田中神社）

「自責の杖」事件

「八重の桜」に戻ります。ドラマでは、「自責の杖」事件の時の新島をオダギリジョーさんが、熱演していました。本気で思い切り左手を杖で叩《たた》いたからでしょう、かなり痛められたようです。直後（八月三日の午後）に同志社大学ハーディホールで生出演されたNHK「土曜スタジオパーク」では、両手に手袋をして出演されていました。事情を知らない人は、ファッションかと思ったでしょうね。

番組に先立ち、その日の午前中に「新島旧邸」でマスコミ向けの記者会見も実施されました。その時の綾瀬はるかサンとのツーショット写真は見ものです（『同志社大学広報』四四七、表紙写真、二〇一三年九月三〇日）。よーく見ると、ジョーの左手の甲に、サロンパスAの中判サイズ（九×六センチ）位のバンソウコウが、べったりと貼ってあるじゃありませんか。

当日、私は九州（佐賀県）に来ていましたので、お二人には会えませんでした。さらに「自責の杖」事件のロケにも立ち会ってはいないのですが、後日、先の写真を見て、ジョーの役者魂を見た感じです。思いっきり、棒で手を叩いたために腫《は》れがとまらず、仕方なしに生中継番組では両手に手袋、というわけです。

あの日、生出演中に本人が、告白しています。二日前（八月一日のロケ）に「自責の杖」のシーンを撮影したさい、「杖が折れるほど叩いたため、思いのほか腫れてしまった」と。

事件の受け止め方に差

ジョーが自分の手を撃つ迫力に圧倒されます。しかし、その一方で、正反対の反応があることも事実です。思い出すのは、ある同志社大学職員の証言です。こうです。

かつて高校生向きのPR映画「同志社大学」を本学（教務課）が制作し、北海道から九州まで全国の高校を巡って映写した時のことです。この映画のハイライトに据えられたシーンが、「自責の杖」事件でした。

職員からの聴きとりによると――

「映画があの場面までくると、必ずどこの高等学校でも、必ずくすくすとしのび笑いが漏れた、と

〔その職員は〕いうのである。それは馬鹿にしたような、げらげら笑いではなかったらしいが、笑い声にはちがいない。それを聞くたびに、同志社側の人びとは、何ともいえないくやしいような、情けないような気持ちを味わった、ということである」（北垣宗治『新島襄とアーモスト大学』三三二頁、山口書店、一九九三年）。

嘲笑される新島

新島の類《たぐい》まれな教育的姿勢が、嘲笑、もしくは冷笑されるのは、同志社側としては、はなはだ不本意な反応でした。失望落胆せざるをえない現象でした。確かに意外で、辛い反応です。

北垣宗治氏によると、これにはふたつの理由が考えられる、といいます。ひとつは「映画の構成上の未熟さ」（要するに、事件の前後関係や背景描写を十分に伝え切れていない点）。もうひとつは、事件が「一種の神話」（学内では一種侵し難い、神聖視された伝説）になっていること（同前、三三二頁）。外では嘲笑、内では畏敬、――学園内外で見られるこの落差は、正直、大きいでしょうね。

手の甲か掌か

予期しない冷笑、といった反応は、今回のドラマでも繰り返されました。あれを見た人が、新島の行為は「アホじゃないか」とあざ笑わった、といいます。最大の理由は、掌《てのひら》じゃなく甲を撃てば、杖が折れる前に手の骨が砕けてしまう、というのです。

手の甲をテーブルに置いて、あれだけ激しく打ちつければ、骨が微塵に砕けるくらいのことは、医学的に言うまでもなく、誰にでもわかるはず。それにもかかわらず、ドラマでは事件後の新島が、比較的平気そうなので、いっそう違和感を覚えた、というのです。

事実は、甲ではなく掌です。事件の現場にいた当時の学生（二宮邦次郎）は、「先生がステッキを以て自ら手掌を撲《う》ちたるの事実」と断定しています（『基督《キリスト》教世界』一九一三年七月一〇日）。さらに、事件後の八重の証言もそうです。「手の掌の皮が、傷つき、破れてゐた」とあります（拙著『新島襄と徳富蘇峰』二一六頁）。

しかし、ＮＨＫはそれを知ってか知らずか、あるいは迫力を出そうとの演出からか、手の甲を撃ちつけるシーンにしました。

私はこの時のリハーサルやロケに立ち合っていませんから、実際の放映で初めて甲を撃ったことを知りました。事前にチェックした台本（ト書き）には、「襄、杖を突然に左手に打ちつける」という指示があるだけでした。

「妻のはったり」

事件が忠実に描かれていない、という点では、その時のタイトルも暗示的です。最初は、そのものずばりの「自責の杖」。私は、うれしくなりました。「自責の杖」事件が、全国に流れて知れ渡るのですから。事件の名称や中身の知名度も、きっとあがるはず、と睨みました。

ところが、最終版の台本では、タイトルが「嘘から出た真《まこと》」に変更されていました。八重の「嘘」が、事件の原因であることを明示したい、という制作者側の強い思惑からです。

本番では、そのタイトルがさらに変更され、「妻のはったり」に変えられていました。八重が主人公ですから、ドラマとしては彼女を前面に出さざるをえないのでしょう。実際には、八重の預かり知らない所で、ストも事件も起きている、にも関わらずです。

同様の「嘘」は、八重が「熊本バンド」の面々に手作りの羽織をプレゼントする、というシーンにも使われております。あれのベースになっているのは、蘇峰が最初に新島に会った際、「紀州メンネルのシャツ二個」を襄から貰った、という事実です（『蘇峰自伝』七九頁）。ドラマはそれを思い切り膨らませます。プレゼンターを襄から八重に代え、しかもバンド全員に手作り品を振る舞うことにします。これぞ大盤ふるまいです。

反八重子党から八重の支援者へ

興味深いのは、事件の種をまいた彼ら学校に対する「謀反組は、同時にまた反八重子党」であった、との指摘があることです（青山霞村《かそん》『山本覚馬伝』増補改訂版、一七六頁、京都ライトハウス、一九七六年）。さしずめ、蘇峰はその代表です。

しかし、当の蘇峰は、恩師の新島襄が永眠してからは、「親八重党」に転身します。八重が八十六歳で亡くなるまで、およそ四十二年間、親身になって八重を支え、守ります。時には、経済的援助も惜しんでおりません。さすがですね。

こうした好意に対して、八重が蘇峰に送った礼状が、昨年、神奈川県二宮の蘇峰記念館で発見され、「新島八重からの六通の手紙展」で公開されました。記念館によれば、一番早いものは新島襄を亡くしてから約四十日後に書かれた手紙です。

「行く末を案じて涙にくれています。梅が咲いても香り無く、うぐいすの声も哀れに聞こえる。せめてあと三年くらい生きてほしかった」という心痛を綿綿と綴っています。

最期まで支援

四十二年間にわたる八重へのサポートから浮かび上がってくる特色は、新島あっての八重、という点です。恩師の死の直後、これからは「先生の形見と思って」八重を大切にしたい、という気持ちを蘇峰は固めました。心を入れかえて、八重を恩師と見立てて、お仕えするという決意です。

だからでしょうか、「八重の桜」でも最終回、それも最後の最後に顔を出すのが、蘇峰です。「新島旧邸」で八重にお茶をたててもらいながら、しみじみと対談する、というシーンです。

ドラマはここで大団円を迎えます。場面は一転して鶴ヶ城の籠城戦に変わります。そこでは八重は、スペンサー銃を手にしたジャンヌ・ダルクに戻ります。最後の銃弾を籠めてから、やおら銃口を空に向けて、一発撃ちます。

こうして一年にわたった大河ドラマが、終わりを告げます。

蘇峰の変身

「八重の桜」最終回の、しかも最後の最後に蘇峰を登場させるのは、どういう意味があるのでしょうか。かつての「軍国主義者」（ジャンヌ・ダルク）八重が、いわば平和主義者へ変身したことを鮮明に印象づけるために、蘇峰は使われた感がします。

これより前のシーンでも、八重は蘇峰に向かって、「蘇峰さん、変わった」と言っております。日清戦争中に取材のために広島陸軍予備病院を訪ねた蘇峰が、自分の新聞に士気を鼓舞する記事しか書かないことに八重はいらだち、不満を述べます。この戦争を契機に軍備拡張路線に転じた蘇峰を相手に、八重は最終回で蘇峰の愛国主義を弾じます。「ジョーも愛国者でした。でも、ジョーが愛した国というのは、そごに暮らす人間のごどです」と。

青年時代、「平民主義」の旗手として華々しく社会に登場《デビュー》した蘇峰は、その後、変身し、後半生は、「帝国主義者」呼ばわりされます。こうして、悪名高きジャーナリストのイメージが、最近まで世間一般に定着します。

それにしても、ドラマで蘇峰を痛罵した八重にしても、京都時代の前半には、蘇峰から悪妻呼ばわりされました。歴史の皮肉を覚えます。

奇しきことに、八重と蘇峰は、同じような因子を共有します。悪名、変身、信念、気骨（襄が愛用する言葉で言えば、「倜儻不羈《てきとうふき》」）――それ以上に、ふたりは、襄から感化を最大限に受けた双璧です。

福沢流に違和感

その二人が、大河ドラマの最後のシーンで絡むのも、興味深いですね。彼ら二人を陰で結びつけるのは、襄なんです。襄と八重の関係については、ドラマでかなりの程度、明白になりました。

一方、蘇峰の方はドラマではそれほど前面に出ませんでしたので、新島との関係について、もう少し見ておきます。結論から言えば、蘇峰は終始一貫、「新島党」でした。このことは、福沢諭吉を介在させて分析すると、一目瞭然です。

蘇峰は、すでに少年時代に福沢の文をかなり読んでいます。熊本洋学校に入る前から、福沢の『世界国尽《くにづくし》』を熱心に読むあまり、全部暗記するにいたった、といいます。しかし、その文の面白さが分かったのは、洋学校を経て、同志社に入学してからでした。先輩の浮田和民の手引きです。蘇峰によると、浮田は、「福沢の文章の大いなる崇拝者」であったといいます（徳富蘇峰『読書九十年』二六頁、二九頁、講談社、一九五二年）。

独立自尊

福沢の書いたものに、少なからぬ関心を寄せるとはいえ、蘇峰は、福沢とは最初からなにやら肌が合いません。「福沢は蘇峰の生涯の敵」とまで極論されることさえあるくらいです。馬が合わない点は、自身、早くも少年時代に自覚しています。

そうした直観的な福沢像は、生涯を通して根本から変わることは、結局ありませんでした。したがって、福沢のトレードマークとも言うべき「独立自尊」についても、違和感を抱いたままでした。

義兄の湯浅治郎を追悼する時にも、福沢を引き合いに出しています。湯浅が、福沢の感化を強く受けていることは、よく知られています。私設図書館（便《べん》覧舎）を創設した前後のことですが、「福沢先生の著書は、残らず読破した」と言われています（湯浅三郎『湯浅治郎』八頁、私家版、一九三七年）。

蘇峰によれば、その湯浅は、「独立独行である。福沢先生の独立自尊と云ふ言葉がありますが、湯浅翁に自尊と云ふのは、ない。独立独行、自分は偉いとか云ふやうな考へは、絶対にない」（徳富蘇峰「湯浅翁の追憶」九五頁、『湯浅治郎』所収）。

勘ぐれば、湯浅とは反対に、福沢には「自分が偉い」という自尊心が始終、付いて回っている、と読めないこともありません。

「福沢の門下生にはならない」

蘇峰の少年時代に戻ります。熊本洋学校が廃校されたため、蘇峰は一八七六年夏に遊学のために東京に出ます。その時の気持ちをこう回想しています。

「予の父〔淇水《きすい》〕は、親しく福沢翁を知らなかったが、福沢ファンであったことは、間違ひない。〔中略〕予の少時には、父は福沢翁の『文明論之概略』を予の宅に壮年の学徒を集めて、開講したことがあるのを記憶してゐる」。したがって、「予は当然、福沢翁の門下たるべきものであった」（徳富蘇峰『我が交遊録』二九五頁、中央公論社、一九二八年）。

おまけに叔父（江口高廉《たかかど》）の一家は、東京では「家を挙げて福沢門下」でした。とりわけ、従兄（叔父の息子）の高邦《たかくに》は、四人の兄弟中「最も福沢翁の愛顧を受け」ていたといいます。

「断じて慶應義塾には入らない」

こうした環境から、遊学先は慶應義塾以外にはありえませんでした。おまけに「黙つてゐて、入学が出来たのである」というじゃありませんか。ですが、そこが蘇峰です。筋金入りの「旋毛曲り《つむじまが》」です（同前、二九五頁）。

「順序から言へば、予は当時、慶應義塾に入るべきであった。併《しか》し、如何《いか》なるわけか、予は熊本に居る時から福沢流は、虫が好かなかった。熊本などにても、福沢流は殆ど或る部分を風靡《ふうび》してゐたが、予は何やら気に喰はなかった」（『蘇峰自伝』七二頁）。

それで、「予は断じて慶應義塾には入らない決心をした」（『我が交遊録』二九五頁）。「慶應義塾、既に面白からずとすれば、私立学校では、中村〔正直〕先生の同人社しかない」。というわけで、試験を受けてみたものの「これも面白くなく、この方から断った」（『蘇峰自伝』七三頁）。

福沢に議論を吹っかける

これに対し、蘇峰にとって最初からもっとも波長が合ったのは、新島襄です。同志社入学、いや退学以後も、蘇峰は一貫して新島派であり、福沢派とは距離を置きました。

蘇峰は熊本時代、すでに「十歳未満の時に」福沢の文を読んでいます。同志社でも浮田和民の指導を受けて、『学問のすすめ』を書き込みを施しながら、精読しています（『新島襄と徳富蘇峰』ⅱ頁、二一六頁、二二八頁）。

しかし、個人的な交遊となると、話しは別です。福沢との交遊に関して、自伝には相反する回想が出ています。一方では、「予は生前に福翁とは、没交渉であった」と素っ気ない記述（『蘇峰自伝』四五九頁）。他方では「予が親しく福沢翁と相見たのは、此の二回」であった、とあります（同前、一八九頁）。『我が交遊録』（三三〇頁）でも、「予は福沢諭吉翁にも一両度、面会したことがある」と明かしています。

ですから、一、二回会ったというのが、どうやら事実らしいですね。

最初の出会いは、一八八二年の夏です。仲介者は、先にも見た「福沢翁の愛弟子《まなでし》の一人」、従兄の江口高邦。「予は平生、福沢翁の立言に余り多く感心せず、特に当時《こと》、翁が官民調和論を唱へ、姑息の妥協論を主張するかの如く考へられて、頗る不満であった」。

会うなり、「先生は学者なのか、政治家なのか」と切り込んでいます。帰途、従兄から、「初見の先生に議論を吹っ掛けるとは、余りに大胆」と窘《たしな》められたほどです（『蘇峰自伝』一八八頁）。

あえて接触を避ける

その後も、あえて接触を避けたと思いたくなるほど、蘇峰の態度は冷たいですね。たとえば、ある所で金玉均《きんぎょくきん》と対話をしていると、「一人の田舎爺《いなかおやじ》」がつかつかと割って入り、金と話を始めます。「紛《まぎ》らひもなき福沢翁」でした。「それで予は、自ら名乗る必要もなく、唯だ一通りの礼をした」。いかにも慇懃無礼《いんぎんぶれい》な態度ですね（『蘇峰自伝』一八九頁）。

三回目は、福沢の死の直後です。「翁の宅を訪ひ、その霊に向って一抹の香を焚《た》いた」。蘇峰なりの精一杯の弔意です（同前、四五九頁）。

この間、間接的な交流もありました。福沢は『時事新報』（一九〇〇年一月一日）に「瘠我慢《やせがまん》の説」を公表し、勝海舟を槍玉に挙げます。海舟は、すでに「死人に口なし」です。それで、恩師の海舟を弁護するために、蘇峰は「瘠我慢の説を読む」を記し、反論を試みます。

福沢サイドから、すぐさま門弟の筆になる駁論が出たことは、言うまでもありません。しかし、「その後、やがて間もなく翁は逝かれた」ので、本格的な論戦には発展しませんでした。

蘇峰からすれば、自分が仕掛けた銃弾が、福沢の命を射止めたことになりかねない、いや、少なくとも、命を縮める結果になった後味の悪さが残った出来事でした。

新島襄に私淑

蘇峰は、けっして福沢を低く見ていたわけじゃありません。新島と並べて、「明治の二大教育者」と称賛しています。が、個人的に師事したのは、新島の方です。新島が、福沢よりも優秀だからではありません。むしろ、逆です。

どうひいき目に見ても、新島は福沢や中村正直と比べて、もとより「不足は多かった」と蘇峰は評しています。福沢に「経世的識見、処世的手腕」、中村に「漢学に於《お》ける教養」が備わっていることを思うと、新島は「百の〔新島〕先生あるも、〔二人には〕到底及ばなかったであろう」というのが、正直な所でした（『我が交遊録』三三一頁）。

にもかかわらず、新島は蘇峰の心を終生、捉え続けました。そればかりか、恩師には「天の梯子《はしご》」をかけても及ばない、と蘇峰は正直に告白しています（同前、三二七頁）。

新島も福沢とは疎遠

一方の新島本人も、福沢と親しく交わった形跡がありません。不思議なことですが、手紙を頻繁に交わすこともありません。新島に宛てた福沢の手紙がわずかに一通（ただし所在不明）だけあった、と証言するのは、蘇峰です。新島からの夕食の誘いを断った、という内容です（拙著『元祖リベラリスト』五〇～五一頁）。

新島の周辺で交流があったのは、むしろ山本覚馬でした（拙著『マイナーなればこそ』一二〇頁）。

新島は、福沢に対しては多少の警戒心さえ抱いていました。とりわけ、大学設立運動に着手した時はそうです。募金活動では先行しながらも、福沢に激しく追い上げられ、大学設立の点では、ついには慶應義塾に先を越される結果となりました。

募金活動のさなか、新島は福沢の募金運動に神経を尖らせます。時には東京の蘇峰に対して詳細を知らせるように要請したりします（④七七、一六五）。弟子も弟子で、慶應義塾の募金額をすぐさま電報で京都に急報します（④一四四）。

勝海舟に幟の揮毫を頼む

結局、新島は、大学設立運動のさなかに、大磯で死去します。夢破れての挫折です。同志社での葬儀の日は、皮肉にも三田《みた》で慶應義塾大学部が盛大に開校式を行なった日でもあります。日本初の私立大学になるはずの同志社大学でしたが、後発の慶應義塾に最後の段階で追い抜かれました。

新島の葬儀のために、蘇峰は海舟に幟《のぼり》（二本）の揮毫を依頼しました。その一本には、「彼等は世より取らんとす、我等は世に与へんと欲す」という文言を書いてもらいました。蘇峰たちがよく新島から聞かされていた文言です。新島を弔うのにもっとも相応しい、と蘇峰自身が判断しました。

この場合、「我等」が同志社を指すことは明白です。じゃあ、「彼等」とは誰を指すのか。あえて推測すると、帝大や慶應義塾に象徴される他校が想定されていたのじゃないでしょうか。「福沢は物質的教育を、そして新島は精神的教育を重視した」という周知の指摘は、両者の目指す教育が、好対照であることを示しています。別の言葉で言い換えると、「取る教育」対「与える教育」、と言えましょう（拙著『千里の志』一三〇頁以下を参照）。

この師にしてこの門弟あり

新島と福沢との溝は、見かけ以上に深いですね。新島と大隈重信が親密に交際したのとは、まさに対照的です。蘇峰もまた、新島と同じスタンスをとりました。棄教していたとは言え、福沢を前にすると、かつての蘇峰の信仰は、息を吹き返すかのようでした。

こうした蘇峰の姿勢に近いのが、柏木義円《ぎえん》です。蘇峰と並ぶ新島の出色の教え子です。柏木は「天が特に明治時代に与へたる偉人は、福沢、新島の二先生であった」と断言しながらも（柏木義円「私と新島襄先生（続）」、『新生命』一九三八年一月二〇日）、福沢に距離を置いていたことは、発表された文章からも明白です（柏木義円「吾人の眼に映じたる新島襄先生」、『上毛《じょうもう》教界月報』一九〇〇年二月一九日）。長男（柏木隼雄《はやお》）に宛てた私信では、かなり赤裸々な批判を述べています。

「天は人の上に人を作らず、人の下に人を作らず」と喝破《かっぱ》するものの、「神ノ観念ナキ〔福沢〕先生ハ、人格ノ尊厳ノ観念モ徹底不致候」、「唯新島先生アリテ此《この》観念ヲ尊重シ、自由教育、自治教会デ、同志社ノ教育ト自治教会トデ、此ノ人格尊重、帝王モ之《これ》ヲ侵スヲ許サヾル精神ヲ日本ニ扶植《ふしょく》セントト志シ」た、というのです（片野真佐子『孤憤のひと柏木義円』二八四頁、新教出版社、一九九三年）。

この師にして、この門弟ありです。

（大分県国東《くにさき》市男女共同参画講演会、国東市・アストくにさきアストホール、二〇一三年一〇月一一日）

補足・蘇峰に関する三つの資料

二〇一三年は蘇峰にとって「当たり年」でした。私も出版、講演のほかに、エッセイなどの執筆やインタビュー取材などをいくつか頼まれました。本書（一六三頁以降）に収録した「徳富蘇峰――襄、八重、諭吉をめぐって」と題する講演も、拙稿「福沢諭吉と蘇峰」（杉原志敬《ゆきひろ》・富岡幸一郎編『稀代《きたい》のジャーナリスト　徳富蘇峰』藤原書店、二〇一三年）を下地《ベース》にしています。

それ以外の資料を三点、掲載団体の許可が得られましたので、ここで補足（紹介）いたします。

（一）徳富蘇峰に関するインタビュー記事（浪床敬子）（『熊本日日新聞』二〇一三年一二月一三日）

（二）書評　本井康博『徳富蘇峰の師友たち』（猪飼隆明）（『熊本日日新聞』二〇一三年八月二五日）

（三）拙稿「私の蘇峰研究――新刊『徳富蘇峰の師友たち』をめぐって」（『民友』三九二、蘇峰会、二〇一三年四月一日）

（一）蘇峰に関するインタビュー記事「心を通じ合い、信頼した新島襄」

徳富蘇峰に関して『熊本日日新聞』は、特集記事、「生誕一五〇年　蘇峰の光と影」を二度にわたって組みました。「インタビュー編」（担当記者は、浪床敬子氏）では、私も取材を受けました（同紙、二〇一三年一二月一三日の朝刊に掲載）。本文は次の通りです。

―徳富蘇峰は熊本洋学校時代に熊本市の花岡山でキリスト教による国づくりを誓い、同志社英学校時代には新島襄から洗礼も受けています。

「熊本洋学校時代はそうでもないが、同志社時代の蘇峰の日記を見ると、牧師になるのかと思われるぐらい、キリスト教に熱を入れている。洗礼を受けたのは、キリスト教の教えというより、新島の人間的な魅力にひかれたため。いわば『新島教』と言ってもいい」

―そこまで新島を慕った理由は何ですか。

「人を差別しなかった新島は、平民主義の権化。蘇峰は最初の出会いで、同志社に突然迷い込んだ自分にも、ジェントルマンとして接してくれた新島に、ひと目でほれ込んでいる。蘇峰の思想の根底には、自己犠牲の生涯だったと蘇峰が表現した新島がおり、その新島抜きには蘇峰を語れないだろう」

―しかし、同志社英学校を退学し、洗礼も返上します。

「教義に疑問を抱いたという点もあるが、熊本バンドの先輩や宣教師たちに対する人間的な失望が大きかった。（同志社の方針に反発して授業をボイコットした生徒をいさめる代わりに、新島が自分の手を杖でたたいた）『自責の杖』事件での責任を感じて退学したともいわれるが、熊本バンドの先輩たちの存在が、彼の退学と棄教を決定付けたと思う」

—蘇峰にとってキリスト教はどんな存在だったのでしょうか。

「人間を作るという、精神教育の手段と思っていたようだ。棄教した後も、蘇峰にはキリスト教的な発想が残っており、徹底的にキリスト教を否定していない。新島が大事にしていたものは守りたかったのだろう。クリスチャンではないが、ノンクリスチャンでもない。いわば『隠れキリシタン』と思っていい」

—蘇峰は自伝で、熊本バンドであることを否定しています。

「意識の中では、先輩たちと一緒にしてほしくないという反発心があった。根底には、先輩はジェーンズ（熊本洋学校教師）党で、自分たちは新島党という意識があった。蘇峰は、洋学校で自分たちを差別していたジェーンズと、新島をいじめる先輩たちが嫌いだった。ただ、ジェーンズとの出会いが、後の新島との衝撃的な出会いを準備してくれたと言っていい」

—熊本バンドをどう評価しますか。

「同志社大学の創立は、新島の死後二十二年たって実現するが、熊本バンドが大きく関わっており、新島がやり残したことを熊本バンドが実現したといえる。熊本バンドは、同志社や熊本でも、もっと検証されるべきだと思う」

—新島にとっても、蘇峰は大きな存在だったようです。

「新島が蘇峰に送った書簡は一三〇～一四〇通あり、手紙を送った日本人の中で最も多く、一番心が通い合う存在だった。蘇峰は同志社時代から一貫して新島を助け、新島が亡くなった後も、夫人の八重の面倒を一生見ている。人を教育する大事さを感じていた蘇峰は、同志社も物心両面で支え続けた。新島に代わって、自分がやらなければならないという思いだったのだろう」（浪床敬子）

（二）書評・本井康博『徳富蘇峰の師友たち』

草創期メンバーの意義明らかに

猪飼隆明（大阪大学名誉教授、ジェーンズの会会長）

京都の同志社（英学校）は、伝道団体「アメリカン・ボード」の宣教師である新島襄、J・D・デイヴィスの二人の教師と八人の男子生徒で、一八七五（明治八）年十一月二十九日に発足した。

その二カ月後の一八七六年一月三十日、熊本の花岡山山頂で、熊本洋学校のジェーンズに学んだ卒業生・生徒が祈祷《きとう》会を開き、「奉教趣意書」に三十五人が署名した。そのうちの二十数名が同年秋、大挙して同志社に転校した。いったん熊本を離れていた卒業生たちもそれに続いたが、同志社は施設は不備、教育体系も寮も整ってはいなかった。熊本出身者は学校改革を断行、あたかも同志社をジャックしたかのようになり、「熊本バンド」と呼ばれるようになった。

著者は、熊本バンドによって、存在がかすんでしまった同志社創設期の日陰者八人に日を当てる。

彼らはみな中途退学して、同志社の第一回卒業生は熊本人十五人のみであった。

この草創期のメンバーは、一八七四年以来のデイヴィスの教え子であり、同志社創設と共に神戸から入学（転校）してきた人たちで、著者は「神戸バンド」と命名して、彼らの存在意義を明らかにする。

著者は、この神戸バンドの存在を見据えて、熊本バンドをあらためて見直さなければならないという。まず注目されるのは、熊本バンドと神戸バンドとの間には「神学派」と「科学派」とも称すべき対立があり、熊本バンド内部にも対立がある。徳富蘇峰が、私は熊本バンドではないと言い切る意味も、問われなければならないという。

極めて示唆的な論考で、熊本バンドの持つ諸問題を明るみに出した。短文の積み重ねで、面白くて読みやすいが、重複が多くかつ、結論がやや不鮮明である。例えば熊本バンドの人数について、結局何人なのか分からない。

ただ、本書の真骨頂は「人物列伝」にある。熊本の研究者らでつくる「ジェーンズの会」は『ジェーンズ事典』を編んでいる最中であるが、大いに役立たせていただきたく思っている。

（三）拙稿「私の蘇峰研究――新刊『徳富蘇峰の師友たち』をめぐって」

蘇峰会から毎年四回、出版されている『民友』という機関誌に寄稿した拙文《エッセイ》が、以下のものです。

生誕百五十年記念

来月三月には、われらが徳富蘇峰（猪《い》一郎）の生誕百五十年記念日を迎えます。私的にお祝いするために、私はその日（二〇一三年三月十四日）に『徳富蘇峰の師友たち――「神戸バンド」と「熊本バンド」――』（教文館）を出版いたします。刊行を前に、同書の「まえがき」と「あとがき」に書いたことを改めて一本化、再構成して、私の蘇峰研究にかける想いを披歴いたします。

そもそも、『徳富蘇峰の師友たち』が日の目を見ることができたのは、同志社徳富基金から出版助成金がいただけたからです。ほんとうにありがたいことです。思い返せば、十一年前（二〇〇二年）になりますが、徳富蘇峰に関する最初の拙著を出版する時もそうでした。

すなわち、『新島襄と徳富蘇峰――熊本バンド、中江兆民、福沢諭吉をめぐって――』（晃洋書房、二〇〇二年三月二〇日）です。これも、同じく同志社徳富基金から出版助成金を出していただけたからこそ、上梓できた作品です。当時、大学非常勤講師であった私には、この種の研究費や助成金は、ほぼ無縁状態でしたから、専門書を出版できるとは、「棚から牡丹餅」のような破格の夢物語《ハプニング》でした。

このことが多少とも評価されたのか、その二年後（二〇〇四年）には今度は、はからずも同志社大学神学部（大学院）から日本キリスト教史（同志社科目）の教授として招かれることになりました。それ以前の同志社大学は、基本的には五十過ぎの専任教員採用はありえなかったのですが、ロースクールなどの開校に伴い、年齢制限に関する規制緩和が進行中でした。

蘇峰に背中を押されて

で、六十を過ぎているにもかかわらず、嘱託講師からいっきに大学（院）教授へ抜擢されたという訳です。シンデレラ・ボーイめいた躍進で、本来ならありえない話です。まるで新島や蘇峰が「守護神」のように背後で働いてくれたような感すらします。ともあれ、これで、文章だけでなく、教壇からも、新島襄や蘇峰のことを若い世代に語り継ぐ公的な場と役割が、大幅に増えました。

「大学の教師は、だれしもその就任のときの事情を回想することを好まない」と喝破する人がいます。マックス・ウェーバーです（尾高邦雄訳『職業としての学問』一七頁、岩波文庫、一九八二年）。大学教員の運命を決めるのは、ほぼ「僥倖《ぎょうこう》」次第、すなわち人事は基本的に「僥倖の支配下」にある、というのです（同前、一八頁、二〇頁）。

私の場合、幸運は続きました。二年後には、またまた朗報（福音）が舞い込みました。『新島襄の交遊』（思文閣出版、二〇〇五年）と共に、先の『新島襄と徳富蘇峰』が、同志社大学神学部から博士論文に認定され、「博士（神学）」（いわゆる論文博士）の学位を授与される、という思わぬ栄誉に恵まれました。神学部の卒業生でもない者にとっては、重ね重ねのハプニングに、どう感謝していいのか、戸惑うような思いでした。

蘇峰あっての、学位であり、研究です。大学教員としての私の背中を研究の上で終始、もっとも強く押してくれたのが、新島襄と徳富蘇峰という類《たぐい》稀な師弟でした。

蘇峰目線で新島研究

蘇峰から教えられたことは、いろいろあります。なかでも蘇峰の恩師にあたる新島襄に関する情報や見方、これは実に有益でした。新島襄研究は私のライフ・ワークですが、それを支える心棒ともいうべきものは、蘇峰です。

「〔新島〕先生の意志を継述」する点で、蘇峰以上の門弟はおりません（池本吉治編『新島先生就眠始末』三九頁、福音社、一九九〇年）。

先日（二〇一三年一月二十三日）、退職記念講演（最終講義）を神学館チャペルで行ないました。「新島研究五十年」というテーマにしました（拙著『八重の桜・襄の梅』二七五頁以下に収録）。私の新島への関心は、二十歳《はたち》くらいから芽生え始めております。もちろん、エッセイや論文を書き始めたのは、三十代になってからのことです。

最初のエッセイは、三十九年前に発表した「〝喪家の犬〟新島襄」でした。「喪家の犬」という文言は、私の造語ではありません。新島の初期の教え子、大久保真次郎が新島校長を揶揄《やゆ》して使った文言をそのまま借りました。言い得て妙でしたので、かなりショッキングなタイトルでしたが、あえてつけました。

ここにもすでに、蘇峰の影が潜んでいました。なぜか。大久保は、蘇峰の義兄です。蘇峰は、同志社時代、「大久保党」の幹部と見られるくらい、先輩の大久保に心酔していました。その結果、姉の音羽子を大久保に嫁《とつ》がせています。

ところで、私の講演当日は、はからずも新島の永眠記念日でした。それればかりか、講義時間（午後一時十五分～二時四十五分）は、永眠時刻（午後二時二十分）をまたぐことに、直前に気がつきました。そこで、私は講義時間を九十分から六十分に短縮し、一時間で終えるように計画を練り直しました。で、講義は予定通りに運び、二時二十分に終えることができました。「新島先生が永眠された時刻になりました」と宣言し、故人の冥福を祈りながら、講壇を降りました。

私の新島イメージは、小崎弘道でも海老名弾正《だんじょう》でもなく、あきらかに蘇峰目線によって大きく育まれ、形成されてきました。蘇峰のほかにも柏木義円や安部磯雄（本書二〇一頁以降を参照）といった門弟が、新島の宿志を継いで、新島の夢を実現するのに大きな貢献を果たしたことも、事実です。しかし、総じて蘇峰に及ぶ教え子はおりません。新島からの信頼も、破格でした。

ただ、私は蘇峰が自認するような「新島宗」になることだけは、気をつけてきたつもりです。蘇峰目線で新島を分析しながらも、研究対象との距離は、あくまでも自覚的にとるようにしてきました。

私の蘇峰研究

十一年前の『新島襄と徳富蘇峰』に続く、今回の『徳富蘇峰の師友たち』の出版でもって、私の蘇峰研究は第一ステージがひとまず閉じられます。蘇峰の位置づけに関しても、『新島襄と徳富蘇峰』で提示した新しい見解を、さらに補強、補完できました。両書を通し、蘇峰の従来のイメージになんらかの変化が生じてくれることを期待いたします。

私の場合、蘇峰への関心は、かなり早くから萌《きざ》しておりました。最初の接点は、十五歳の折でした。同志社高等学校一年生の時に、クラス代表として蘇峰翁の同志社学校葬（今出川キャンパス内の栄光館）に参列しました。正確に言えば、参列させられました。

五十数年を経た現在、私は同志社大学をあと何日かで定年退職するカウント・ダウンの時を迎えております。最終講義が、新島の永眠記念日に重なったのと同様に、在職期間の最後を飾る学術書が、『徳富蘇峰の師友たち』である、というのは、なんとも奇しきことです。しかも、彼の生誕記念日に出版したいという、かねての夢が実現したのもうれしい限りです。

この書は、これまで発表してきたものの中から、徳富蘇峰や「熊本バンド」に関するものを集めて、一本にしたものです。早いものは、十七年もの前の作品ですから、それ以降のものを含めて、すべて手を入れました。もともとその折々に個別に発表されたという経緯からも、一本に合わせてみると、全体的に重複が目立ちます。手直しは、可能なかぎり行ない、削除すべき個所も削りましたが、完全には無理でした。

さらに、一本にするにあたって、隙間を埋めるために書き下ろしたり、既発表のものに加筆したりしました。とりわけ、「神戸バンド」（後述）や、「第一期入学生」は、「熊本バンド」を特徴づけるために必須でしたから、あらたに書き下ろしたものがほとんどです。

『徳富蘇峰の師友たち』出版の狙い

では、今回の拙著は、何を明らかにしたいのか、まずはその狙いについて、触れてみます。大きくは二つあります。ひとつは、蘇峰の「師」としての新島襄が、同志社での教え子たちからどういう評価を受けていたかを明示すること。いまひとつは、蘇峰（猪一郎時代）の「友」、とくに同志社時代の交遊関係を鮮明にすること、以上の二つです。

そのための基礎作業として、本書は次の諸点を明確にすることを試みました。

一、同志社最初の入学生八人とは、誰か。名前と経歴を特定する。
二、そのうちから、「神戸バンド」を抽出し、「熊本バンド」との関係を探る。
三、「熊本バンド」とは何か。とくに「花岡山バンド」と峻別し、用語の定義を明白にする。
四、得られた定義に基づいて「熊本バンド」とは誰を指すのか、人数と名前を特定する。
五、「熊本バンド」の構造上、この集団が決して一体ではないことを示す。一方で「バイブル・クラス」、他方で「同心交社」という二派が、相互に抗争する二重構造であることを検証する。
六、二派間の抗争中、その典型は「知徳論争」である。これは、新島襄のエピソードとして最も著名な「自責の杖」事件と連動する点で、決定的に重要である。事件の遠因であることを実証する。

そのための資料としては、これまでにもよく使われたもの以外に、ミッション（アメリカン・ボード）資料、とりわけ同志社宣教師たちの手紙を駆使しました。日米双方の資料から、初期同志社の学園、ならびに学生群像の消息を浮かび上がらせてみたいと思ったからです。

たとえば、同志社（英学校）が、十人の学園、すなわち二人の教員と八人の学生（第一期入学生）から始まったことは、「常識」となっています。けれども、教員はともかく、八人の学生とは誰か、といった点になると、誰も明確に答えられません。

同じことは、第一回卒業生にも言えます。開校四年後に同志社は最初の卒業生を十五人出します。いわゆる「余科」（神学科）の学生です。これら十五人の大半は、「有名人」ですが、中にはいまだに経歴が不鮮明な者が混じっています。本書は、これまで知られることが少なかった人物にも、できるだけ光を当てるようにしました。十五人全員そろっての列伝表記は、初めての試みと言えるかもしれません。

「熊本バンド」の陰にふたつのバンド

本書は以上の難題に取り組み、ひとまず一応の結論（もちろん仮説です）を出しました。そうした作業の中から、ふたつの学生集団が浮かび上がってきました。

ひとつは、「神戸バンド」とでも呼ぶべき学生集団です。これこそ、「熊本バンド」の入学以前に同志社に入っていた学生たちの中核です。これらふたつの「バンド」の関係や絡みを明らかにすることは、蘇峰の同志社時代、ひいてはその後の彼の人脈を究明するためには不可欠の課題です。本書の副題に、「神戸バンド」と「熊本バンド」、という文言を用いた所以《ゆえん》です。

いまひとつの学生集団は、「同心交社」です。これは、「熊本バンド」の中の下級生たちが構成した集団です。これを明確にするためには、「熊本バンド」を大きく二分し、上級生集団を「バイブル・クラス」（いわゆる「余科」生）、下級生たちの中軸を「同心交社」と見なすのが、本質を捉えるためには有効な視点であると判断いたしました。

こうした集団の力学の中に、若き蘇峰は身を置いておりました。「神戸バンド」、「熊本バンド」、さらには、「同心交社」という三つのグループ（バンド）を考慮して、同志社時代の蘇峰のポジションや居場所を確定すること、これが本書の最終的な狙いでもあります。

「熊本バンド」のデータベース

そこで、まずは、「熊本バンド」です。すでに古典的作品となった『熊本バンド研究』（みすず書房、一九六五年）以後、半世紀の間に、この領域の研究は、たしかにかなりの成果を生んできました。けれども、なお同書を超える業績は現われてはいません。本書とて、同様です。

しかし、今回の著作で『熊本バンド研究』の穴を多少とも埋めることができたのではないか、と自負しております。とりわけ、同書が追い切れなかった個々のメンバーの足跡を明らかにする点では、補填《ほてん》作業として意味があると確信します。要するに、狙いは、「データベース」です。

同志社第一回卒業生の十五人は、バンド中のバンドとして、世に知られています。しかし、全員の功績なり経歴が、すべて鮮明になっていたわけではありません。今回、これまであまり光があたらなかったメンバーについて、できるだけデータを集めることに精力を注ぎました。

そもそも、論著や小説、辞典の中で、「熊本バンド」として世に知られているのは、いったい誰でしょうか。必ず例示される人物は、海老名弾正と並んで、徳富蘇峰です。本書は、「熊本バンド」を始め、青年期の蘇峰の周辺に位置する人物を特定して、彼らとの交遊に照明を当てています。たとえば師ですが、その数は多数に及びます。友人となると、さらにおびただしい数になります。

蘇峰の師友たち

蘇峰自身は恩師に関し、「恩人の最たるものは、四人である」と自ら絞っています。横井小楠、勝海舟、新島襄、ならびに父親の徳富淇水《きすい》（一敬）の四人です。なかでも、新島は別格です。

「自分の八十二年の永き生涯に、真にわが師として念頭に離れざるは、唯一人、それは新島先生である」とも、「一生を通じて、真にわが師と思ひ、今日に至るまで猶ほ思慕禁ずる能はざるは、新島先生である」、「真に予は、先生以外に先生と思ふ人はいない」とまで断言して憚りません（『蘇翁感銘録』五六〜五七頁、寶雲舍、一九四四年）。

新島襄は蘇峰にとって、特別の存在でした。この類稀《たぐい》な師弟の関係については、すでに『新島襄と徳富蘇峰』であらかた分析を終えています。同書が、ふたりを正面から捉えた作品であるのに対し、その続編とも言うべき『徳富蘇峰の師友たち』は、師弟の周辺に目配りをして、幅広く初期同志社を分析しております。

ついで、蘇峰の友人です。蘇峰は各界に綺羅星の如き有力な知己を大勢有しました。その人脈は、同志社英学校時代の交遊が、初発であり、起点になります。とりわけ、誰でも指摘するのが、いわゆる「熊本バンド」の面々です。けれども、蘇峰と「熊本バンド」との関係は、一筋縄ではいきません。

「神戸バンド」

創立初期の同志社は、とかく「熊本バンド」一色に塗り込められがちです。それほど、この学生集団は、圧倒的な、時には高圧的な力を発揮したと言えましょう。彼らは、同志社の建設や発展に対して、新島襄や宣教師などと並ぶほどの互角の働きをした、と高く評価されたり、時には同志社の創立者に組みこまれたりさえします。

初期の宣教師（外国人教員）であるD・W・ラーネッドによるバンド評は、その典型です。たしかに、卓見で、一理あります。けれども、一方で、彼らの放つ光芒でかき消されがちではありますが、「熊本バンド」の影に確固とした、別個の学生群像がいたことも、これまた事実です。

「私たちはここで、短期間ではあるが、熊本バンド以前に、厳然と同志社が存在していたということの意味をもっと重視しておかねばならない」との指摘があります（伊藤彌彦『明治思想史の一断面――新島襄・徳富蘆花そして蘇峰――』一〇六頁、晃洋書房、二〇一〇年）。

私も同感です。文中の「同志社」を「神戸バンド」に置き換えると、さらにその意味が鮮明になるはずです。すなわち、「熊本バンド以前に、厳然と『神戸バンド』が存在していた」のです。

蘇峰と「神戸バンド」

「熊本バンド」が入学する以前の在校生の中核、あるいはその典型をこの本では「神戸バンド」と仮称しました。「熊本バンド」に対して、この「神戸バンド」を対比させることによって、初めて、初期同志社における学生群像の消息を、立体的に把握できると思われるからです。

「厳然と『神戸バンド』が存在していた」ことを立証し、この視点から「熊本バンド」の分析をする、そのことは、「熊本バンド」の再評価、再検討にもつながるはずです。

繰り返します。各種の事典類で「熊本バンド」を引けば、その代表者のひとりとしてまず挙げられるのが、徳富蘇峰です。このことに、もちろん異存はありません。しかし、蘇峰に即して言えば、彼の中では「熊本バンド」への帰属意識は、はなはだ薄いと言わざるをえません。

蘇峰の場合は、むしろ「神戸バンド」との親交が目立ちます。本書は、そうした点をとりわけ問題にしました。複雑な初期同志社をめぐる学生間の消息を解明するためには、「熊本バンド」と並ぶ、同時代の「神戸バンド」を究明する必要があります。

蘇峰と「同心交社」

さらには、「熊本バンド」の分派とも言うべき「同心交社」というグループも、見逃せません。これは、初期同志社の学生集団としては、ひとつの大きなカギとなる存在です。若き蘇峰は同志社にあって、これら「熊本バンド」、「神戸バンド」、さらには、「同心交社」という集団に属するか、あるいはその周辺にいた点で、基軸的な位置にいました。三つのバンドに軸足をもった学生は、彼以外には見あたりません。

それだけに、蘇峰の同志社における交遊関係を分析することは、蘇峰のその後の言動や軌跡を見るうえで、不可欠の視点を提供してくれます。そればかりか、先の三つの集団が織り成す、複雑な人間関係を解きほぐすのにも、きわめて有効な作業になります。

この拙著の狙いは、新島襄の数多い教え子のうち、開校期の同志社に学んだ学生群像を取り上げ、主として彼らの若き日々に焦点を当てました。とりわけ、徳富蘇峰の場合は、「熊本バンド」だけでなく、「神戸バンド」との交流が親密であった点が、重要です。「同心交社」を含めて校内のいくつかのグループの間で、彼は重要な結節点の位置にいました。その点で、初期同志社の学生間交遊を明確にしたり、分析したりするのに、最適の場所《スポット》にいたと考えられる人物です。

本書は、彼らの共通の恩師である新島襄との距離や交流の詳細な消息をも、合わせて検証しました。それは、同時に、教え子たちから見た新島襄の像を彫塑することにも繋がります。

自由自治之春風

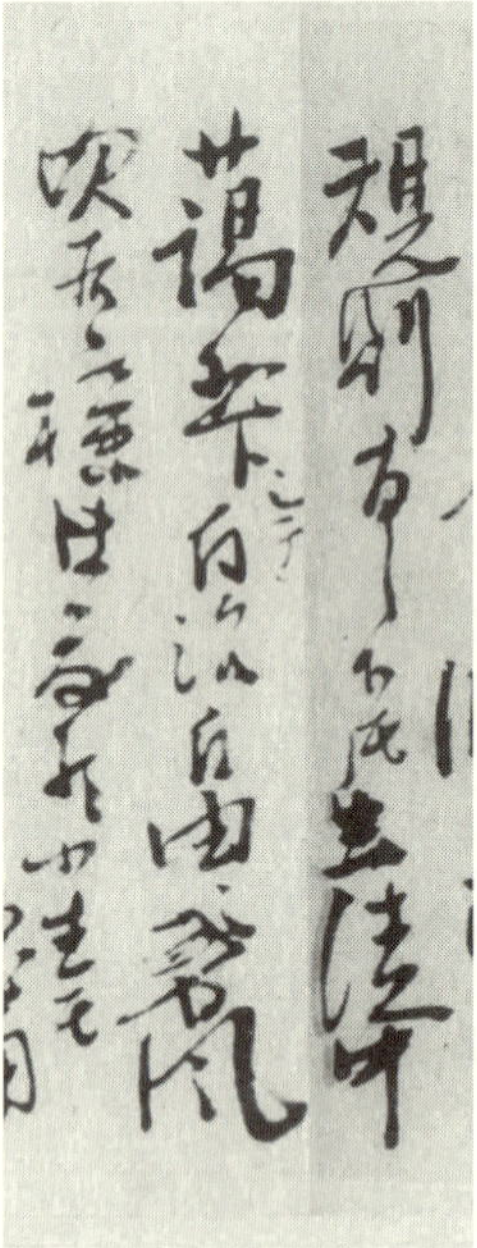

新島襄のことば（7）

「生徒中、藹然《あいぜん》トシテ、自由自治之《の》春風、吹居候様仕度候」（④二四六）。

同志社普通学校五年生の横田安止《やすただ》に東京から送った手紙（一八八九年十一月二十三日）の一句。

当時、新島が直面していた二大運動は、同志社大学設立と教会（教派）合同運動であった。いずれの領域でも、基本は「自由」と「自治」である、と新島は確信していた。自由教育実践の場が同志社とすると、自治（自由）教会が結集する教団が、組合教会（日本組合基督《キリスト》教会）であった。

新島は、同志社であれ、組合教会であれ、「自由自治之《の》春風」が吹き渡る世界にすることを夢見ていた。いかにも「自由命《いのち》」のリベラリスト、新島らしい夢であった。

コラム(4)

山本覚馬と山下亀三郎

――同志社香里中高と山水学園――

一代で財閥を築いた立志伝中の人物に、山下亀三郎がいる。彼はいくつかの学校（男子校、女学校）を設立しており、教育界でも功労者である。とくに東京と大阪に設立した山水学園は、それぞれ桐朋学園、同志社香里中高として、今に引き継がれている。

山下は、同郷の親戚、古谷久綱（同志社卒）を介して、徳富蘇峰の知遇を得た。さらに、少年時代には、山本覚馬との交流もあったという。「山下亀三郎」（ウイキペディア、2014年８月20日閲覧）は、こう伝える。

亀三郎は1882年、故郷（愛媛県吉田町）を出奔して、「大阪に出たが、家出少年を雇ってくれるところはなく、京都の友人を頼って祇園清井町の下宿宿に世話になり、小学校の助教員を務める。京都の生活で、新島襄を助けて同志社を設立した山本覚馬と出会い、山本が主宰する私塾にも足を運ぶようになる。山本の勧めで東京に出て、明治法律学校（現明治大学）に入学する」。

同志社香里中高の元校長、生島吉造が松井全と編集した『続・同志社歳時記』（202頁、同志社大学出版部、1977年）にも、山下は「若年のころ、山本覚馬家に寄寓」とある。

残念ながら、覚馬との件はいずれも典拠が不明である。山下の口授自伝『沈みつ浮きつ』天・地巻（山下株式会社秘書部、1943年）にも、該当記事がない。同書では、山下と交流の深かった徳富蘇峰が、序文を認めている。

新島襄と安部磯雄
―奇しき師弟関係―

新島襄の門弟として出色

新島襄の教え子は、たくさんいます。その中で、襄の志をきちんと受け継いだ人と言えば、誰でしょうか。

これは、難問です。多すぎて、絞りきれません。正解は、解答者によって大きく変わります。それだけに、万人向けの答えなど、もちろんありません。

あえてトップスリーを挙げるとしたら、と言われたら、私なら徳富蘇峰（一八六三年～一九五七年）、柏木義円《ぎえん》（一八六〇年～一九三八年）、そして安部磯雄（一八六五年～一九四九年）を選びます。三者はともに新島への心酔振りで群を抜いています。

本書でも、蘇峰や柏木には、何度も言及しています。が、三人目の安部に関しては、ほとんど触れておりません。

安部は世間的にも、三人中、知名度が突出しているわけじゃありません。そこで今回は、安部と新島との交遊や関係に焦点を合わせてみます。

安部磯雄のエピソードを三つ

安部磯雄を新島襄との師弟関係で見る場合、外《はず》せないエピソードが三つあります。

ひとつは、安部の日記です。毎年の日記の冒頭に、安部は恩師の年齢を書きこむのを習慣にしていました。「新島先生がご存命ならば、今年は何歳か」を毎年、脳裡に刻み込む作業です（高野善一編『日本社会主義の父　安部磯雄』九五頁、『安部磯雄』刊行会、一九七〇年）。

いまひとつは、死後の希望です。この世の人生を終えて天に召されたら、新島先生にぜひ再会したい。そして、先生から「安部さん、よくやって下さった」とのお言葉をいただくこと、それを自分の生きがいとして、安部は晩年にいたるまで、社会活動をしたといいます（同前、九六頁）。

最後は、安部のモットー、「質素之《の》生活　高遠之理想」です。ワーズワースの詩句、Plain living and high thinking. を踏まえています（同前、口絵三頁）。時には「質素の生活　高尚の思想」とも訳しています（安部磯雄『理想の人』一三五頁、梁江堂、一九〇六年）。

いずれにしても、「理想」、「思想」を「志」と置き換えると、新島流の人生訓に近づきます。安部もまた師譲りの「志の人」です。

以上の三つのエピソードを手がかりにして、恩師への心酔振りを探ってみます。

新島伝の夢

蘇峰や柏木と同様に、安部も新島への敬慕から新島伝執筆を試みました。ですが、結局、三人とも未完に終わりました。

前のふたりに関しては、そのことは、すでに比較的知られています。そこで、安部の場合を見ておきます。熱意や意欲の点でも、蘇峰や柏木にけっして負けておりません。

教授を務めた早稲田大学（大学史資料センター）に、新島伝執筆のために安部が作成したメモが残っております。しかも、何度も何度も書き換えられているのです。これは注目すべきです。

「〔安部自身の〕自伝のメモよりも、もっとたくさん、恩師、新島襄の生涯についてのメモが、実に何十年にもわたって、何回もかきかえられている」、「安部磯雄著『新島襄伝』は、ついに陽の眼をみていないけれども、その執筆の意思は、永年にわたって、持続されていたことが分る」というのです（『日本社会主義の父　安部磯雄』九四頁）。

しかし、残念なことに、安部による新島伝は、メモを拡大した程度の小編で終わってしまいました。たかだか三十五頁の「新島襄小伝」がそれです。安部の『青年と理想』（一七七〜二一一頁、岡倉書房、一九三六年）に収録されています。

恩師は「永遠にともに生きていた人」

安部が残した新島伝草稿には、不思議なデータが混じっています。新島の年譜にしてはありえない年齢、たとえば「九十才」と記入されています。実際には四十六歳で亡くなっています。

これはどう判断すべきでしょうか。「生きておれば、その〔メモを作成した〕年は、たしかに〔新島先生が」九十才になっていた年だったのだ」（『日本社会主義の父　安部磯雄』九五頁）。

　これに気づいた高野善一氏は、「彼にとって新島襄は、永遠にともに生きていた人だったのではなかろうか」（傍点は原文）と判断されています。さらに――

「斯《か》くまで弟子に思慕される師も師だが、それにもまして、こんなにまで亡師を思慕してやむことのない安部磯雄なる人物に、私〔高野〕はふしぎの感動を覚えて、〔九十才と書き込んだ〕その一行が、眼底の曇りの中にかすんでゆくのをどうすることもできなかった」（同前、九五頁）。

「今、先生がおられたら」

　高野氏の推測は、当たっています。安部自身の回想、「わが感激の生涯」と符合するからです。こう述懐しています。

「私は京都では同志社の創立者、新島襄先生に五年間、私淑《ししゅく》することができました。今日から考えても、先生はああいうゼントルマンでありますが、やはり昔ながらの日本の武士という地金に、キリスト教の金をかぶせたような人。その先生の薫陶を五年も受けたということが、自分の一生涯に非常に強い印象を与えたのであります。

　私はいつでも先生のことを考えるのであります。今、先生が居《お》られたら、どうだろう？　私のしていることを見られたら、どう思われるだろう、と常に考えるのであります。

　これが私の、ほかの人に得られぬような感激の生活をなし得た所以《ゆえん》であります」（『日本社会主義の

父　安部磯雄』九七頁）。

奇しき師弟関係

ほかの所で安部は、新島から薫陶を受けたのは（五年ではなく）十二年、とも言っております。「私が先生の謦咳《けいがい》に接したのは、前後十二年であって、決して長いとは言へないが、然《しか》も先生の人格的薫陶を受けるには充分であった、と信じる。今日も尚ほ、先生の人格が髣髴《ほうふつ》として私の記憶に存在して居る」（安部磯雄「其《その》時代の先生と学生生活」一七二頁、『新島先生記念集』同志社校友会、一九六二年）。

正解は、学生として五年、教員として七年、というわけです。それにしても、安部にとって、新島はまさに見事なまでのロールモデルですね。新島は、安部の中に生涯にわたって生き続けていました。ほんとに珍しい師弟関係ですよ。

新島永眠四十三年後のスピーチ

次に、安部本人の言葉で恩師を語ってもらいます。安部は七十歳を前にして、母校に呼ばれ、チャペルで講話を披露しています。この時のスピーチは、「吾《わ》が愛する母校の諸君へ」と題して、『同志社校友同窓会報』（七六、一九三三年六月一五日）に収録されました。

社会主義者になるまでの歩みについて諄々と説いた後、安部は講演の最後を「私における生涯の意義」で締めくくります。

「或《あ》る種の人々は、安部は英国のマクドナルド〔首相〕の真似をして政党を作り、総理大臣になる野心を持っていると評するが、かかる評は全く当たらず。いやしくも、同志社で新島先生の教《おしえ》を受けた者が、かかる小さい考《かんがえ》を持つものでは無い」。

安部は、早稲田大学の教授だけじゃなく、政治家としても幅広く活躍した人です。清廉《せいれん》な言動から、国民からも幅広く支持されました。それだけに、「総理を狙っている」といった憶測は、後を絶たなかったようです。それを否定する本人の言葉が、すごいですね。総理大臣になりたいと望むのは、「小さい考」だというのですから。

先に紹介した「新島先生から『よくやったね』と言われたいだけ」の発言は、実は「日本のマクドナルドを目指すのか」と尋ねた記者への答えでした（井口隆史『安部磯雄の生涯』三〇頁、早稲田大学出版部、二〇一一年）。

太政大臣よりも伝道師

総理さえ眼中にない、という点は、師匠譲りのDNAじゃないかと私は思います。「弟《てい》〔私〕ハ太《だ》政《じょう》大臣ノ位ニアランヨリモ、寧《むし》ロ伝道師ノ任ニ当ラン事ヲ欲ス」（②四〇一）と言ってのけるのが新島です。安部も、その教え子だけのことはあります。

新島にとっては、太政大臣（今風に言えば、総理大臣）になることなど、彼の志や人生プログラムにありません。むしろ、喜んで田舎牧師の方を選ぶというのです。

新島のこの言葉を念頭に置いてみると、「いやしくも、同志社で新島先生の教を受けた者」が、総理大臣になるという「かかる小さい考を持つものでは無い」と安部が述べている理由が、よくお分かりになるのでは、と思います。

「安部サン、よくやってくれました」

先の言葉に続く、安部の講演の最後が、もっと大事です。冒頭で紹介したエピソードが、彼自身の言葉で、出てきます。

「私の眼中には、内閣も、大臣も無い。私が世を去って、新島先生にお会いする時、先生が、『安部サン――（君《くん》とは、決して申されなかった）――よくやってくれました』といって下さるか何《ど》うか？私にとっては、新島先生から此《こ》の一言を賜る事が出来れば、生涯の意義は完い」。

講演はここで終わっています。その後に、編集者（田中良一）は次の一文をつけ加えております。

「演説、最後に近づくや、声涙共に下り、聴くもの、また泣かざるは無く、感激の拍手は万雷の如《ごと》く、チャペルを揺るがして、しばし止まなかった」。

安部の演説

これを読む今の私たちの目の前にも、当日の会場風景が浮かんできそうな、実に印象的なシーンですね。安部が新島を想うその気持ちが、学生たちにそのまま伝わっていることが、よく窺えます。

内容もそうですが、安部の演説家としての資質が、それに輪をかけています。だいたい、安部は演説をするのを心から楽しむタイプです。「運動と演説、これは私の最も好む所である」と自身で断定しています（赤司繁太郎『理想の青年』一四頁、千代田書房、一九〇九年）。

彼は日本の学校教育の中で、体育と演説が軽視されていることを嘆いています。「わが国教育の一大欠点」とさえ、言うくらいです（同前、一四〜一七頁）。

自分でも、「私は毎日、運動をやってをりますが、体育は肉体の運動で、演説は精神上の運動であると思ってをる」と述べています（同前、一九頁）。

運動と演説が大事であることを安部に教えたのは、若き日を過ごした同志社でした。

「すべてが新島先生の感化」

安部は、先の演説から二年後にも、また同志社に呼ばれております。同志社が創立六十周年を迎えた記念の講演会（チャペル）に出演するためです。今回は、「将来の宗教生活と経済生活」と題して、語っています。その冒頭の発言を見てみます。

「ただいま、湯浅［八郎同志社］総長から、私の身に余る御紹介、お言葉を頂いて、衷心《ちゅうしん》にひそかに恥づるところがあります。

若《も》し私が、ただいまで幾《いく》らか社会の為《ため》に尽くすところがあったと致しまするならば、これは全部、同志社のお蔭であります。新島先生の感化であります」。

安部の生涯にとっては、同志社に入学したこと、新島襄に出会えたこと、これが決定的だというのです。

大事と小事

新島から受けた感化の例をひとつ挙げますと――

「私が十六歳の時、京都の同志社にありて校長、新島先生より、『大事を成さんとする者は、小事にも忠なれ』との先生の体験的教訓を拝聴し、深く感激して、この六十年間、私の生活の指針として居る」（家田作吉「安部先生の新潟講演感銘記」二四頁、『廓清《かくせい》』三〇の一二、一九四〇年一二月一〇日）。

安部にとって、この教えは深く身に染みたようで、後年の著書、『理想の人』でも、力説されています。「小事に忠なるべし」、「小事を軽視するの弊」、「小事を忠実に為すは大事なり」といった警句の外にも、「小事は小事なり。されど、忠実に小事を為すは、大事なり」との忠言が混じっています（四二頁）。

さらには、自分自身が、「小事は小事なれども」の一節を青年時代から「金科玉条」として、実行してきた、と述べています（『青年と理想』二四頁）。

たしかに新島自身が、そうです。「大事ノミニ勉《つとめ》テ、小事ニ怠ル勿《なか》レ」とか、私たちはとかく「大事ニ勉メ、小事ニ怠ルノ憂アリ」と言っております。「神ハ大事ノ神、又小事ノ神ナリ」ということを覚えるべきです（②二一五）。

民主主義

安部はこの新島を捉えて、「如何《いか》に熱烈なるデモクラシーの擁護者であったか」を強調します（安部磯雄『社会主義者となるまで』八八頁、改造社、一九三二年）。

政治家としては安部の後輩にあたる片山哲も、「安部磯雄は、まさに新島襄の精神〔志〕を受けついだもの、といってよかろう」と断定しています。受け継いだ「精神」のひとつが、民主主義です。

片山はこう続けます。「新島先生は、日本の先覚者の第一人者であり、かがやくわが国のヒューマニストである。特にデモクラシーの信奉者をあげれば、新島襄を第一にあげざるを得ないであろう。安部磯雄の思想、人格は、新島先生によって形成された、といっても過言ではあるまい」と（片山哲『安部磯雄伝』二二頁、毎日新聞社、一九五八年）。

民主主義者・新島襄

たしかに、民主主義者・新島への安部の心酔振りと敬慕は、相当のものです。

「先生はデモクラシーの精神に徹底して居《お》られたのであるから、私共を恰《あたか》も同輩であるかの如く待遇された。其《その》一例を挙ぐれば、先生は嘗《かつ》て学生を呼棄《よびすて》にしたり、或《あるい》は何々君と呼ばれたことはなかった。如何《いか》なる人を呼ぶにも、何々さんと言はれたのである」（『社会主義者となるまで』八三頁）。

安部は恩師を徹底した民主主義者とみなします。新島自身もそう告白しています。すでにアメリカ留学時代から、「私は民主政治の崇拝者です」（I am a lover of democracy.）と高らかに宣言しています（⑥三六六）。

安部は恩師の民主主義を「新島先生の平民主義」とも呼びかえて、誰よりも新島の思想と人柄を高く評価します（『社会主義者となるまで』五三頁）。そうした新島の言動が、もっとも鮮明に表われるのが、日常生活における人間関係です。

一視同仁

新島は学内では、学生をすべて「さん」づけで呼ぶ、士農工商の身分意識がまだまだ残っていたあの時代にしては、きわめて稀有《けう》の校長でした。「一視同仁」という言葉を文字通り、実践してみせました。安部は、こうした新島の平民主義について、次のように述べています。

「これ〔さんづけ〕は決して学生だけに限られて居ない。学校の小使《こづかい》であらうが、人力車夫であらうが、先生の目から見れば、何《いず》れも同胞兄弟である。姓名が不明である場合には、小使さん、とか、車屋〔運転手〕さん、とか言はれる」（同前、八三頁）。

上から目線がいっさいないことが、分かります。生徒や学生を相手にする場合でも、タテの上下関係じゃなくて、どこまでもフラットな横の関係を実践しています（本書一六頁を参照）。

平民主義

この点だけでも、類稀《たぐいまれ》な教育者、指導者と言うべきでしょうね。安部もこれに関しては、極めて高い評価を下しています。

「先生の生涯は、全く平民主義で一貫して居る、といふても、過言ではあるまい。若《も》し先生に、最も嫌いのものがあったとすれば、それは貴族主義と官僚主義であった」(「其時代の先生と学生生活」一七四頁)。

貴族主義や官僚主義ではなく、あくまでも平民主義(民主主義)、人格主義に立とうとするのが、新島です。先に紹介したように、小事をおろそかにしない新島は、人間の場合も、セレブや貴族をけっして優先しません。むしろ、社会的弱者を大切にします。要するに、生まれや性はもちろん、資産や名声、位階、才能のいかんによって、人を差別することは、いっさいしません。

「先生と呼んでくれるな」

新島には、校長意識はもちろん、創業者、教師意識すら希薄です。だから、思いがけない行動に出ます。安部の回想によれば――

「先生は学生から『先生々々』と呼ばれることを好まれなかった。或時、先生は〔全校集会の折に〕私共にこんなことを言はれたことがある。

『私共は神の前に於《お》いて、誰も同胞兄弟であるから、今後、皆様はどうぞ私を新島さんと呼んで下さい』。先生は、真面目にこれを要求されたけれども、これだけは何人も服従することが、出来なかった。

概して言へば、其当時に於《お》ては、現在に於けるが如く、『先生』といふ語を濫用《らんよう》しなかったやうだ。私には明瞭なる記憶はないけれども、私共は同志社の〔他の〕教師を呼ぶに、何々さんと言って居たのではないかと思ふ。

若し、左様《そう》であれば、新島先生だけは、全く例外であったのだ」（同前、八三～八四頁）。

ひたすら仕える

新島が生徒や学生と向き合う時のスタンスは、異例としか言いようがありません。創業者（今ならオーナー）、校長、教師（先生）でありながら、その意識がありませんから。むしろ、自分は学生以下との自覚ならあります。「先師タラス、無智之後弟ナリ」と確信（自負？）していますから（拙著『襄のライフは私のライフ』一一九頁）。

実例を出します。安部の先輩で「熊本バンド」中の有力者、宮川経輝《つねてる》の回想です。

「私が新島先生に最も心服した点は、その測り知るべかざる謙譲であった。先生は明らかに吾等の先輩であり、師であるに拘《かかわ》らず、吾等を遇するに全然同輩の取扱を以てせられた。路で逢っても、丁寧《ていねい》に輯礼《しゅうれい》をせられ、お宅に訪問すれば、必ず先づ招じて上座《かみざ》にすわらせ、そして辞去する時は先づ自ら玄関におり立って、われらの下駄《げた》を揃へられた。其都度《そのつど》、私は恐縮して、基督《キリスト》が弟子の足を洗い給へる聖書の故事を目のあたりに見るの感を催した。

而《しか》して先生の此《こ》の謙譲は、神の愛、基督《キリスト》の愛が、おのづから其《その》人格を透《と》ふして反映せるものに外ならなかった。私は常にクリスチャン・ゼンツルマンの典型を新島先生に於《お》いて見出してゐたのである」（加藤直士《なおし》『宮川経輝伝』五五頁、日本基督《キリスト》教団大阪教会、一九五二年）。

極端な平等主義

安部は、自身を学生と同列、もしくは下位に置くこうした新島を捉えて、「先生の平等主義は、極端」と見ています（「其時代の先生と学生生活」一七四頁）。

その安部も、終生、新島譲りの平等主義を家訓とします。家庭生活では、最初から徹底した「平等な言語」を使っています。夫人に対してはもちろん、八人の子どもを呼ぶにも、すべて「さん」づけです。子どもたち同士の場合も、年令や性別に関係なく、ひとしく「ちゃん」とか「さん」づけで呼び合うようにしつけています（『青年と理想』八三頁）。これも極端ですよね。

この師にして、この子弟あり、です。

「安部君」ではなく、「安部さん」

こうした流儀を安部は新島から学びました。だから、死後、新島の口から聞きたい言葉は、『安部サン――（君《くん》とは、決して申されなかった）――よくやってくれました』であって、「安部君、――」であってはなりません。

安部にとって、この差は実に大きいのです。（前にも見ましたが、）新島は「如何《いか》に親しき学生に向かっても、何々君と呼ばれたことはなかった」と安部は強調しています（『青年と理想』一六七頁）。が、この点は、世間的にはどうでもいいような差異に映るようです。

だから、同じ伝記の中でも、両者がとりたてて区別されずに混在することがあります。例えば、『日本社会主義の父　安部磯雄』は、同じエピソードを紹介するのに、「安部君」（九六頁）とするかと思うと、他の所では「安部さん」とします（九七頁）。

安部から見ると、ここは、「安部さん」だけが「正解」です。「新島先生は、君《くん》とは決して申されなかった」のですから。

自由主義者

たとえ相手が年少者であろうと、新島の対応は変わりません。近所の公立小学校に通っていた足利武千代少年に対する丁寧な礼は、足利を感激させました。このエピソードは、足利――尊氏の直系ですよ！　新島は最初は知らなかったはずです――が同志社に入学した話しと共に、よく知られています（「小学生に脱帽」、拙著『錨をあげて』一五二～一七四頁参照）。

「真の自由主義者であられた〔新島〕先生は、自己の自由を尊重する以上に、他人の自由を尊重することを教えられた」（伊丹安廣『野球の父　安部磯雄先生』五九～六〇頁、早稲田大学出版部、一九六五年）。

自由は自治とワンセットです。新島は自由自治の精神を、アメリカ留学中にキリスト教（会衆派）

を通して体得しました。新島の晩年、その会衆派（日本では組合教会派）が長老派（日本では一致教会派）と合同しようとする運動（教会合同運動）が持ち上がったさい、新島は反対派にまわりました。

安部は、（蘇峰や柏木と同じく）、反対派に組みして、新島をサポートした若手のひとりです。自治権が侵されるというのが、最大の反対理由です。「合同が行はれれば、それはデモクラシーの衰退を意味するといふのが、新島先生の意見であった」と安部は証言します（『社会主義者となるまで』八七頁）。それはほかならぬ、安部の信念でもありました（運動の詳細は、本書八〇頁以降を参照）。

体育の重視

最後に、安部ならではの特異性をひとつ。運動、あるいはスポーツ面での貢献です。これは、（政界での実践活動と並んで）新島はもちろん、蘇峰や柏木にも見られない安部独自の特徴です。

「日本学生野球の父」と称される人物だけに、早くからスポーツや体育の理解者でした。だから、「子女教育の第一は体育で、第二は徳育である」、知育はその後でいい、といった極論さえ口にします（『理想の人』五三頁）。

あるいは、人間（人格）形成の面で、グラウンドは教室よりも教育的とさえ見ます。「若《も》し、教育家にして徳育に重きを置くならば、運動場は教場に勝りて、好個の修練場であるかも知れない」（同前、七三頁）。

体育やスポーツを徳育と連動させるあたり、さすがに元牧師だけのことはあります。

恩師に注文を出すとすると

その彼から見れば、恩師の新島にはどうしてもこれだけは、言いたげです。

「私は又、新島先生を尊敬してをります。先生には、これと申して、殆んど欠点のうち所がない位であります。所が、ここに先生にとって一の遺憾に思ふ所がありますのは、先生の夭死《ようし》であります。先生は、事業〔同志社大学設立運動〕に熱中の余り、負ふ所の荷が、重過ぎるのも余り気にされなかった為めの結果ではなかったろーか」（『理想の青年』四～五頁）。

事業貫徹のためには、健康と運動に気をつけて、長寿を保つべき、というのが、安部の信念です。彼から見れば、新島はあまりにも猪突猛進しすぎでした。

「知識は学問から、人格はスポーツから」

スポーツや運動に関して、安部が自分で創部した早稲田大学野球部で言い続けてきたことは、現在の部員（選手）にも脈々と受け継がれています。立派に生きています。

たとえば、先年（二〇〇六年の夏）、甲子園大会で「ハンカチ王子」と騒がれた齋藤祐樹選手（当時は、早稲田実業高校）です。早稲田大学野球部主将になってから、早稲田摂陵中高（茨木市）で講演しています。報道によると、その時の演題は「知識は学問から、人格はスポーツから」です（『朝日新聞』朝刊コラム「ハーフタイム」、二〇〇九年一一月二五日）。

これは安部のモットーそのものです。創部者ゆかりの安部寮と安部球場をホームグランドにして、四年間、生活、練習をしてきただけに、齋藤の肌身には、安部イズムがしっかりと浸透しています。

始まりは同志社時代

そろそろ結論です。安部と新島襄・同志社の関係について、片山哲の指摘を紹介します。

「彼〔安部〕の一生涯の方針とその人生観は、すべて同志社時代に決定したものであって、それは特に偉大な新島襄先生の感化によるものである。この一貫したる平和と民主主義、社会主義の信念は、この同志社時代から、さらに米国留学中にきまった。

彼はこの主張を実践したいがために、宗教より教育に、さらに政治に乗り出したものである」(『安部磯雄伝』の「まえがき」)。

政治家としての活躍は、同志社卒業生の中でも群を抜いています。そして、この面の実践活動は、スポーツの領域とともに、新島の世界からは、はみ出しています。いや、新島の世界とは一見、無縁とも思える領域にも、新島の精神を浸透させようとする貴重な試みです。

新島を越えて

ロールモデルとした新島を安部が越えた世界があるとすると、スポーツと政治(社会主義)です。ただし、取り組む精神なり手法は、どこまでも新島流です。

この師弟関係のまとめとして、次の指摘を今日の結論にします。

「武士道風の基督教主義者《キリスト》。すなわち彼〔新島襄〕は、ピューリタニズムの洗礼をうけた一国士であった。そして、この先生の遺産〔むしろ遺志〕は、ほとんどそのままそっくり、その門徒、安部磯雄にもひきつがれたようである。

若干《じゃっかん》の個性的ニュアンスの彼我《ひが》〔ふたり〕の相違をのぞくならば、本質的にはほとんどそのまま、師の遺産目録は、弟子の所有ともなっている。ただ、より後代《こうだい》に生まれた後進が、後進なるが故に、先師の遺産に新しくつけ加えたものが一つある。それがすなわち、社会主義。

武士道と清教徒主義と社会主義と、この三元素の化合した、世にもみごとな結晶体が、つまり安部磯雄である、といってよい」（『日本社会主義の父　安部磯雄』一〇六頁）。

（ＮＨＫカルチャー講座「明治の同志社人」、ＮＨＫ文化センター京都教室、二〇一四年三月一八日）

志を屈する勿れ

留学中の新島は、一八六七年十二月二十四日付の手紙でアメリカから弟（双六《そうろく》）にも、「志」を堅持することを力説する。

「窮《きゅうす》と雖《いえど》も、志を屈する勿《なか》れ」（③四一）。

別の折（一八八六年）にも、「汝之志を屈（すること）なく、窮と雖《いえど》も、鄙劣《ひれつ》〔卑劣〕之志を生するなく」と発破をかける（③二四、傍点は原文）。「志を屈《くっ》してはならぬ」には、自ら傍点を振って、強調している。

『千里の志』出版以来、私があちこちで新島の「志」を強調した成果が、最近になって学内でも上がり始めている。たとえば、同志社大学ＨＰの表紙である。「全ては一人の青年の『志』から始まった」とある（二〇一三年夏）。

「ＪＯＥプログラム」で自分探し
――「なりたい自分」と「なるべき自分」――

十三歳のハローワーク

『十三歳のハローワーク』って、聞いたこと、ありますか？　作家の村上龍《りゅう》さんの本（幻冬舎、二〇〇三年）です。よく読まれたので、四年前（二〇一〇年）には、続編『新　十三歳のハローワーク』も出ました。

十三歳といえば、中学一、二年生ですよね。ここにいる皆さんは中三ですから、イッコ上です。いずれにせよ、自分の将来や進路について悩み始める世代ですよね。

私の場合、同志社中学校でしたから、受験や進路について迷うことは、ほとんどありませんでした。人並みにやっていれば、大学まで推薦（無試験）で行けるんですから。

将来の職業を教師に絞りこんだのは、やっと大学院生の時です。ので、遅咲き、いや、狂い咲きみたいなものです。

「志あるところ道あり」

私が大学を出る時、通《かよ》っていた教会の牧師（茂《しげる》　義《よし》太郎先生）からお祝いの色紙をいただきました。

「志あるところ道あり」と書いてありました。私は大学二年生の時に、茂先生から、洗礼を受けました（本書一四五頁）。先生は、同志社教会牧師の一方で、同志社高校の校長を兼務されていました。だから、私の高校生時代の校長先生でもあったんです。

いま思うと、私は高校や大学時代、将来に対する「志」にしろ夢にしろ、ちゃんと真面目に考えていなかったですね。

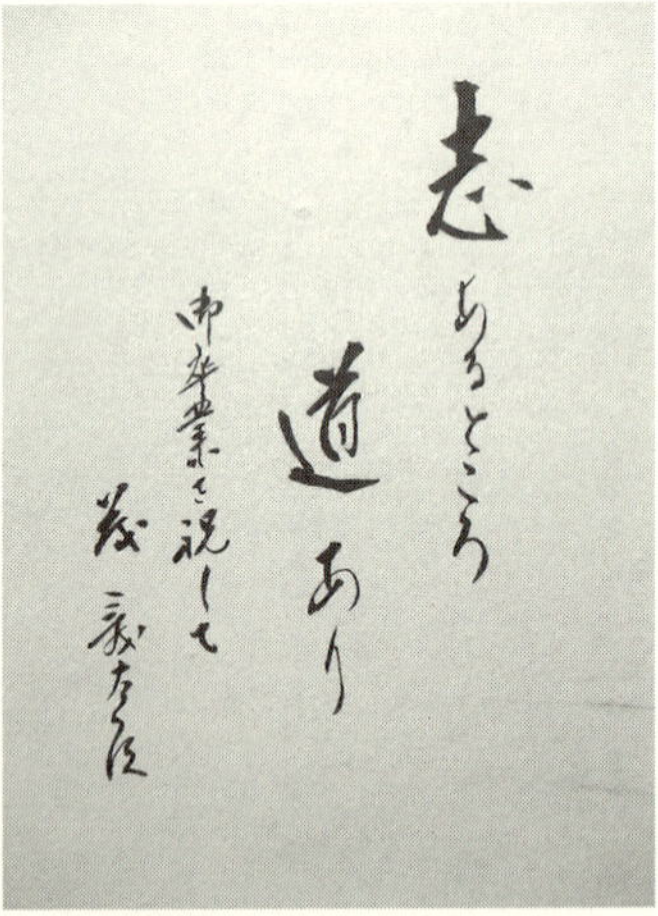

大学卒業時（1966年３月）に、茂義太郎牧師からいただいた色紙。

大学院を出る時に、なんとか新島先生流の就活や仕事をしたいな、という志、というより気持が、やっと湧いてきました。幸い、ある程度、それを満たすこともできました（拙著『敢《あ》えて風雪を侵《おか》して』八三～八九頁）。

今にして思うと、私たちの進む道（進路）が、「志」しだいであることは、確実です。そのことは、新島襄先生の人生を調べてみると、よくわかります。じゃ、襄の「志」って何か、です。

「JOEプログラム」とは

今回、新島学園中学校に私が呼ばれたのは、「ＪＯＥ《ジョー》プログラム」の一環で、新島襄について授業するためです。学園にとてもゆかりの深い新島襄先生の名前、それも最初の英語名（Joe）を取るあたり、さすが、新島学園らしいネーミングですね。
いただいた資料によれば、このプログラムは次のようです。

自分の将来像を描くために、新島襄先生の生き方や精神を学び、「将来自分はどのような人間でありたいか」を考える取り組み。課題図書（テキスト）として本井康博『新島襄と建学精神――同志社科目テキスト――』（同志社大学出版部、二〇〇五年）を読む。

私が書いた本を四月から読んでもらっているそうです。ありがたいですね。大学の授業のために書いたテキストが、群馬県の中学校でも使われるとは、意外です。でも、うれしいです。同志社では、小学校上級生も使っています。

そういう使われ方が予測できておれば、作る時に最初からもう少し、振り仮名（ルビ）や注を増やしておけばよかった、と悔やまれます。

大人になったらなりたい職業

さて、「自分の将来像」と言えば、まずは、どの職業を選ぶか、ですね。子どもたちが、どの仕事に憧れるか、それは時代により変わります。現在の子どもたちについては、参考になる資料があります。第一生命という会社が、園児や小学生（一年～六年）から集めた「大人になったらなりたいもの」

というアンケート結果（二〇一〇年）です。

女子の一位は食べ物屋。この後に、看護師、先生（保育園・幼稚園）、医者、花屋、先生（学校）と続きます。

男子は、サッカー選手、学者・博士、警察官・刑事、野球選手、キャラクター（テレビ・アニメ系）といった順番です。

私は小学生の時に、習字教室で「志」っていう漢字を練習したことがあります。ですが、どんな夢を持ってその字を書いたかは、覚えていません。

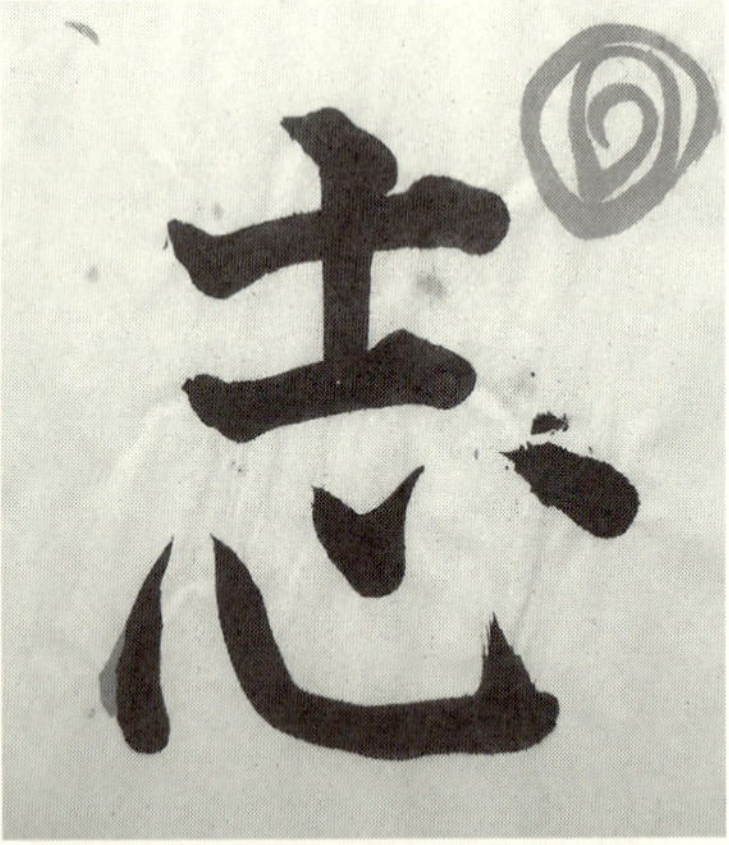

本井康博（京都市立養正小学校５年、1954年１月）

ただ、見た所、暇で楽そう、という理由から、近所の踏切で遮断機《バー》（手動でした）を上げ下げする番人（今は自動で、無人ですが）もええなあ、とちょっと思ったことがあります。

職種よりも心構え

どの職業が自分に合ってるのか、はもちろん大事です。職業選択に関して、新島先生に意見を聞いてみると――「人は有害な職業以外であれば、どんな職業でも選んでよい」（J・D・デイヴィス著、北垣宗治訳『新島襄の生涯』一七三頁、同志社大学出版部、一九九二年）。

たいていの仕事はＯＫですから、勇気づけられますね。実際、新島はあらゆる職業に対して、上下の区別はいっさいつけませんでした（『新島先生記念集』、七八頁、同志社校友会、一九六二年）。

しかし、どの仕事をするにしても、どういう気持ち、どんな心構えでするのか、ということも、同じくらい重要です。たとえば、踏切番は「暇で楽そう」というのは、不謹慎ですね。そこで今日は、そのあたりのことを強調します。

今日の仕事

すでに皆さんは、担当の先生から、次のように指示されていますよね。

「課題図書の著者〔本井康博先生〕から、直接に新島襄の生き方を学び、『自分史』を書くための指針（ガイド）と材料（アイデア）を得る」。

この後も準備を重ねて、三学期の後半には、長い「自分史」を作る、と聞きました。スゴイですね。私なんか、この年になってやっと、自分の本に「自分史」的な個人情報をちょっと入れようかな、と考えるようになったくらいです。

最初から単独の「自分史」、あるいは自伝など、とうてい無理です。だから、今日は、私がモデルとする人物の生き方を紹介します。皆さまお馴染みの新島襄先生です。

自分の「ロールモデル」は誰？

去年、こちらの校長になられた岩間秀彬先生は、学園ＨＰに「新島学園中高が目指す生徒像」を三点に絞って、こうアピールされています。

（一）夢の実現に向けて、常に努力し続け、社会に貢献することのできる人。

（二）自ら立ち、自ら治めることのできる人。

（三）世界に目を向け、広い視野を持ち、優しさとたくましさを兼ね備えた人、を育成したい。

すぐに分かるように、ベースに新島先生がいらっしゃる、というか、新島襄がよきモデルとなっています。（一）は、夢の代わりに、「志」と置き換えると、新島に直結します。（二）もそうです。新島は、「自治自立の人民」という言葉を使っています。（三）は、新島という人が、国際人で、しかも牧師であることを考えると、当然ですよね。

私にとっても、新島襄は人生全般の良きモデルです。昨年、同志社国際学院（初等部）で新島先生に関する授業をしたら、あとである小学四年生の男児から、こう言われました。

「お話を聞いて、本井さんが新島先生をロールモデルにした理由が、私にもなんとなくわかってきました」。「本井さん」（Mr.Motoi か？）とありますから、この子は帰国子女ですね。

さらに、同志社で新島襄に関する私の話を聞いた新人教員が、こう言いました。

「先生は、平成の新島襄先生ですね」と。さすがにこれは言い過ぎです。百歩譲って「どこか新島ぽい」なら、まだ分かるんですが（本書六頁参照）。

安部磯雄の場合

それにしても、私以上に新島を人生のモデルにした卒業生（新島に直接、習った教え子）は、いっぱいいいます。たとえば、安部磯雄（一八六五年～一九四九年）です。早稲田大学の先生をしながら、学生野球の普及や政治活動の面で、名を挙げた人です。

私の大好きな卒業生です。以前、拙著『元祖リベラリスト』（六三頁以下、一八四～一八五頁）でも紹介したことがあります（本書でも、二〇一頁以降に詳しく述べました）。安部先生は、晩年に恩師を回想して、こう言っています。

「私はいつでも〔新島〕先生のことを考えるのであります。今、先生が居《お》られたら、どうだろう？　私のしていることを見られたら、どう思われるだろう、と常に考えるのであります」

（高野善一『日本社会主義の父　安部磯雄』九七頁、同刊行会、一九七〇年）。

私自身も、同志社を出る時の就活は、かなり新島流でした。新島先生のような生き方を少しでも体験したい、という漠然とした夢がありました（拙著『敢えて風雪を侵して』八三～八九頁を参照）。以来、昨年、同志社を退職するまで、新島先生はたしかに私の「ロールモデル」でした。

二十一歳の冒険

逆に新島の場合には、最初からそうしたロールモデルがあったわけじゃありません。日本を密出国する時には、ロビンソン・クルーソーがそれに近かったことは、確かです。無謀な冒険家でした。ですが、国を出た後の進路は、前人未踏、まったくの不透明コースです。モデルなき道を自ら開拓するパイオニア人生そのものでした。

彼は、江戸（神田）の安中藩邸で、二十一歳までサムライとして、殿に仕える生活を送りました。ところが、二十一歳の時に、家出をします。そればかりか、藩を出ます。ついには、国も出ます。法律（鎖国令）を破ってまでして、国を飛び出したのです。あきらかに犯罪（密出国）ですよ。普通の人なら絶対にやらない危険きわまりない行動です。それほどの、命がけの挑戦をなぜ決意、敢行したのか。これは、きちんと押さえておく必要があります。

自分の欲を満たすため、じゃないことだけは、確かです。

七五三太の夢

新島七五三太《しめた》（後の襄）が密出国までして海外に行きたかった理由《わけ》、あるいは当時の夢とはいったい何か？　彼の志（本人は「千里の志」と呼んでいます）はどこにあったのか。これが問題です。単なる冒険、あるいは自己満足とは、思えません。

やはり、封建制度というシガラミやシバリから、自由になりたかったんでしょうね。それほど、彼にとっては、封建社会は不自由で、窮屈でした。当時の生活を後に「カゴの中の鳥」とか、「袋のネズミ」と言っていますからね。

函館を出港してからの新島の人生は、鳥が籠から解き放たれて、大空に向かって羽ばたくようなものでした（本書八四頁参照）。「自由」というものに羅針盤《コンパス》を向けて一路、航海する旅路でした。

国際人のはしり

上海で乗り換えに成功した船が、ワイルド・ローヴァー号でしたね。この船で行き着いた場所も、幸運でした。新島にはこれ以上はない、というほどの自由な地域でした。ボストンを拠点とする、いわゆるニューイングランド（訳せば、新英国）でした。アメリカの中でも、当時はもっとも自由な地域でした。オールドイングランドから、「宗教の自由」を求めたピューリタンたちが、決死の覚悟で移住し、開拓した地域です。

以来、そこは「会衆派」というプロテスタントの一派が、幅を効かせます。ここで新島は、八年間にわたって留学生活を体験します。思いがけなくも三つの学校（高校、大学、そして大学院）で学ぶことができました。

実に幸運な留学生活でした。大学を正式に出た初めての日本人になりました。日本には、大学院はおろか、まだ大学さえなかった時代ですから、新島という人は、国際人第一号と言ってもいいくらい、スゴイ経歴の人です。神学校（大学院ですよ）まで行けたのも、幸運でした。

岩間校長先生の言葉を借りると、「(三) 世界に目を向け、広い視野を持ち」、国際的な教養を身につけて働く国際人のはしり(パイオニア)が、新島先生です。あの時代、生涯で二度にわたって地球を一周した人は、珍しいと思います。新島学園で学ぶ生徒のモデルとしては、まさに適任です。

自由人として帰国

新島はアメリカ留学中に、自治・自立の訓練を思いがけなくも長期にわたって受けました。家庭、学校、教会、社会のいずれをとってみても、会衆派の感化は絶大でした。

会衆派は、キリスト教(特にプロテスタント)の数ある教派の中でも、自由や自治の精神がもっとも濃密で、強烈です。この影響を全身で受けて、新島は自治・自立の精神を体得します。だから、彼は時に「日本人初の自由独立人」と呼ばれたりします。それには、キリスト教(会衆派)の感化が、圧倒的でした。高校生(すでに二十代です)の時に新島は洗礼を受け、信徒となります。それればかりか、身分としては牧師、宣教師になって、横浜に帰ってきます。精神的には、本物の自由人として、日本に戻りました。

彼の次の課題は、自由人として日本でどう生きるか、です。そこで次に、新島の就活の話に入ります。自由人には、自由人なりの就活のやり方があります。

新島裏の就活

新島が大事にしたのは、自分らしさを貫くことです。アメリカでの留学生活を通して、帰国後は宗教と教育というふたつの世界で働くことを志したので、まず民間人であることにこだわります。教会にしろ、学校にしろ、宗教（キリスト教）色がつく場合は、国公立の学校や施設、さらには役所で働くことは、シンドイです。新島もまた、望みません。

役人（公務員）になることを当時は、「仕官」（官に仕《つか》える）といいました。それを自ら拒否したのが、新島です。この時点で彼は、お役人（官僚、公務員）になる道（当時は、今以上のものすごいエリートコースですよ）を自ら封印したことになります。そして、民間人として、条件や待遇がどんなに悪くても、宗教と教育に自分を捧げる決意を固めました。

一本釣り

こうした決断や決意は、すごいですよね。それには、十分な理由《わけ》があります。新島は留学中、明治政府のＶＩＰたちから、文部省に入るように熱烈に誘われます。今の大学生なら飛びつくでしょうね。出世コースですから。就活しないでも政府要人から一本釣りされ、高級官僚の道が約束されたのです。

かりに役所に入れば、給料はいいし、地位もステイタスも相当高いものが約束されていました。未来はバラ色です。新島は同志社校長で人生を閉じてしまいましたが、もし、この時、役人になっておれば、悪くても札幌農学校校長（今なら北大総長）、うまく行けば、文部大臣くらいになれたはずです。

給料もスゴイです。しがない私塾・同志社の校長給よりも、数倍から十倍にはなります。

同僚のJ・D・デイヴィスも同じです。神戸にいたころ、評判を聞きつけた大阪府がお雇い外国人に、とのオファーを持ちこみました。高給（一年三千ドル）を払うので、学校を開いてほしい、というのです。ミッションからもらう給与の三倍近い高額です。でも、デイヴィスは動きませんでした（J・マール・デイヴィス著、北垣宗治訳『宣教の勇者 デイヴィスの生涯』一五二頁、同志社、二〇〇六年）。

新島も、デイヴィス同様に役所入りをあくまでも断ります。宗教教育や伝道活動を優先させたからです。どんなに条件が良くても、自分が本当にやりたいことは、「仕官」してしまえば、出来ないからです。働きがいと給料（収入）とは、いつも一致するとは限りません。人生はお金しだい、とは言えません。

「私立の劣等感を捨てよ」

こうした新島の信念、あるいは志は、その後、同志社では脈々と受け継がれて行きます。たとえば、第十代総長の湯浅八郎先生（一八九〇年～一九八一年）です。創立六十年を迎えた入学式式辞（一九三五年）で、総長は保護者と新入生に向かって、「私学に関する劣等意識を一掃していただき度《た》い」と力説しました。

制度、組織、設備、世評（評判です）のいずれにおいても、国公立の学校の方が「概して優秀であることは、事実でありませう」と認めたうえでのことです。湯浅先生は、同志社総長に呼ばれる前は、すぐ近くの京都帝国大学（国立大学であるばかりか、ワンランク上の天下の帝大です）農学部で教授をしていました。だから、帝大のスゴサや私立大学の貧弱さは、身をもって知っていました。

学校の真価は、何で決まるのか

湯浅総長によれば、学校の価値は、外面的なものではなくて、すぐれて内面性にあると言います。

「最も本質的なるものは、其《その》学園を指導する精神と、人格的用意にあると信じます」。

「我同志社は、校祖新島先生に於《おい》て、立学の精神に於て、六十年の伝統に於て、此《こ》の第一義的なるものを充分《じゅうぶん》に具備《ぐび》致《いた》して居《お》ります」と（『同志社教育の精神』一三頁、同志社、一九三五年）。

だから、まずは同志社の精神（いわゆる同志社スピリット）や同志社教育の意義をつぶさに検討してほしい、と湯浅は勧めます。なぜなら、同志社にはいくつもの学校があるが、どれも「一つの共通せる教育精神と理想とに依《よ》って樹《た》てられたもの」だからです。

そしてこの「精神と理想こそは、同志社を特色あらしめ」、「押しも押されもせぬ一大存在として、自他共に許す独自の貢献をなし来りたる所以《ゆえん》（理由）である」と自負しています。だから、それを知れば、滑り止めで入ったような不本意入学者の場合も、「失望と不安」が「大なる安心と共鳴」へと必ず変化するはず、と力強く訴えています（同前、一四～一五頁）。

湯浅八郎の信念

こういうアピールをした人物が、湯浅そのひとであることに着目してください。なぜだか、分かりますか。この建物の三階に「湯浅記念資料室」がありますよね。あの湯浅家の一員なんです。

詳しく言うと、湯浅はここ安中で有田屋を経営する湯浅家の当主（湯浅治郎）の息子なのです。この式辞を述べてから十二年後の一九四七年には、湯浅家が主軸となって安中に新島学園が設立されます。その初代の校長・理事長になったのが、誰あろう、湯浅八郎というわけです。

ということは、湯浅先生が先に同志社で述べた、あの学園観・私学観に基づいて、新島学園も私立として作られた、ということです。いわば、同志社の姉妹校です。新島学園でも（同志社と同じように）私学らしい私学、というよりも、私学でしかできない教育を湯浅は目指します。新島襄の志や路線が、みごとに引き継がれていますよね。

自治自立

だから、他の国公立や私学とは、一味違う生き方をする卒業生を出したいと言う点でも、ふたり（新島と湯浅）は一致しています。じゃ、他校の生徒や卒業生との違いはなんでしょうか。ひとつ例を上げてみます。「自治自立の人民」を育てる、という点です。

先に、岩間校長が、「自ら立ち、自ら治めることのできる人」を新島学園は育成したい、と述べておられることを紹介しました。それは、初代校長であった湯浅八郎が、新島襄の精神や志を継承しているところから始まっています。

湯浅先生は、新島学園の後、ＩＣＵ（国際基督《キリスト》教大学）の初代総長に就任します。学生からサインを求められると、次の聖句をよく書いた、といいます。「金銀はわれになし」（「使徒言行録」三章六節）です（武田清子『湯浅八郎と二十世紀』六七頁、教文館、二〇〇五年）。聖句の全文を引いてみます。

「金銀はわたしには無い。しかし、わたしにあるものをあげよう。ナザレ人、イエス・キリストの名によって歩きなさい」。

キリスト教には、信じる人を独立独歩させる力がある、しかも、その力は、金銭以上に宿っている、というのです。新島がキリスト教をベースに人格教育を同志社でしたかった理由が、ここからも分かります。

マイナー路線

キリスト教と言えば、新島の職業選択は、聖書が勧める「狭い門から入れ」という教えを、そのまま実践したようなものです。「広い門」から入る人は、世の中にはいっぱいいます（「マタイによる福音書」七章一三節）。ですから、新島の選択は、明らかに少数派（マイナー）路線です（拙著『マイナーなればこそ』参照）。

彼は、日ごろから学生にもそういう指導をします。「岐路《きろ》で迷ったら、難しい道のほうを選びなさい」と助言するのが、普通です（森中章光編『新島先生片鱗集』二三六頁、丁子屋書店、一九五〇年）。

私たちの目や足は、たいてい条件がいい所、楽なところ、つまりは、メジャーな路線に集中します。オイシイ仕事ですから。反対に、面倒な道や割《わり》に合わない職業、辛い仕事は、誰でも避けたがります。新島の漢詩で言えば、後者は「敢えて風雪を侵して開く」ような生き方です。世の開拓者（パイオニア）は、いつもそうした道を歩くことを迫られます。

デイヴィスもそうでした。神学校を出た時、「最も困難な土地に送ってほしい」と自ら志願したというじゃありませんか（『創設期の同志社』二八二頁、同志社社史資料室、一九八六年）。

新島流の生き方

開拓者、とくに新島は、自分のためではなく、他者のために生きる生き方を選びました。聖書的に言えば、人に「仕える」、隣人に「奉仕する」生活です。それが新島の「志」の核になっています。モデルはキリストです。ご自身が、「人の子は仕えられるためでなく仕えるために」この世に来た、とおっしゃっていますから（「マルコによる福音書」一〇章四五節、傍点は本井）。

だから、「仕える」人の生きる場所は、皆が注目する所よりも、かえって目立たない所です。典型的なのは、「縁の下」です。新島は、「床《ゆか》の下の力持ち」になれ、と学生に発破《はっぱ》をかけます。床の下で二十年間くらい、人知れず床を支える力仕事をしなければ「志は遂げられぬ」、「国は救われぬ」と進言します（拙著『新島襄と徳富蘇峰』一四一頁、晃洋書房、二〇〇二年）。

そう言われても、今のビルやマンションには、縁の下や床の下がないか、あっても入れません。だから、皆さんはイメージしにくいのでは、と思います。
別の言葉で言い換えましょう。縁の下とはバックステージです。ステージの裏、あるいは楽屋です。観客の眼は、ライトで照らされたステージに集中します。ですが、裏方の働きがなければ、劇も演奏も成りたちません。要は見えない所で、人を支えるスタッフがいることが、上演の前提になっています。

八木重吉の「雨」

スタッフは、見えない所で人に知られずに、粛々《しゅくしゅく》と仕事をこなします。観衆から拍手喝采されることもありません。そうした生き方を、「雨」という詩が、詠っています。八木重吉《じゅうきち》（一八九八年～一九二七年）という人が、作った作品です。

雨のおとがきこえる　雨がふってゐたのだ
あのおとのようにそっと　世のためにはたらいてゐよう
雨があがるように　しずかに死んでゆこう

八木は東京の町田出身で、英語の先生でした。結核を患《わずら》い、二十九歳で亡くなったクリスチャン詩人です。重吉の死後、ふたりの子ども（桃子と陽二）も若くして結核で亡くなっています。

この詩は、作曲家の多田武彦氏によって男声四部合唱曲（一九六七年）になりました。以来、あちこちで演奏、愛唱され、多くの人に感動を与え続けています。私も学生時代は男声合唱団に入っていましたから、この曲が大変気に入っています。いまでも、京都産業大学グリークラブの名演をＣＤで聞くのが、楽しみです。

「そっと世のために働く」

メロディーやハーモニーが素晴らしいのは、もちろんです。ですが、歌詞が身につまされます。とくに、静かに降り続く雨の音のように、「そっと世のためにはたらいてゐよう」のところがいいですね。胸にストンと落ちます。

隠れた所、見えない所で、人のために「そっと」働いている人がいるからこそ、人前やステージの上、目立つ所で華やかに活躍する人たちが、思い切り活動できるのです。皆から騒がれ、チヤホヤされる人の陰で、あるいは後ろで、彼らを黙々と支えている裏方のことは、ステージからは見えないだけに、忘れられがちです。

しかし、世の中の大事な仕事は、たいてい、こういった「縁の下」の支えがあってこそ、初めて成り立ちます。

「しずかに死んでゆこう」

そして、「雨」の結びの一文もステキです。「雨があがるように　しずかに死んでゆこう」――泣かせますね。ジーンときます。

八木の詩は、私たちに働く目的をきちんと示してくれています。同時に、辛い目に遭《あ》った時の私たちに、大きな慰めや癒《いや》しを与えてくれます。心が鎮まります。

そして、最後は、この世を去る時の「鎮魂歌」です。「雨があがるように　しずかに死んでゆこう」――とりたてて注目されなくても、いい。やるべきことをやった後は、心に満足を覚えながら、人知れず「静かに」天に召されたい、という静かな願いです。

「雨」を作詞した八木という人は、英語教師としては問題があったのか、生徒の受けはよくなかったそうです。でも、人間、何かひとつ「これっ！」というものがあれば、それでいいんじゃないですか。この「雨」という作品ひとつで、八木の人生は、十分意味があったことになります。

この作品の背景に、「雨」と向き合い、時には寄り添う八木、さらには雨の音を伴奏にして詠う作者の姿が、目に浮かんできます。この詩からは、二人三脚のように「雨」と歩む彼の人生が、透《す》けて見えます。

「雨ニモマケズ、風ニモマケズ」

「雨」が教えてくれるライフスタイル。八木の目指したそうした生き方は、同時に、新島のそれに共通するものが、ありそうです。新島の場合は、「寒梅」です。

「真理は寒梅の似《ごとし》　敢《あえ》て風雪を侵《おか》して開く」。この歌詞を刻んだ詩碑が、こちらの短大（高崎市の新島学園短期大学）に立てられていますよね。よく味わってください。

新島は、「敢えて風雪を侵して開く」寒梅の開花姿勢に、自分の人生を重ねています。「風雪を侵して」は、宮沢賢治の詩で言えば、「雨ニモマケズ、風ニモマケズ」です。賢治は「サウイウモノニワタシハナリタイ」と結びます。「そういう者」とはいったい誰か、です。

新島流に言えば、寒梅的な生き方を目指す人、でしょうね。なぜか。寒梅は、周囲《まわり》の条件が良くなってから、花をつけ始めるのじゃありません。外気や外界がまだ寒いうちから、悪条件を克服して（雨や風に負けずに！）、開花しようとします。

その意味では、マイナーです。開拓者です。その結果、寒梅は「自《おのずか》ら占《し》む　百花の魁《さきがけ》」と新島は詠います。最後には、気づかないうちに自然とみんなの先頭に立っている、というのです。

皆さんが知っている新島の言葉（校門の所に石碑となっていますね）を使うと、「良心之《の》全身に充満したる」青年は、こうした「敢《あ》えて風雪を侵《おか》して開く」生き方を選択します。

「ありのままの自分」でいいのか

さて、いろいろとお話ししてきましたが、ここで「自分史」に戻ります。書く時のポイントをあげてみます。中学生であれば、基本は「自分探し」です。これからの自分に関して、「なりたい自分」

と「なるべき自分」――そのうち、どちらを主役にすえるか、これが問題です。

これらふたつの自分は、いつも一致するとは限りません。いま、流行っている「アナと雪の女王」で言うと、「ありのままの自分」とは、「なりたい自分」です。そういう自分になりたい、あるいは目指したい、と夢見て、「♪これでいいの〜」と詠います。

ですが、ホントに「これでいいの」か、よく考えてみてください。「ありのままの自分」は、ヘタをすると「やりたいことだけをやる自分」に堕落しがちです。欲望のままに自由に（実は奔放《ほんぽう》に、です）生きる、気ままに（自分勝手に）振舞う放縦人間になりかねません。そうなれば、人間として「やらなければいけないこと」を投げ出して、我まま放題《ほうだい》に生きる自己中人間にほかなりません。

「ホントの自分」探しは、大人だって大変です。だから、お金を払って、「コーチング」の訓練を受けたりします。群馬にも教室がありますよ。

総理大臣になるのは「小さい考え」

さて、先に紹介した安部磯雄のエピソードをもうひとつ、紹介します。母校の同志社から招かれた安部は、在学生に対して「吾《わ》が愛する母校の諸君へ」と題して、スピーチをしたことがあります。安部は講演の最後を「私における生涯の意義」で締めくくります。

「或《あ》る種の人々は、安部は英国のマクドナルド〔首相〕の真似をして政党を作り、総理大臣になる野心を持っていると評するが、かかる評は全く当たらず。いやしくも、同志社で新島先生の教《おしえ》を受けた者が、かかる小さい考を持つものでは無い」（『同志社校友同窓会報』七六、一九三三年六月一五日）。政治家になれば、誰でも総理大臣になるのが夢です。大志なのです。なのに、安部は、そんなのは、「小さい考え」だと、一蹴《いっしゅう》します。彼が本当になりたい自分は、別のところにあったからです。

「末は博士か大臣か」

恩師の新島がそうでした。彼にとっては、太政《だじょう》大臣（今風に言えば、総理大臣）など、眼中にありません。むしろ、田舎牧師の方を選びたい、というくらいです（②四〇二）。

かつて、男の子の夢は「末は博士か大臣か」と言われた時代がありました。最近の園児や小学生の男児が、（前に見たアンケートで、）学者・博士を希望職種の第三位に挙げているのは、正直びっくりしました。

新島七五三太が子どものころ、何を目指したかわかりません。もっとも、職業選択の自由もありませんでしたよね。確かなことは、大人になってからの目標は、博士でも大臣でもありませんでした。ふたつとも、けっして夢物語じゃなかった、にもかかわらずです。

新島は就職に関しては、楽天的と言うか、人任せのところがありました。まず勉強優先です。「人間は、自分を修養して置きさへすれば、為《な》す可《べ》き仕事は何処《どこ》に行ってもある」という考えでした（『創設期の同志社』一一三頁）。

今ではこれはちょっと――

新島襄博士

実は、新島は日本人で最初に名誉博士号（LL.D.）を貰った人です。母校のアーモスト大学からこの話があった時、新島がどんなに「困惑」したか、有名なエピソードが残っています。

自分はけっして博士に値しない、と最初は固辞しました。でも、周りのアメリカ人宣教師たちが、「先生個人の名誉ではなく、同志社の名誉になるから」と一生懸命、説得したので、しぶしぶ貰うことにしたといいます。

LL.D. は、ラテン語の Legum Doctor の略で、名誉法学博士という意味です。ですが、新島は LL.D. の意味を勝手に Lame Lazy Dog（犬、しかも脚が不自由な怠けもの）と置き換えて、自分を納得させています（拙著『敢えて風雪を侵して』二二〇～二二九頁）。

私も以前、「神学博士」にしてもらいましたが、子どもの時から目指していたわけじゃありません。だから、大学教員になってからも、自分で望んで、博士号を取得したんではありません。それ以前に出した本（研究書）が評価され、博士論文として申請しないか、というオファーがありました。つまり、ありがたいことに、結果として博士号が貰えたのです。

「貧民の友となれ」

博士にしろ、大臣にしろ、言うならば山の頂上《テッペン》です。ですが、新島や安部の場合、目標はむしろ逆です。テッペンではなく、麓、あるいは裾野を目指します。同志社の創業を助けてくれた山本覚馬

（八重さんの兄です）もそうです。

ある時のイベントで、同志社の学生に向かって覚馬がスピーチをする機会がありました。「貧民の友となれ」と発破《はっぱ》をかけています。そう言えば、イエス自身が「貧民の友」であったことを新島も紹介しています（拙著『襄のライフは私のライフ』二二九〜二三〇頁）。

有名人やお金持ちに憧れる人は、いつの時代でもいっぱいいます。なれなくても、「セレブの友」に「なりたい自分」を夢見る人も、たくさんいます。逆に「貧民の友」になるのは、努力が要《い》ります。「なるべき自分」じゃないと、簡単にはなれませんから。

同志社は早くから社会福祉の世界へたくさんのパイオニアを送り出してきました。今もその伝統は、生きています。新島や覚馬の志が、あちこちできちんと受け継がれている証拠です。

「天職」の発見

「なるべき自分」とは、「やるべきこと」をきちんと、そう、人に言われなくても「そっと」できる人です。目立つ人の陰や裏で、です。「自分探し」の目標は、この「なるべき自分」、「ホントの自分」の発見です。その第一歩は、理想とするロールモデルを見つけることから始まります。

ロールモデルに選ばれるほどの人は、たいてい「天職」についています。最後は、その話で締めます。

じゃ、「天職」とは、何か、です。英語の辞書で、callingという単語を調べると、次のようにいくつかの意味（訳語）が出てきます。

①呼ぶ事。②電話。③訪問。④お召し（使命感）。⑤職業（occupation）。

面白いのは、これら五つの違った意味の関連、というか繋がりです。①の「呼ぶ事」が、最後には⑤「職業」に転化しています。つまり、両者は、もともと同じ言葉なんです。まさに同義語です。要するに、神さまから①「呼ばれること」が、④の「お召し」、「使命感」を経《へ》て、ついには、⑤「職業」に変身して行きます。

「職業」は宗教的

ここから分かることは、何でしょうか。「職業」という言葉は、成り立ちから言えば、とても宗教的な性格を帯びています。キリスト教の信仰と表裏一体でした。

①と⑤は、裏で繋がっています。つまり、神さまが私たち一人ひとりを呼んで《コールして》与えてくださる仕事こそ、「天職」という名前にふさわしい仕事なのです。

こういうふうに考えると、「自分にしかできない職業《コーリング》」や「自分にふさわしい職業《つとめ》」とは、つまりは、はまり役、天職、使命《ミッション》ということになります。こうした「やるべき仕事」を見つけられるかどうか、それがポイントです。

新島先生の言葉で言い直します。「自ら天の召《めし》を受け、天職を信ずる所の人物」が次々と現われないかぎり、私たちの社会や国はちっとも良くならない、というのです（池本吉治編『新島先生就眠始末』

五一一頁、福音社、一八九〇年）。

探検家のリビングストン

これに関しては、参考になる人がいます。アフリカ大陸の探検家として有名なリビングストン（一八一三年～一八七三年）です。アフリカが危険で未開な「暗黒大陸」と言われていた時代に、アフリカ大陸を最初に横断することに成功したヨーロッパの冒険家（スコットランド人）です。

実は、本職は宣教師（missionary）なんです。医者でもあったのですが、伝道に使命（mission）を感じて、危険な探検にもあえてチャレンジした牧師です。実際にライオンに腕をかまれています。

宣教師というのは、神の声《コーリング》（神の指示、あるいは命令）に従って行動する人たちです。たとえ、人が嫌がる仕事でも「敢えて」挑戦する、行きたくない場所にも「敢えて」出向きます。

ミッションに生きた新島襄

私たちの新島襄先生も、実は宣教師に指名されてアメリカから帰国しました。だから、彼の場合、神の声を羅針盤《らしんばん》にして、「なるべき自分」を目指した人生（とくに後半生）でした。神から託された仕事を自分の使命（ミッション、天職）と受け止めて、働きました。「敢えて」自分を犠牲にしたり、時には欲望を抑制したり、否定することもありました。

先生自身の言葉を紹介します。先生は二度目の渡米の途中、スエズから卒業式（一八八四年六月）

の式辞を同志社に送りました。その中にはこうあります。

「主君の召す所にハ何所《いづく》にも往《ゆ》きて、勇ましく戦へよ」。

神がコールされた所へは、無条件に行きなさい、との勧めです。そこでは、当然ながら苦戦をしいられます。だから、「忍耐不抜《ふばつ》の志」を抱いて、精神を養成しなさい、「私心」を抱いてはいけませんよ、と続けています。

「自己を捨て、身を捧げる」――これ以上にすばらしいことはありませんから、というのです（③二八九）。

お分かりでしょう。皆さんが自分史やハローワークを考える場合、新島先生はロールモデルとして、格好の教材なんですよ。新島学園は、私たちが生き方を考える場合、類《たぐい》まれなモデル、あるいは「メンター」（良き指導者）を持ってることになります。皆さんは、これを活用しない手はありませんよ。

一人ひとりが「私のワイルド・ローヴァー号」（拙著『錨をあげて』二一七～二一八頁）を見つけてここから船出してください。


（「ＪＯＥプログラム」、新島学園中高フィリアホール、二〇一四年五月二九日）。

累代、志ヲツキ

同志社社員（理事）、中村栄助に宛てたメモの一節。全文を引くと——

「大学ノ目的ハ、一時ノ急ニ応スル位ノ事ニアラス。又、小生等一代ノ仕事ニアラス。累代、志ヲツキ、他年、盛大ナル大学ニ至ラシムルノ目的」（④一一八）。

同志社大学を産みだし、「盛大ナル大学」にするには、けっして一代で事がなせるとは新島は思わなかった。そのためには、「累代、志ヲツキ」、新島の宿志を実現してくれる同志が必要であった。

「累代」とあるが、いったいどれくらいのスパンを新島は、考えていたのか。同志社の完成には三百年、と想定していた新島のことだから、何世代にもわたる遠大な事業と考えていたことは、確実である。たとえば、北海道（札幌）伝道では、こう助言する、

「眼前ノ働キモ大切ナレトモ、今ヨリ数十年、数百年ノ計ヲ為スモ、亦《また》大切ナリ」（③三四二）。

新島襄の三つの志
――男子校・女学校・教会――

一年のズレ

八年前に「同志社ファミリーの誕生――今年で創立百三十年――」と題して話をしました。「同志社スピリット・ウイーク」（二〇〇六年一一月八日、神学館チャペル）というプログラムの一環でした

当時、タイトルを見て、「おかしいな」と思う人が、いました。二〇〇六年は、同志社創立百三十一年の年でしたから。そうなんです。「今年で創立百三十年」というサブタイトルは、あきらかに偽装です。「一年ずれてる！」と思われたはずです。

この「ズレ」は、無視できません。むしろ、それが大事なんです。今日は、そのことを立証します。一八七五年の十一月二十九日が、同志社創立記念日だということは、学内ではもちろん常識ですが、これは、男子校（英学校と言いました）の場合だけです。

これに対して、お隣りの女子部は、二〇〇六年が創立百三十周年でした。ちなみに、「女子部」という呼び名は、同志社女子中・高・大を総称する時に使います。最近は女子大の規模が大きくなり、学部や大学院が増えたりしましたから、必ずしも女子部全体で使われるとは限らなくなりました。でも、一体感がよく出ている用語のうえ、何よりも便利ですから、私は愛用してます。

「三点セット」

その女子部と同じく、区切りのいい誕生日を迎える仲間が、二〇〇六年にもうひとりいました。同志社教会（日本キリスト教団）です。やはり、創立百三十周年でした。

こちらは、学内でも実に影が薄い存在なのです。戦前は同志社チャペルにおいて、戦後は女子部の栄光館（内にあるファウラー講堂）で日曜礼拝を守っております。キャンパスにある教会、という意味でも、いわゆる学園教会、英語ではカレッジ・チャーチなんです。

以上の三つは、新島襄やJ・D・デイヴィスのような、同志社の創立に関わった人たちの計画の中では、「三点セット」というか、ひとつの「ファミリー」として位置づけられていたに違いありません。とりわけ、新島は校長、あるいは牧師としてこれら三点セットを束ねるキーパーソンでしたから。そもそも彼が、プランナー、指導者でした。

男子校にふたつの創立記念日

ところで、「同志社ファミリー」の中で「長男」とも言うべき男子校の場合でも、創立の翌年、つまり一八七六年を実質的な創立年、と見なしてもいいんじゃないか、と言えるような事情が、実はあります。

この点は、あまり注目されてはいません。「え、創立記念日がふたつ。そんな馬鹿な」というのが、大抵の人の受け止め方です。

でも、ですよ、翌年創立となれば、創立記念日は一八七六年九月十八日に変わるかも知れません。ならば、今は「EVE《イブ》祭」として十一月下旬に大々的に行なわれている学園祭は、どうなるんでしょうか。九月は夏休みですから、困ったことが起きてきます。

ま、そんなことは現実にないとして、それでは一八七六年九月に何があったというのでしょう。探ってみます。

とりあえずの開校か

実は、一八七五年秋の開校は、開校は開校でも、「仮開校」だった可能性があります。京都御苑《ぎょえん》東（寺町丸太町上《あが》ル）の高松邸を仮校舎としたからです。

新島は、学校日誌に「我同志社開業ス」、「高松保実《やすざね》屋敷を借、仮英学校ニ致セリ」と記しています（①三〇四）。ここで気になるのは、お分かりでしょ、「仮英学校」という文言です。「仮」がついてますよ、英学校に。

それに、正規の開校式典らしきものが、いっさい無かったのも気になります。当日は朝に、新島の借家に十人ほどの関係者が集まって、ささやかな「祈祷会」を開く。それっきりです。後はいきなり仮校舎に移って始業、だったようです（J・マール・デイヴィス著、北垣宗治訳『デイヴィスの生涯』一八一頁、同志社、二〇〇六年）。

そもそも十一月二十九日という日が、中途半端だとは思われませんか。当時は、アメリカ式に九月始業（入学）、六月終業（卒業）ですから。詳しく言いますと、九月十二日から十二月二十四日までが一学期、一月四日から三月二十六日までが二学期、四月四日から六月二日までが三学期、となっています（『同志社百年史』資料編一、一〇頁、同朋舎、一九七九年）。

学期末の開校

したがって、十一月二十九日というのは一学期の最後で、通常ならば、冬休みまで二十六日しかありません。学期途中の開校、というよりも、学期末の開校です。なんとも変則的です。あまりのことに、初年度は十二月二十六日まで、授業日を延長している位です（同前）。が、この年のクリスマス・イヴは土曜日、クリスマス当日は、なんと日曜日です。デイヴィスはホントに授業したんでしょうか。いかにも無理をしたというか、慌ただしい旅立ちですね。設立認可はすでに八月にとっていますから、校舎さえ確保できれば、九月始業が理想だったはずです。

それが、十一月、それも月末にずれ込んだのは、仏教徒たちの反対運動が激化し、知事の態度が硬化したからでしょう。それにしても、二十九日に開校するというのは、月曜日という以外、私には合理的な理由が見つけられません。

学校のスタートにしては、いかにも、区切りが悪い。だから、とりあえず開校した、というのなら、なんとなく納得できます。

本開校

男子校は、翌年九月に寺町から御所北の旧薩摩藩邸跡（今の今出川キャンパスの中心部）に移ります。校舎も三棟、新築しました。つまり、土地も建物も、ようやく自前です。

しかも、時期はまさに「新学期」、つまり九月十八日です。だから、今回こそ、「本開校」と言ってもいいんじゃないでしょうか。その証拠に、来賓を呼んで、きちんとしたセレモニーをやっております（J・D・デイヴィス著、北垣宗治訳『新島襄の生涯』七五頁、同志社大学出版部、一九九二年）。もちろん、それは校舎の竣工式ではありますが、同時に開校式でもあったはずです。現に新島は一八七六年の学校日誌に、「同〔九月〕十八日　同志社英学校開業」と記しているくらいです（①三〇三）。ただし、「開業」はこの場合、「創業」プラス「始業」かもしれません。

ここで注目すべきは、以上のハード面だけでなく、ソフト面でも、この日は創業に値することが起きている点です。「熊本バンド」の入学です。正規の入学式という形式こそ踏んではおりませんが、その色彩が濃かったことは、否定できません。

助走と離陸

「熊本バンド」を迎えて、同志社の教学や規則は、ようやく整備され始め、学校らしくなります。この点に関する証言が、同志社教員サイドにあります。まず、デイヴィスですが、「同志社にキリスト教的な色彩を与え、同志社の道徳的形成と、教科の編成」に決定的な感化を与えたのは、「熊本バンド」だ、というんです。「同志社をして今日の同志社たらしめるよう助けた」ともあります（『新島襄の生涯』九一頁）。

最大の証言者は、D・W・ラーネッドです。彼によれば、寺町時代の同志社は、とても「学校と称する程のものではなかった」、実に酷い状況だったようです。だから、「毎年十一月二十九日が、同志社の創立記念日となって居《お》りますが、実際、学校としての運動を開始したのは、その翌年、即ち明治九年（一八七六年）の九月十八日からであります」（D・W・ラーネッド『回想録』七～八頁、同志社、一九八三年）。

彼は、それ迄のお粗末さを考えると、実質的な同志社創業はこの九月から、とでも言いたげです。要するに、前年の英学校は、「凡《すべ》てが甚だ不満足」、「将来に対し、殆ど望みのない」状態であった、といいます（同前、七頁）。

とすると、寺町時代は、「馴らし運転」みたいなものです。いわば「助走」であって、御所北方に移転して初めて「離陸」（テイク・オフですね）できた、と見ていいんじゃないでしょうか。

「熊本バンド」が入学して

この時期、学校を「離陸」させた諸々の要因の中で、最大なのは、もちろん「熊本バンド」です。バンドと言えば、彼らが熊本の花岡山で「奉教趣意書」に連署したのは、一八七六年一月三十日のことです。信徒を大勢生み出したことが社会問題となって、ついには彼らが学んでいた、あるいは卒業した学校（熊本洋学校）が廃校になります。

要するに、同志社は「棚ボタ」なんです。実に皮肉なことに、熊本洋学校の「閉校」が、同志社英学校の「開校」（本開校の方です）につながった、と言えなくもありません。だから、というわけではありませんが、同志社は時に「京都の熊本洋学校」とか、「第二の熊本洋学校」なんて、呼ばれたりしますね。

それが言い過ぎだとしても、もし、あの花岡山での連署事件が起きなかったら、その後の同志社は、間違いなく別の道を歩んでいたでしょう。バンド抜きの同志社なんて、当面、考えられませんから。

同志社教会では、毎年、法人同志社と組んで、秋に学内（栄光館や同志社チャペル）で同志社創立記念礼拝を守っています。数年前の礼拝説教は、芹野俊郎牧師（西宮・甲東教会名誉牧師）でした。説教題がいいですね。「キリスト無くば」でした。

この題は、阪田寛夫《ひろお》『花陵《かりょう》』（文芸春秋、一九七七年）の中から採られた、と聞いております。阪田さんは先年、亡くなられた芥川賞作家ですが、もともと大阪出身のキリスト教徒です。子ども時代、宮川経輝《つねてる》牧師の隣家で育った人です。宮川と言えば、「熊本バンド」出身の有力牧師ですが、この小説はその宮川をモデルにしています。

「熊本バンド」なかりせば

『花陵』（二三四頁）の一節に、問題の文言が出てきます。

キリスト無くば　キリスト教無く
キリスト教無くば　洋学校無く
洋学校無くば　宮川なく
宮川無くば　おれもなし

これをもじれば、「バンド無くば、同志社なし」です。ちなみに、芹野牧師夫人は、宮川の同級生（だからバンドの一員ですね）、小崎弘道の孫に当たります。

そもそも「熊本バンド」発祥の地とも言える花岡山で、「奉教趣意書」に三十五人の生徒が署名をして、信仰的な盟約を表明したその日は、同志社にとっても極めて大事な日なんです。

なぜなら、繰り返しになりますが、それに続く彼らの同志社入学が、同志社男子校の実質的な「開校」をもたらすからです。

と言っても、私は、なにも創立記念日やＥＶＥ祭（学園祭）を九月に替えろ、なんて乱暴なことは言いません。ただ、同志社の「離陸」が、彼らを迎えた一八七六年秋であったことに注目したいのです。この点は、十年前に「『熊本バンド』と同志社――もうひとつの創立記念日――」と題して、話したことがあります。拙著『千里の志』（七〇頁以下）に収録しましたので、ご覧ください。

このあたりの消息は、「熊本バンド」や彼らの恩師、Ｌ・Ｌ・ジェーンズの評価に関わってきますから、見落としてはならない点です。

宣教師が女子塾を始める

次に、「同志社ファミリー」の「長女」である女学校の設立を見てみます。男子校が今出川通りの北方へ引越しをした翌月に、女学校の萌芽が見られます。時は一八七六年十月の二十四日、場所は、今は御苑となっている柳原邸（この公家屋敷をデイヴィス一家が借家しておりました）です。デイヴィス家に寄宿していた独身女性宣教師（A・J・スタークウエザー）が、ここで女子塾を開始したのです。「女子部揺籃《ようらん》の地」は、現在は、和風迎賓館の敷地の一部になっております。

ちなみに、一説には女子塾は、一八七七年二月の始めごろ、柳原邸でスタークウエザーと新島夫人（八重）が始めた、とも伝えられています（『デイヴィスの生涯』二〇六頁）。仮にそれが事実なら、新島夫人が手伝い始めたのが二月だった、というのではないでしょうか。現実には、それより半年前には始まっていますから。

さらに、宣教師の手紙を根拠に、一八七六年五月二日を女子塾のスタートとする説もあります。問題の手紙には、「私は新島氏を教師として確保し、五月二日から毎日、レッスンを始めました」とあります（『同志社女子大学一二五年』四八～四九頁、同志社女子大学、二〇〇〇年）。

が、これは前後の文脈から、宣教師に対する日本語の個人レッスンであることは明白です。だから、開塾とは無関係です。それにしても、通常はこうしたレッスンは、男子学生のバイトなんですが、新島校長自身がこれを受け持っていたとすると、スゴイですね。新島の特別の配慮でしょうか。

新島の女子教育観

新島の女子教育観にも触れておきます。新島は「長男」想いではあるが、「長女」には冷たかったのでは、と言われたりします。ですが、やっぱり女子教育のよき理解者ですよ。「女子教育ハ社会ノ母ノ母ナリ」と言ってます（拙著『ハンサムに生きる』一四〇頁以下）。

具体的に言えば、おひざ元の同志社は言うにおよばず、福島県（おそらく八重のふるさと、会津若松あたりでしょうか）や福井県でも、女学校を設置することに「大に賛成」でした（『追悼集』二、二二二頁、二二七頁、同志社社史資料室、一九八八年）。

新島は、そのことを見込んだように、二度目の渡米時には、アメリカでアピールしております。その結果、二十名もの女子大卒業生が来日を希望している、との情報が、帰国後の新島に伝えられました。新島自身はこう書き残しています。

「ウエルスレー女学校ニハ、已《すで》ニ二十名モ日本ニ来ルヲ望ムノ女生徒アリ。又、アンドウ〔アンドーヴァー神学校〕ニハ、已ニ十三名ノ上等生徒〔大学院生か〕、連署して日本ニ来ルノ策ヲ立テリ。何《いず》レ少ナクトモ四、五名ハ来ル可シと存ス」（③三六九）。

残念ながら、こうした企画（開校、ならびにネイティブの派遣）は実現せずに終わってしまいました。

同志社の女子部が発足

同志社女子部の創立に戻ります。女学校は、一八七七年四月二十一日を創立記念日としてずっと守ってきました。校長であった新島自身が、学校日誌に「明治十年四月廿一日、柳原邸内ニ於《おい》テ女学校開設ス」と記すからです（①二三三頁）。

この背景には、宣教師の始めた女子塾を同志社（新島）が引き取って、同志社女学校（最初の名称は同志社分校女紅場《にょこうば》）として開校することを府庁に申請（四月二十三日）し、認可（同月二十八日）を受けた、という事実があります。

したがって、四月二十一日は、実質的に授業をスタートさせた日なのでしょうが、法的には「仮開校」というべきでしょう。「本開校」前の見切り発車ですから。

興味深いのは、これに対して同志社の男子校は、すでに八月に認可を受けながらも、開校（始業）は十一月であったという点です。しかも、前にも申しましたように、実質的には「仮開校」であった色彩が濃厚です。

女子部の出発点はどこか

さて、以上で長女の誕生日も、ふたつあることがお分かりいただけた、と思います。繰り返しますと、一八七六年十月二十四日と一八七七年四月二十一日です。

後者が伝統的な扱いであるのに対して、前者は二〇〇〇年に刊行された『同志社女子大学一二五年』が新たに提示し始めた、比較的新しい考え方です。

ここから多少の混乱が生じます。つまり、同志社女子中高は今でも伝統を守って、四月に創立記念日を祝っております。一方、女子大の方は、十月説に傾いております（ただし、式典はなし）。同じ女子部でありながら、両者で取り扱い方に差があります。

他人事《ひとごと》ながら、私はチョット気になります。論争とまでは行きませんが、調整が必要かもしれません。というのは、現状では女子部の創立に関して、一年の差が出ていますから。ことはそれほど小さな問題ではありません。私は、個人的には一八七六年説でいいんじゃないか、と思います。

教会が市内にできた

最後に、一八七六年の驥尾《きび》を飾る出来事は、市内教会の設立です。プロテスタント教会としては、京都で初めての教会（当時は公会と称しました）です。おまけに、続けて三つもできます。

まず十一月二十六日にラーネッドの借家を会場（仮会堂）として、京都第一公会が、そして翌週の十二月三日には京都第二公会（新島の借家）が、最後に同月十日にE・T・ドーンの借家で京都第三公会が、それぞれ発足いたしました。

三つの公会（教会）は、後にふたつに再編成されて、今の同志社教会と平安教会とに繋がって行きます。だから、前者は第二公会を主体にした関係上、十二月三日を、そして後者は第三公会を軸に成立したために、同月十日を創立記念日としております。

こうして「同志社ファミリー」の「次男」ともいうべき同志社教会が、平安教会と共に最後に発足します。「双生児」ともいうべき同志社教会と平安教会は、今年、揃って創立百三十八周年を迎えます。

このように市内教会が出来るためには、少なくとも三つの条件が不可欠でした。同志社の開校、ミッション（宣教師）の京都進出、それに「熊本バンド」の入学です。前のふたつは、一八七五年のことですが、最後は一八七六年に入ってからの出来事です。

つまり、教会設立の点でも、信徒学生主体であったバンドの存在が、極めて大きかったと見るべきでしょう。彼らの入学（大半は一八七六年九月前後です）を俟《ま》って、初めて三つの教会設立（同年十一月から十二月にかけてのことです）が可能になった、と見るべきです。新島や宣教師だけでは、こんなに早く、というか順調には出来なかったはずです。

新島牧師が望んだこと

同志社に教会が出来たこと、それも男子校、女学校に次いですぐに設立されたことは、新島という人を理解するうえで、大事なポイントです。

なぜなら、新島は教育者のイメージが強烈ですから、世間では、あるいは教科書や事典の類では、同志社大学（女子大と共に）の創立者、で終わっています。けれども、これでは、新島の半面しか捉えたことになりません。

この点、新島を恩師と仰ぐ徳富蘇峰はさすがです。「先生の心血の一半《いっぱん》は学校の為《た》めに、他の一半は教会の為めに洒《そそ》けり」と、ちゃんとポイントを突いております（徳富蘇峰『第二天然と人』一二五頁、民友社、一九〇七年)。

宣教師・新島襄

蘇峰は触れてはおりませんが、新島は教師をする一方で伝道もした、というより本来は牧師、ならびに宣教師なんです。ボストンのミッション(アメリカン・ボード)本部から俸給をもらっている、れっきとしたミッショナリーですから、彼の「ミッション」(使命)は元来、伝道なのです。

彼の「アメリカの父」は、このミッションのいわば理事長でした。彼には男の子が四人いました。「ひとりは宣教師に」と、とりわけ夫人は願っていました。ハーディ自身も牧師になる夢がかなわなかったので、やむをえず実業家になった、という経歴の持ち主です。

実に皮肉なことに新島、つまり養子とも言うべき「他人の息子」だけが、夫妻の願いを叶えてくれたのです。これはハーディ夫人から新島が直々《じきじき》に聞いた実話です(⑦三一六、四〇六)。

つまり、新島は「アメリカの両親」の願いどおりに宣教師になり、ボストンから日本に送り返された(派遣された)のです。だから、新島が京都に赴任して最初に取り組んだ仕事は、伝道(礼拝)です。この点は、同じ宣教師仲間のデイヴィスが、ちゃんと証言を残してくれておりますよ。

「一八七五年に彼が京都に来たときの最初の仕事は、安息日に自分の家で礼拝を開始し、男女から成る小さなグループにキリストを宣《の》べ伝えたことであった」(『新島襄の生涯』一九五頁)。

教育と伝道は、車の両輪

これは宣教師として極めて「正しい」仕事の仕方ですね。学校設立があくまでも主眼、と思われがちな新島ですが、それ以前に、あるいはそれと平行して、やるべきことがあったのです。そうでなければ、ミッションから「月給ドロボー」呼ばわりされかねません。

だから、というわけではありませんが、新島の中では、伝道は教育と並んで大変、大事な位置に置かれています。

これに関しては、「自由教育、自治教会、両者併行、国家万歳」という新島の言葉が、有力な手がかりになってくれます。彼が愛好してやまない生涯のモットーですね。

教育と伝道は、半分半分なんです。いや、半々じゃなくて、気分的にはむしろ教会活動の方が、学校よりも上に置かれていたかも知れません。それ位、牧師意識は高かった、というわけです。これに関しては、びっくりするようなことをデイヴィスが漏らしていますよ。

「彼はトレーニングスクール〔同志社英学校〕では、できることなら教えたくさえないのです。彼は自分の時間のすべてを福音の宣教に使いたいのです」（『デイヴィスの生涯』一八三頁）。

強烈な牧師志向

こうした新島の真意は、なかなか捉え難いですね。しかし、牧師（伝道者）志向が強烈であったことだけは、認めるべきでしょう。それを雄弁に物語るエピソードが伝わっています。

ある時、開校八、九年後らしいのですが、ひとりの学生（辻密太郎です）を同行して滋賀県に伝道に赴いたおり、辻に向かい、あれこれと学校経営の苦心をもらしながら、しみじみとした口調でこう言ったといいます。

「自分は校長をしているよりも、本当は田舎で伝道したいのです。しかし、今の日本にはこの事業をする人が他にはいません。だから私は、教育に挺身しています」（『追悼集』七、二三四頁、同志社社史資料室、一九九四年）。

やむなく校長をしてるんですか！「校長より牧師」とは、大変な問題発言ですね。ただそれだけに、生徒が記憶していた新島のこの言葉を、伝言ゲームみたいにさらに私がここで自分の言葉で言い換えていますから、どこまで新島の真意を伝えているのか、実は私も自信がありません。

地方伝道を志向

それでも、新島はいざ同志社を立ててみると、事《こと》、志と違って、というか、予想もしなかったような障壁に何度も何度も直面するような経験をしたのでしょう。そうした最中《さなか》には、人並みにヘコんでしまい、こうした弱音（とも思える言葉）が、思わず新島の口から飛び出すことがあった、とも考えられます。

注目すべきことに、そうした時の「逃げ場」が、どうやら地方伝道、それも北海道だったようです。そこには、伝道こそが本来、自分がやりたい仕事だ、という自意識が見え隠れしていますね。

その是非はしばらく置くとしても、新島に強烈な伝道志向があったことは、これで確実です。少なくとも、学園と並んで教会を（最初は自宅に、です）早くから立ち上げ、その牧師となって活動した事実は、けっして見逃してはなりません。

開校翌年に三点セットが揃う

以上、今から百三十八年前の同志社創立と並んで、その翌年（一八七六年）に同じような重要な出来事がいくつもあったことが、お分かりいただけたと思います。

まとめとして、年表にしてみます。

一八七五年十一月二十九日　同志社英学校（同志社大学の前身）設立（寺町）
一八七六年一月三十日　熊本洋学校生徒の一部が、花岡山で「奉教趣意書」に署名
　　六月　熊本洋学校が廃校
九月十八日　同志社英学校が寺町から今出川以北に移転
九月前後　「熊本バンド」の大半が同志社に入学
十月二十四日　女子塾（同志社女子部前身）開設
十二月三日　京都第二公会（同志社教会の前身）発足

こうして見ますと、一八七六年一月から十二月までの一年間は、歴史的な出来事が、目白押しですから、広い意味で「同志社創業期」とくくってもいいような気がします。つまり、同志社は、たった一日（十一月二十九日）で誕生、創業した、と見るよりも、その日から約一年間かけて創業された、離陸できた、と考える方が、事態を正確に捉えることができるような気がします。

一年間というスパンをとれば、この間に新島が抱いていた「志」の骨格が、ほぼ出来上った、すくなくとも出揃ったことが分かります。男子校、女学校、そして教会。これらは、「新島構想」の中では、三本柱、あるいは三点セットです。家族で言えば、「同志社ファミリー」です。

「同志社ファミリー」の前進

これまで、この家族のことは、一方で新島とデイヴィスという「同志社の父と母」（『デイヴィスの生涯』二五九頁）、他方では「長男」たる男子校、というあたりが、なんといっても主流《メイン》でした。以上の二点が、さながら楕円の中心のように語られることが、どうしても多かったように思います。

「次男」の教会にまでは、その分、なかなか光が回ってこなかった、というのが、実情です。それにくらべると、「長女」のほうが、まだ話題になったほうです。つまり、家族の中で軽視されている、とよく嘆かれる「長女」以上に、「次男」の存在は薄かった、と見るべきです。

まるで背後霊のようです。影の薄い同志社教会は、兄と姉（男子校と女学校）の陰で、宗教教育の一翼をひっそりと担います。新島の志の中では、教育と教会は立派に二人三脚なのですから、三者はあくまでも一体であるべきです。これらが、ステージの上に全員そろって登場した時点で、「同志社劇場」の役者は、ほぼ出揃ったことになります。

三点セットの確立

雄壮に、とは申しませんが、それでも「同志社ファミリー」は幕開け以後、様々なドラマを展開し始めます。大事なことは、その間、教育面では精神教育をベースにした人間教育を深化させ、大学（昇格）への道を歩む。他方、宗教面では、伝道者の育成、派遣を通して、同志社系教団（組合教会）による全国伝道の拠点となる、といったことが、「同志社ファミリー」の大切なモチベーションとなります。

リアルに考えた場合、同志社全体では、学園（男子校）が生まれた年の翌年にも、大事な記念日、というか、誕生日（しかも複数！）があることを見逃してはマズイのです。一八七六年は、新島の三つの志が、そろって形をなした記念すべき年なんです。私たちは、今年も半月後に来る学園の創立記念日（今年は百三十九年目です）に向けて、あらためてそのことに思いを馳せたいものです。

（二〇一四年一一月一二日）

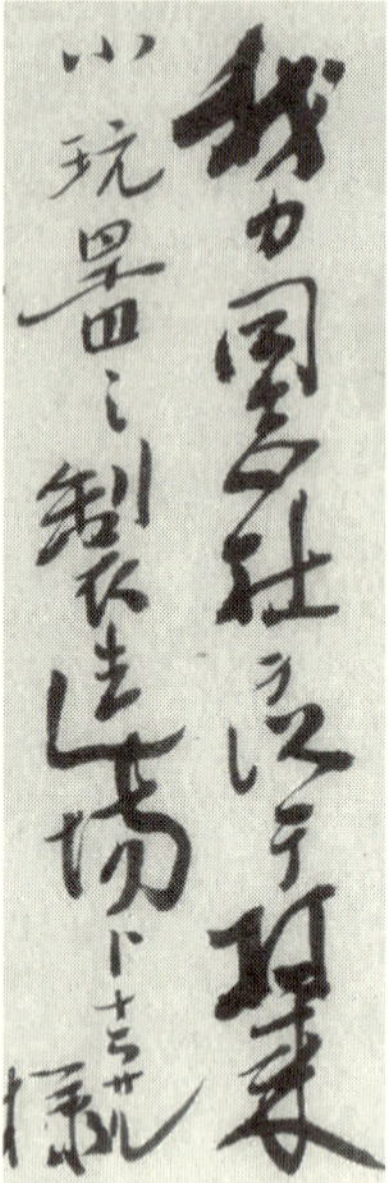

我カ同志社ヲ以テ将来、
小玩器之製造場トナラサル様

同志社普通学校五年生の横田安止《やすただ》へ東京から送られた手紙（一八八九年十月二十五日）の一節（④二二七）。同志社が、人格・個性教育から逸《そ》れて、学生を一定の型にはめこむ機械的な画一教育に退化しないように忠告した。「是《こ》レ小生之日夜、我カ邦家《ほうか》之為ニ祈リテ止《や》マサル所ナリ」と続ける。書中、「志ヲ励マシ」ともある。

コラム(5)

新島襄の食材調達法

食生活では、新島は洋食派である。オムレツ、パン、ビーフ、コーヒー、牛乳、洋菓子、キャベツ巻などが、食卓に並ぶ。西洋野菜などは大半、自宅の庭に家庭菜園を設けて、自己調達している。ブドウ、イチゴ、アスパラなども自家栽培した（拙著『ハンサムに生きる』182頁以下）。

しかし、それでも賄えない場合は、どうしたのか。アメリカから取り寄せる。神戸にいた同僚宣教師、D・C・ジェンクス（日本ミッションのエイジェンシー）に頼んで、輸入業務を代行してもらう。たとえば、書籍と並んで「食料雑貨品」（groceries）の注文を「私に代わってアメリカに発注していただけませんか」といった具合である（J.H.Neesima to D.C.Jencks, July 26, 1883, Kiyoto）。

同僚のD・W・ラーネッド（同志社教員）の場合が、参考になる。「昨日、ポテトが届きました」との礼状や（D.W.Learned to D.C.Jencks, Oct.13, 1877, Kiyoto）、オートミールとグラハム粉（小麦粉）をそれぞれ10ポンド、調達するように依頼したハガキが残っている（D.W.Learned to D.C.Jencks, Oct.13, 1882, Kiyoto）。

新島流の溺れ方

下村湖人

下村湖人が、新島襄のことを書いています。下村と言えば、『次郎物語』（一九四一年〜一九五四年）で有名な作家ですね。一見、新島とは何の関係もなさそうです。

その下村の初期の作品に、『真理に生きる』（泰文館、一九三五年）というのが、あります。その中の「険崖《けんがい》を行く」というエッセイに、新島が登場します。

下村が四国に講演旅行に出かけた時のことです。講演の合間に、高知から池田まで、険しい山路のドライブに誘われました。岩の上に作られた路は、登るにつれてじょじょに険しくなって行きます。そればかりか、あいにくの時雨《しぐれ》のために、カーブではタイヤが軋《きし》み始めます。

下村は、景色を楽しむどころではありません。身体《からだ》を固くして、運転手がハンドルをくるくると切るのを、ひたすら凝視《ぎょうし》するばかりでした。

そんな車中で、ふと心に浮かんだ挿話がありました。それが「明治時代の基督《キリスト》教界の偉人、新島襄さんの青年時代のこと」だった、という前置きです。

『佐賀新聞』

下村は佐賀県の出身ですから、数年前の『佐賀新聞』（二〇〇八年五月十九日〜二十一日）でも紹介されました。「声に出して読む名作」というコラム記事に、該当箇所が全文、引用されました。

ついで、『同志社タイムス』（同年一〇月一五日、一一月一五日、一二月一五日）に転載され、同志社デビューを果たしました。ですが、特に目立った反応はありませんでした。そこで、再デビューかたがた関連資料の紹介をするためにも、まずは新島に関する部分だけを『下村湖人全集』八巻（池田書店、一九六五年）から引いてみます。

「険崖を行く」（一）

「その挿話というのは、こうである。

新島さんは、まだアメリカで貧乏な学生生活をしていたころ、学資を得るために、一夏《ひとなつ》を田舎に行商に出た事があった。

ある日の午後、少し喉《のど》が乾いたので、路《みち》ばたを流れている河におりて行って、水をすくっていた。ところが、どうしたはずみか、足をすべらして、深みにはまりこんでしまったのである。

新島さんは、水泳の心得が十分でなかった上に、服を着けたままだったので、どうすることも出来ず、そのままぶくぶくと流れに沈んで行くのだった。

もしその時、そこを通りあわせた水泳の達者な一人の白人が、これを見つけて、助けてくれなかっとであろう」。

たとしたら、新島さんは恐らくアメリカの片田舎の川の中で、その尊い一生を、名もなく終わったこ

「険崖を行く」(二)

「ところで、われわれがここに味わって見たいと思うことは、新島さんがやっと救い上げられて、元気を恢復《かいふく》したあと、白人との間に交わした対話である。

白人はいった。

『今までわたくしは、水に溺れかけた人を、何度も救った経験がありますが、いつもわたしのからだにしがみつかれるので、助けるのに非常に骨が折れました。一度などは、わたくし自身、溺れてしまうのでないか、とさえ思ったことがあります。

ところが、不思議なことには、貴方《あなた》にはちっともそんなことが、ありませんでした。貴方はずいぶん苦しんでいられたようだが、それにもかかわらず、御自分でわたしの身体のどこにもさわろうとは、なさいませんでした。

そのために、わたくしはやすやすと貴方をお助けすることが、出来たように思います。こんなことは、全く珍しいことです』」。

「険崖を行く」(三)

「『ありがとうございます。全く神さまがわたくしを助けるために、貴方をおよこしになったようなものです』

『ほう。すると、貴方は神さまをお信じですか。基督《キリスト》教の神さまを』

『信じていますとも。水の中で全く無力なわたくしは、はまりこんだ瞬間に、溺れるのも、助かるのも、全く神さまのおぼしめし次第《しだい》だ、と思ったのです』

『なるほど、それでわかりました。貴方が、あの時、わたくしのからだにしがみつかなかったのも、万事を神さまにお任せしておられたからですね』

『そうです。無力なものは、信ずるよりほかに道はありません。わたくしは、貴方が——いや、貴方をとおして神さまが、わたくしをいいようにして下さるものと信じきって、一切をお任せいたしました。

「険崖を行く」(四)

あの時、わたしがもがいて見たところで、それは何の役にも立たなかったばかりか、かえって貴方のお力を殺《そ》ぎ、神さまのみ心〔御心《みこころ》〕に逆《さか》ろうことになったのでしょう』

白人は、自分が救ったこの見すぼらしい東洋の一青年の、強い信仰の言葉に心を打たれて、しばらく黙然として考えこんでいたが、急に新島さんの手をかたく握って、

『わたくしはこれまで、わたくし自身の力を過信していたように思います。神さまは、わたくしに貴方の肉体を救わせることによって、わたくしにお恵みを下すったに違いありません』
そう言って、白人は新島さんにかたく再会を約して、別れをつげたのであった」。

下村湖人の受けとめ方

以上が、「険崖を行く」に出て来る新島の挿話です。このあと、下村自身が、この話から学んだ教訓を披瀝しています。これが、興味深いんです。そればかりか、大切なことが記されていますので、本文を続けます。

「この話は、恐らく新島さんの一生のうちでも、もっとも光っている話の一つではなかろうか、とわたくし〔下村〕は、思う。

実際、命の瀬戸ぎわに、しかも、恐ろしい肉体的な苦痛をなめながら、これほど静かに、無為《むい》の消極に徹することは、なまやさしい心の力では、なかなか出来ることではない。

わたくしなどは、自動車については乗ること以外には、何の知識も持っていないくせに、一寸《ちょっと》した難所に来ると、すぐに運転手の手さばきを気に病《や》んだりして、ちっとも心が落ちつかないのである。

気に病んだとて、なんの利益もなく、しずかに自分の席に落ちついて、あたりの景色を見るなり、本を読むなりしている方が、はるかに安全率が高いぐらいなことは、すこし考えれば、すぐにわかることではあるが、用意の足りない心では、なかなかそんな安らかな気分には、なれないものである」。

「もっとも光っている話の一つ」のわりには

それにしても、下村湖人が伝える新島の挿話は、はたして事実なんだろうか。まずは素朴な疑問が、湧きます。まったくのウソとも思えない描写ですね。だとすると、下村はいったいこのエピソードをどこから入手したんでしょうか。

情報源が、気になります。創作（フィクション）でなければ、かならずネタ本（出典）や典拠があるはずです。

ところが、不思議なことに「この話は、恐らく新島さんの一生のうちでも、もっとも光っている話の一つではなかろうか」と下村が言うほどには、世間で知られていません。「もっとも光っている話のひとつ」なら、もう少し世に流布《るふ》していいはずです。下村自身には、自分が知ってるくらいだから、との思いがあったのかもしれません。

ですが、同志社の学内、いや、新島研究会ですら、むしろ無名のエピソードです。私はかつて研究会の代表を務め、新島研究五十年の身でもありますが、今までこの話しを研究会のメンバーやら他人《よそ》から聞いたことがありません。私自身は、書物ではかなり前から多少は承知していましたが——

そこで、ひろく世に広める意味からも、ここで取り上げておく必要と価値がありそうです。

溺れた話はどこから

出典としてまず浮かぶのは、森中章光編『新島襄片鱗集』（二八八〜二八九頁、丁字屋、一九五〇年）

でしょう。「水に溺《おぼれ》る」というタイトルで、次のような話しが収録されています。

留学中のある夏休みに、新島は「洋服の生地」を行商するバイトをしました。道中、汗にまみれたシャツを川で洗濯します。それが乾くのを待つ間、水泳を楽しもうと、川に入ったところ、「元来、泳ぎの方はそれ程達者でもなかった」ので、溺れかけます。

さいわい、通りかかったアメリカ人青年が、川に飛び込んで、助けてくれましたので、一命を取り留めます。普通ならば、溺れた人間は、救助に来てくれた青年に必死になってしがみつくのですが、新島の場合は、青年の身体に手をかけ、「いかにも悠然と落ち着いて」救われ、岸に上げられました。

青年は驚いて、こう尋ねます。「助けに行った際、莫迦《ばか》に落ち着いていたのは、なぜか」と。その答えがふるっています。「私はこんなところで死ぬはずはない、と思っていました」。

以上です。

森中から下村へ

森中氏が伝える「水に溺る」というこのエピソードを下村が使用した、というか、脚色した、とみなすのが、まずは順当です。内容的にも明らかにカブリますから。ですが、これを載せた『新島襄片鱗集』は一九五〇年の出版です。「険崖を行く」の方が、十五年も早いのです。

森中氏は、実は同じ話しをこれより早く、もう一冊、『新島先生片鱗』（三八八～三九〇頁、洗心会、一九四〇年）にもほぼ同文で載せています。ただし、これとて、初版は一九四〇年です。時期的に下村のタネ本には、なりえません。

じゃ、森中が発表する以前に下村が使えそうな原典があるか、というと、これが問題です。新島自身が、何も書き残していないこともあって、同志社外部の人が、使える資料は、限られます。

タネ本は『新島先生逸事』か

そこで、あちこち資料を漁《あさ》ってみました。森中が紹介するエピソードのネタらしき情報源は、いったい何か、です。行き着いたのは、山内英司編『新島先生逸事』（私家版、一九九二年。次頁に写真）です。その中に、「先生、河に溺れて死せんとす」と題した話（八頁）が載っています。

この冊子は、初期の同志社学生から聞き書きしたのを墨書したものです。冒頭に「加藤寿君述」とありますから、彼が新島永眠直後に集めたエピソード集と思われます。残念ながら編集者も刊行年月日も記されていません。だから、一点ものです。

卒業生の山内英司氏がこれを古本屋で見つけ、読み起こしを作り、プリント冊子にされたのがあります。これは二十余年前のことですから、下村氏はすでに故人です。

しかし、内容的に『新島先生逸事』に出た挿話が、「険崖を行く」に繋がって行った、と見るほかありません。下村がこの種のものをどこでゲットしたのか、はなはだ不鮮明です。ですが、いまのところ、これ以外には出典は見当たりません。

「先生、河に溺れて死せんとす」

そこで、『新島先生逸事』から該当箇所を全文、転載します。今まで、活字になっていませんから。

「先生有する所のシャーツは、僅かに一枚あるのみなりし故《ゆえ》、洗濯して岩上に晒《さら》し、〔乾くの待つ間、〕暫時《ざんじ》、水練を試み居《お》りしが、段々水深くして、将《まさ》に溺れんとする許《ばかり》なりしに、通り掛《かか》りたる一人の男子、急に之《これ》を救ひしに、先生、静《しずか》に救ふ者の肩に手を掛けて、何事もなく、上陸せしと。其《その》人、先生に問ふに、其毫《ごう》も狼狽《ろうばい》することなかりしに、所以《ゆえん》を以《もっ》てせり。先生、曰《いわ》く。余、元来、斯《か》かる小河などにて死するとは、心得ざりし故なりと。

嗚呼《ああ》、之《こ》れ、其溺れんとせし所以にして、又た、救ひ上られたる所以なるべきか」。

以上です。

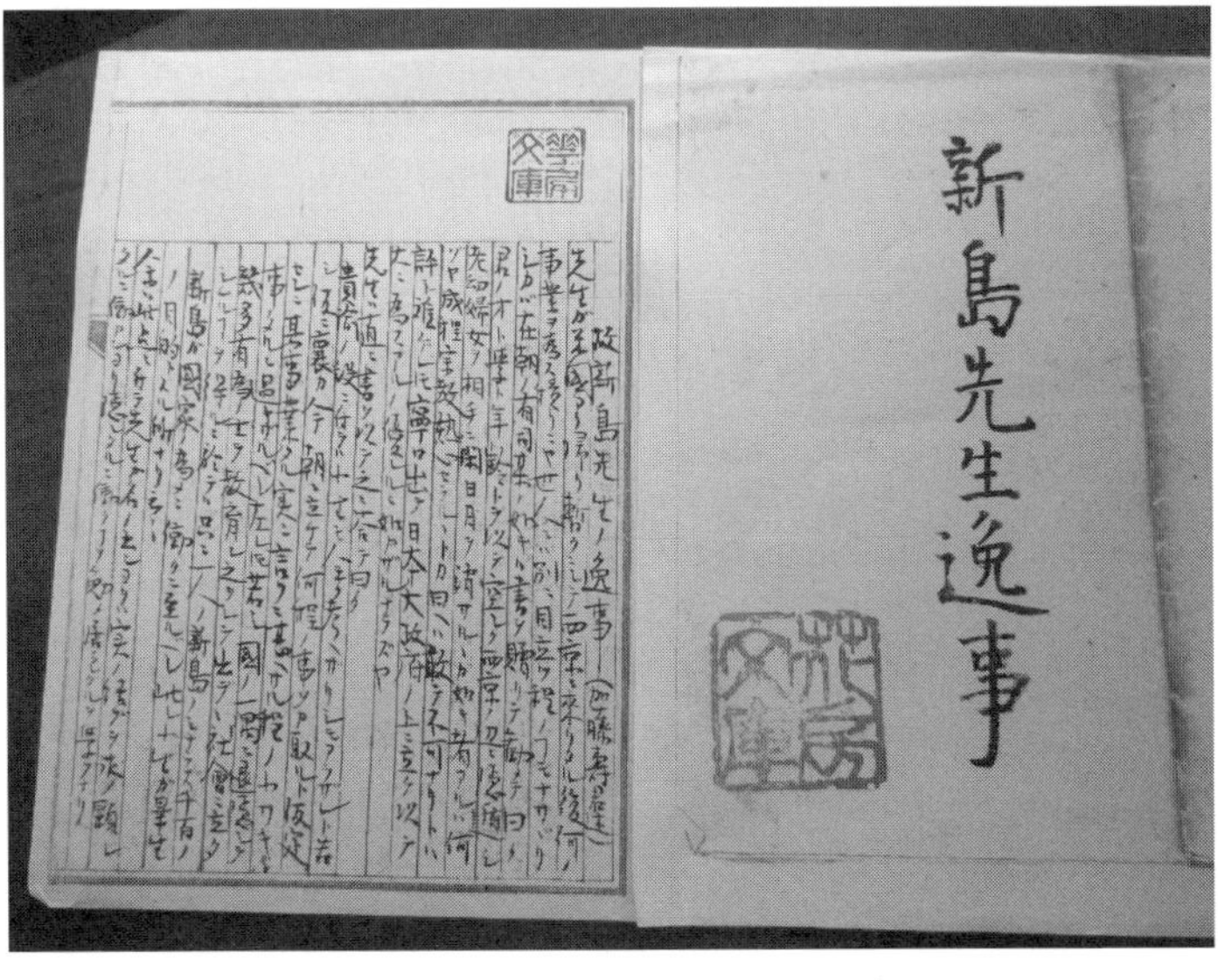

夏のバイト

この話を下地《ベース》に、下村の「険崖を行く」が執筆、あるいは創作されたとすると、両者を比較することにより、小説家の「脚色」の消息が浮き彫りされてきますよね。

たとえば、下村は、冒頭で新島のアルバイトに触れています。留学生時代の新島は、苦学生であったので、学資稼ぎに「田舎に行商」した、というのです。一方、森中氏は、バイトの職種を「洋服の生地」と特定していました。これまた、典拠は不明です。

それに対して、『新島先生逸事』の先の記事では、その直前（七頁）で、水難事故は留学中のある夏休みに、「学資を得し為めに古本を売り」歩いた時の出来事、としています。

必要な学資や生活費は、「アメリカの父」（A・ハーディ）が支弁しています。新島が苦学生だった、とは言えません。だから、たとえ一夏でも、バイトをする必然性は、あまりありません。とくに古書や生地の行商ときては——

それでも新島はある時、ハーディ家の負担軽減のため、「自分の経費を支払うために、〔冬休みに〕何かしたい」と申し出ています（⑥二三）。だからと言って、その直後の学内での薪割り（⑥二六）をバイトと見るのは（⑧四六）、性急すぎます。寮生の義務《つとめ》でしょう。

溺れた経験

もしも、水に溺れた事故が、実際に起きたとすると、夏休み、それもアーモスト大学在学中の一八六八年の夏休みだろう、と推測します。なぜなら、この年、新島は五週間かけて、ニューイングランド地方を四百マイルも、学友（後半は単身）と廻っていますから。要するにアウティング（行楽、遠出）です。バイトじゃありません。

その間、ジャクソンにあるダイナ滝で入浴（taking bath）しております。水浴びを兼ねていたのかもしれません。どちらであれ、そのために体調をこわし、二日間、同地に逗留しています（⑥三九）。

これには、確証はもちろんありません。が、溺れたとしたら、この時（単身でした）でしょうか。

実は、大学院生の時にも、池に嵌《は》まったことがあります。アンドーヴァー神学校時代の旧友が、一九三六年に来日したさい、バラしています。

「新島と吾輩は、田舎に散歩に行った。さうして或《あ》る小さな池の上に大木が倒れて居るのを見、自分が先《ま》づ其《そ》の上を渡り、新島が後からついて来た。処《ところ》が新島は、どうしたものか、不図《ふと》したはずみに是《これ》を滑らせて、池の中に落ちた。

寒い時であったのに、づぶ濡れになって、非常なめに合った事を覚えて居る。之《これ》は新島にとって、恥辱的たる出来事であったに違いない」（『同志社校友同窓会報』一九三六年三月五日）。

池に落ちたのは冬ですから、前のエピソードとは別件です。それに友人が同行しているうえに、溺れるほどの大事故でもなさそうですね。

新島と水泳

八重の証言によると、新島はそもそも水泳を知らなかった、といいます。

「襄が五つの時、襄の母が夢を見ました。それは襄が不忍《しのばず》の池に落ちこんで、殆んど死んだようになったのを抱きあげて、水天宮《すいてんぐう》さんのお護符《まもり》で撫《な》でたら、新島が生き返った、というのです。それから、母は襄に、決して海にはいるな、と頼んだので、襄は最後まで水泳は、知りませんでした」（永沢嘉巳男《かみお》『新島八重子回想録』一一〇～一一一頁、一九七三年、同志社大学出版部）。

少しは泳げた

八重の回想は、不正確です。八重を同伴して、新島は海水浴に出かけていますから。たとえば、一八八六年八月のことですが、二十日間、神戸の近郊（東垂水村《たるみ》）で静養、避暑をしたさい、近くの海で遊泳しています。時には来客の原田助《たすく》（後の同志社総長）とも海水浴を楽しんでおります（⑧三八八～三八九）。

京都に帰宅後、ある手紙の中で、こう書き残しています。播州《ばんしゅう》に海水浴に行ったさい、「少々遊泳も出来候様ニ大得意、十間程〔約十八メートル〕、相泳申候」と得意げに記しています（③四二〇）。

後年、八重も当時を振り返って、襄は「少シク泳ケバ、動気〔動悸〕甚タ強クナリ、其時《その》ヨリ度々《たびたび》動気ノ異変ヲ覚エ、心配ヲ致シ居レリ」と言っているくらいです（新島八重子「亡愛夫襄発病ノ覚《おぼえ》」七九頁、『同志社談叢』一〇、同志社社史資料室、一九九〇年三月）。

すべてを任せきる

最後の締めも、「険崖を行く」で行きます。作者の下村湖人は、さすがですね、新島の上手な溺れ方に感銘を受けています。

「わたくしは、〔山路ドライブの最中に〕新島さんの話を思い出したばかり〔だけ〕で、すべてを運転手にまかせ切る心持になり、〔恐怖感が和《やわ》らぎ、〕かなり落ちついた気分で、渓谿《けいこく》の美にひたることができた。

寒々と雨にぬれて立っている大歩危《おおぼけ》、小《こ》歩危の奇巌を眺めた時など、身は車上にあるのを忘れて、まずいながらも四、五首の歌まで出来たほどである」(『下村湖人全集』八、六二頁)。

これなど、ひとつの新島効果と言えましょうね。

「新島さんの心を心として」

下村は、これを少し敷衍《ふえん》させて、次のような結語を導き出します。「人事をつくして天命を待つ」という格言を持ち出して、日本の現状を批判し、あるべき日本人の姿を描こうとしています。

「自動車の運転手に指図をしたり、溺れるものが救うものにしがみついたりすることは、決してまことの意味で、人事をつくす所以《ゆえん》ではない。こうした場合、『人事をつくす』とは、むしろ一切の作為《さくい》をやめることである」。

「現在のわが国のあらゆる階級は、ほとんどすべてともいっていいほど、おたがいを疑いあって、生活しているのである。これが、険崖を行く日本の大きな悩みでなくて、何であろう。

わたくしは、すべての国民が、新島さんの心を心として、しずかにそれぞれの任務につき、お互いに信じ、信ぜられる社会を作ることによって、日本を険崖の危険から救いたい、と念願する一人である」(同前、六二～六二頁)。

無言のメッセージを読み取る

いたって平板に言ってしまえば、「新島さんの心」は国民のモデルだ、というのです。が、私としては、「心」は「志」と言ってほしいところです。下村は、「しずかにそれぞれの任務につく」ように、とも読者に勧めています。

世間で自分の失敗や挫折が貴重な教訓を生んでいる、なんてことを新島が知ったとしたら、さぞかしびっくりするでしょうね。自分では自覚してはいませんが、実は彼は、マイナスをプラスに変えるマジシャンなんです(拙著『ひとりは大切』一〇七～一〇九頁)。

のびやかに生きていますよ、本人は。しかし、生前、死後を問わず、新島の感化は、彼の思惑を飛び越えて、思わぬ所へ波及しています。今日のエピソードなど、その典型です。

ぞくぞくするようなこの手の出来事が、実際に起きたとすると、溺れる場合にも人間性が出るんですね。で、今日のお話しは、人生の泳ぎ方じゃありません。溺れ方の紹介です。

みごとです。たとえ溺れても、人に感動を与えるんですから。新島は溺れ方だって、スゴイっ!


(二〇一四年二月一九日)

コラム(6)

横浜・桐蔭学園とフィリップス・アカデミー

新島襄の母校、フィリップス・アカデミーは、アメリカ有数の進学校（prep-school）である。ボストン北方の所在地から、愛称はアンドーヴァー。

同校と同志社の高校（同志社国際高校や同志社香里高校など）との交流は、ある意味、当然である。が、意外なことに、それ以上の交流を非キリスト教系の私学、桐蔭学園中高（横浜市）が実践している。

サマースクール（5週間）、春学期（10週間）、さらには9か月間、生徒が留学できる。姉妹校の「本家」とも言うべき同志社のお株を奪うほどの濃密な関係である。

桐蔭は、ほかにも Northfield Mount Hermon School や、Deerfield Academy といった高校（同じくマサチュセッツ州）とも交換留学の協定を結んでいる。アメリカの両校は、これまた同志社に縁の深い名門校である。

前者は、新島とも親交があった著名なエヴェンジェリスト（福音伝道者、D.L.Moody。会衆派世界ランキングでは、第4位。本書130頁）が創立したプロテスタント系学校である。新島の時代、毎年の夏期学校（Northfield, MA）には、彼の教え子が大勢、参加していた。

後者は、同志社大学教授のO・ケーリ・ジュニアの出身校（当時の校長は、ケーリの父の従兄弟で、アーモスト大卒）。その縁で藤倉皓《こう》一郎氏も、同志社大学を出てアーモスト大学に入学する前、ディアフィールドで英語を学んだ。氏は同志社、東京、早稲田、帝塚山の各大学で教授として法学を講じた後、同志社に戻り、新設のロースクールの看板教授となった。

しかし皮肉にも、ノースフィールドもディアフィールドも、今は、同志社と特別の関係はない。それだけに、桐蔭の海外交流が、なんとも羨ましい。

最も辛い時にこそ、神は寄り添い給う

卒業生（松尾音次郎）への手紙（一八八九年八月二十二日）の末尾に英語で朱書きされた一文（④一九四）。原文は以下の通り。

Do not be afraid of your illness, we will pray for you. We are sure that the Lord will be with you in your most trying hours.

私訳すれば、「病気のことは、心配におよびません。祈っております。最も辛い時にこそ、神はあなたに寄り添ってくださる、と確信しています」。

文中には、次の一文も添えられている。

「天父之摂理ハ、却而《かえって》貴君之失望中ニ成熟するも難計《はかりがたし》」（同前）。

コラム(7)

♪志を果たして　いつの日にか帰らん
——函館から横浜へ——

函館から密出国する時の想いを新島は、歌に込めた。「武士《もののふ》の思ひ竜田の山紅葉　にしき着ざればなど帰るべき」。なんとしてでも立身出世し、故郷に錦を飾ることを夢見ていた。

が、十年後、ボストンから横浜に帰国した際の想いは、激変していた。「故郷《ふるさと》に飾る錦は匣《はこ》の中　身に纏《まと》ふべき時にあらねば」。かつての「帰錦之事」は封印されている（拙著『千里の志』207頁以下）。

個人的な栄達を立派に成し遂げ、「志を果たして」帰るという夢は、信徒、牧師に変身して帰国した新島には、すっかり霧消していた。錦を飾るべき故郷は、「天の故郷」になった。「果たすべき志」も、この世（世俗）の幸福ではなく、「天に宝を積む」ことに変貌していた。

新島の後半生は、横浜からの再出発である。

付録・「新島襄を語る」シリーズ　目次と書評

一、掲載（収録）済み

第一巻、第二巻　：『錨をあげて』（第三巻）巻末（書評の筆者は百合野正博氏、梅野實氏）
第三巻、第四巻　：『元祖リベラリスト』（第五巻）巻末（筆者は西村卓氏、工藤弘志氏）
第五巻、第六巻　：『ハンサムに生きる』（第七巻）巻末（筆者は井上勝也氏、北垣宗治氏）
第七巻、第八巻　：『マイナーなればこそ』（第九巻）巻末（筆者は坂本清音氏、森田雅憲氏）

二、新規（再録）

第九巻、第十巻　：本巻に収録（三）、（十）
別巻　一から四　：本巻に収録（四）～（六）、（八）、（九）
その他（関連書）：本巻に収録（一）、（二）（七）、

(一)『ハンサムに生きる——新島襄を語る(七)——』(思文閣出版、二〇一〇年七月六日)

●目次

●書評（坂本清音）

八重本の嚆矢

書名に「新島八重」が入っていないけれども、いわゆる「八重本」の嚆矢《こうし》。八重を本格的に扱った最初の書物と言える。もちろん「新島襄を語る」シリーズの一冊として出版されたのだから、この時点での著者の視点は、シリーズの主目的「新島襄を多角的に紹介する」という視点であり、それがこの巻では、私人・家庭人としての新島像を、いちばん身近な存在、八重夫人を通して描くことになったというものである。

しかし、「おわりに」で、「新島八重の特集号ぽく」なったと自認されていること、表紙の八重の刺繍の絵〔貼り絵〕は、第六巻までの表紙とは随分趣を異にしていることからも、八重本の「先駆け」が意識されていたに違いない。

「ハンサムに生きる」の定着に寄与

次にもう一つの、この書の意義は、八重あるいは八重の生き方を表すのに「ハンサム」という形容句を定着させたことであると同時に、「ハンサムに生きる」生き方とはどういう生き方かの問題提起をしていることである。

著者は、二〇〇九年四月放映のＮＨＫ「歴史秘話ヒストリア――明治悪妻伝説　初代〝ハンサム・ウーマン〟新島八重の生涯」の番組作りに関わり、出演もされた。そのことが、この書名を思いつかれる動機となったのだろう。

ただし、この書『ハンサムに生きる』では、系統的かつ網羅的に八重について書くというスタンスではない。目次全部で十二章のうち三分の二が八重に関係する章であり、例えば「新島襄と山本八重」、「『悪妻伝説』を洗う」、「新島亡き後の新島八重」等々、内容が八重がらみとすぐに分るものもあれば、「新島襄の女子教育観」とか、新島襄とC・S・ルイスの比較のように、明らかに襄だけが扱われている章も、ある。

出典明記の姿勢

本井論考の第一の姿勢は、出典は必ず明記するというものであるが、それはこのような講演集にも受け継がれており、さらに詳しく知りたい読者に大いに資する。

出典の主なものは、何といっても『新島襄全集』、そして、同志社関係者による伝記、評論、追悼集の類であるが、この『ハンサムに生きる』の中でも、『全集』の一巻から十巻まで全ての巻から(もちろん多いのは三・四・六巻)の引用がある。それは、著者の普段の万遍ない勉強ぶりのあらわれであるが、今回の、出典明記の中には、二か所まちがいがあるのは残念。(一四二頁、『新島襄全集』七巻→六巻。七十六頁、八重を英文で紹介しているのなら『全集』⑧一四九→⑥一六九)。

また、最近の急速な八重資料の発掘と共に明らかにされる、前夫川崎尚之助との事実関係が、執筆時期が早いだけに、事実に追い付いていないのは、仕方のないことであろう。

コラム欄と小見出し

さらに、このシリーズで定着しているのは、各章の終りに、コラム欄を設けて、次の話題に移る前に一呼吸置くという手法である。そこで選ばれる「新島のことば」やエピソードなどは、手際よくまとめられていて効果的である。これらは日ごろから原資料にあたることを厭わないという著者の姿勢に裏打ちされたものであり、資料を見る目が肥えていて、読者の心に印象深く残る。

小見出しに関して言えば、どんどん小単位となり読みやすいが、コマをつないでいるような感じは否めない。それが現代風のアレンジの仕方、現代人の読書傾向と合致するのかもしれないが、そのような単位に慣れていない読者には、軽いという印象を与えかねない。

このシリーズに対する著者の姿勢

『千里の志――新島襄を語る』第一巻の「はじめに」の中で、著者はこのシリーズは「新島襄に関する入門書」であり、何よりも「わかりやすさ」を最大のコンセプトにして、話し口調で新島を伝えたいと述べている。その意図は始めから一貫しており、ぶれることはない。

しかし、第一巻から第七巻、あるいは八巻、九巻と進むに従って、著者の口はどんどん滑らかになって行く。もともと講演・講義の再録が主であるが、聞き手に対する著者のサービス精神旺盛さのゆえか、あるいは、著者は現代の流行語がお気に入りのせいか、今から一五〇年くらい前の、明治時代の日本人男女を描くのに、「アラサー」とか「婚活」とか「バツいち」とかの、現代メディアの流行語が多出するのは、やや場違いの感を受ける。さらに第一巻『千里の志』の時の語調、文体と読み比べるときに、わずか五年前の執筆であるのに、その「語り口」の落差に驚く。

前にこの研究会〈新島研究会〉で「新島はバツいち」というのは言い過ぎでないかとの意見が出されたようであるが、私のようなピューリタン的気質の真面目人間には、この巻の中の「新島襄をめぐる女たち」という章題にすら、違和感がある。「女性たち」で十分でないかと強く思う。

とはいうものの、二〇〇五年にこのシリーズが始った時の著者の宣言通り、「来年〈二〇一三年〉三月定年までに十巻完成」と、最初の予定になかった「八重の別巻二冊上梓」というゴール達成を目前にしておられる、著者の筆力・熱意・誠実な努力に基づく偉業には頭が下がる。

坂本清音〈同志社女子大学名誉教授〉
『新島研究』一〇四〈同志社社史資料センター、二〇一三年二月〉

（二）『新島八重と夫、襄――会津・京都・同志社――』〈早川廣中・本井康博共著、思文閣出版、初版　二〇一一年一二月、改訂増補版　二〇一二年五月〉

●目次

●**書評**（**森永長壹郎**《ちょういちろう》）
会津から見た八重

まず、本のタイトルを見ますと、『新島八重と夫、襄』とあり、その下に、——会津・京都・同志社――となっています。これは八重と会津に力点を置いた本だと思います。

この本は早川廣中氏と本井康博氏の共著です。八重に関する本がいくつか出ていますが、会津の人が直接著作に係わった本はこれ以外に、現段階では岩澤信《のぶ》千代氏の『不一《ふいつ》――新島八重の遺したもの――』しかありません。他の本は第三者が書いています。

早川氏は会津のご出身で、元中央大学教授であり、会津若松市長をされた方です。現在は財団法人白虎隊記念館館長です。『真説・会津白虎隊』など著書が多数あります。早川氏は二〇一三年の大河ドラマが会津藩士の娘である新島八重を主役にした『八重の桜』に決まったのは「東日本大震災で、福島県を始めとして東日本が壊滅的な打撃を受けましたが、それへの配慮がNHKにあったようです」と述べています。

本井氏は、NHKの「歴史ヒストリア」で八重が、「明治悪妻伝説　初代ハンサム・ウーマン、新島八重の生涯」というタイトルで紹介されたことを述べ、八重の本質は「ハンサム・ウーマン」にあると番組の狙いを紹介しています。会津人の早川氏にとって、「新島八重」という名前は同志社側から見た名前で、会津では「山本八重子」で通っているとのことです。「山本八重子」が「新島八重」となっても、最後まで会津人であったことを本井教授との対談で知った早川氏は、彼女は会津を離れたくなかったのではないか、とおっしゃっています。

この本が他の本と違うのは、「新島八重・襄・覚馬略年譜」が初《しょ》っ端《ぱな》の二頁に来ていることです。三人の年譜が、西暦年と元号年と合せて出ているので便利です。

八重と会津戦争

この本は三部に分かれています。第一部と第二部では八重の行動について語られていますが、重なっているところが沢山ありますので、八重の行動と言葉を中心に紹介したいと思います。

八重の実家は会津侯の砲術師範役であったので、「御承知の八月二十三日、愈愈《いよいよ》立籠もることになりました時、私は着物も袴もすべて男装して、麻の草履《ぞうり》を穿《は》き、両刀を手挟んで、元込《もとごめ》七連発銃を肩に担いでまいりました」と八重は言います。

続けて、他の婦人は薙刀《なぎなた》を持っておったが、「家が砲術師範で、私もその方の心得が少々ございましたから、鉄砲にいたしたのでございます」と説明しています。その着物や袴は、鳥羽伏見の戦いで弟の三郎が討死したおりの形見で、「一は主君のため、一は弟のため」という決意で、八重は会津若松城に入ったのです。

その時に八重が見た光景について、「ある婦人などは、白無垢《しろむく》に生々しい血潮の滴っているのを着て」いたが、それは多分家族に卑怯者があって、城中に入って戦うのを拒んだものを手に掛けて、その足で籠城したのだろうと述べ、少しも動ずることのない八重は、「烈婦」と呼ばれています。

八重の獅子奮迅の活躍については、危機にあっても八重子は砲兵隊に加って、四斤山砲を最前線たる北出丸に据え、肉薄してくる官軍を高いところから見下ろして撃退したとあります。

八重は籠城中のことを次のように話しています。炊き立ての御飯が熱くて、手の皮がむけそうになっても、水を付けて女たちは必死に握ったこと。水の中に落ちた御飯はお粥《かゆ》にし、負傷者に食べさせ、こげたところや、土に落ちた御飯を集めて、女たちが食べたこと。弾丸を運ぶのも女の仕事だったこと。

八重は「十三歳のとき、四斗俵を肩に上げ下げした」と自慢していますが、弾丸を運ぶのは一箱でも大変なのに、その時は「気がたっていたせいか」二箱も三箱も担いだと言っています。飯盛山で自刃した伊東悌次郎に銃の撃ち方の指導をしたとき、彼が雷管の音に目をつぶるので「オクビョウー」と叱ると、目をつぶらなくなったと語っています。

降伏前日に詠んだ歌が残っています。三の丸の白壁に簪《かんざし》で書き記したのです。

あすの夜はいづくの誰かながむらむ　馴れしみ空に残す月影

これが原形です。

城を明け渡したあと、八重は三郎になりすまして猪苗代に連行される途中、ばれてしまって、「女郎がいる…女郎が行く」と囃《はや》し立てられました。「途中多くの死屍を見ましたが、誠に気の毒とも何とも申しようもなく、感慨無量でありました」と八重は述懐しています。

尚之助・覚馬・襄

川崎尚之助は会津藩校・日新館に兄の山本覚馬が招いた洋学者です。慶応元（一八六五）年に八重と結婚。八重が川崎尚之助と一緒に砲撃戦に従事したことは確かです。彼は兵庫県但馬出石《たじまいずし》藩の出身であったため、会津戦争の後、尚之助は東京に送られました。

覚馬は八重より十七歳年上です。日新館で教えていましたが、松平容保《かたもり》から京都勤務を命じられます。鳥羽伏見の戦いで薩摩兵に捕縛され、幽閉されている最中に覚馬が書いたのが『管見』です。槇村《まきむら》正直に見込まれて、京都府顧問に就任し、最初は産業の振興に力を入れ、徐々に教育に移ります。敗戦後、八重は、一時期、米沢に住んでいたことが分かりました。一八七一年、八重、母・佐久、覚馬の先妻うらの娘・峰が京都に出ます。一八七二年、女紅場が設立され、八重は権《ごん》舎長兼教導補佐〔試補〕として活躍の場を得ました。

新島襄は江戸に生まれました。新島は自由を求めて密出国し、十年を海外で生活します。そのうち八年がアメリカ留学です。帰国時には宣教師に任命されました。八重は新島と京都で出会い、一八七六年、キリスト教式の結婚式を挙げました。十四年後、新島は大磯で亡くなりますが、八重の腕の中で襄は「グッドバイ、また会わん」と言い残して息絶えたのでした。

新島は牧師ですから、本当の仕事はキリスト教の伝道師だということです。新島の借家が教会を兼ねます。知事の交代とともに、会堂建築が許され、京都で最初のキリスト教会堂ができました。新島は学園・同志社の創立者・初代校長であり、同志社教会の創立者であり、初代牧師です。ですから八重もまた校長夫人であり、牧師夫人でした。

八重の信仰をどう見るか。洗礼を受けた前後は信仰に燃えていました。しかし早川氏は「クリスチャン以上に会津士魂や会津人であることを引きずってしまった」と述べ、本井氏は「宣教師や新島から見ると、八重の回心は不十分で、彼女にとっては会津藩主松平容保の方が、キリストよりも上」と言っています。

東北復興の希望の星

八重は新島没後四十年余り、独りで過ごします。日本赤十字社に関係し、日清・日露の戦役には篤志看護婦として傷病兵の看護に従事しました。これにより叙勲に浴し、従軍徽章も受けています。

貞明皇后が同志社行啓のおり、八重だけが拝謁を許されました。このとき逆賊の汚名をかつて着せられた会津藩の者として、感激のあまり号泣したとも言われています。最後に至るまで茶道三昧に日を過ごしました。永眠したのは一九三二年六月十四日です。

第三部では八重と覚馬の資料が紹介されています。「新島八重略歴」を牧野虎次が告別式で読んでいますし、「新島八重追悼説教」を山室軍平がしております。その中で山室は八重の「大磯の岩に砕くる波の音の　枕にひびく夜半ぞ悲しき」という歌を引用し、「雄々しき女丈夫の目に、如何に深刻なる愛の涙をこらえられたかを察するに足る」と述べています。

必見は『管見』です。『管見』に示されたものは、開明性と国際性です。例えば、教育に関しては女子教育について「男子ト同ジク学バスベシ」と述べています。

本井教授は「あとがき」のなかで、本書は八重に関する「入門的」な読み物であるが、「なるべく分かりやすく書くことを心がけ」、「一方で、できるだけ資料に則した、客観的な叙述を心がけ」たと書いています。また、八重は「復興」のための希望の星になれるのだから、「大河ドラマを見るすべての人が、会津といわず東北の皆様が、八重から元気と勇気を与えられる番組にして欲しい」とも願っておられます。

森永長壱郎（同志社女子中学校・高等学校元教諭）
『新島研究』一〇四（二〇一三年二月）

（三）『マイナーなればこそ――新島襄を語る（九）――』（思文閣出版、二〇一二年二月一日）

●目次

●書評（小崎眞）

本書は「新島ワールド」の案内人を自負する著者が挑戦してきたシリーズ、「新島襄を語る」の第九巻である。全巻完結を前に「新島ワールド」の真髄に一層迫る。また、織り込まれた「写真」、「コラム」、「ことば」も新島ゆかりの世界へと読者を誘う。

本書のタイトルとして「第二の維新」との新島の言葉が早くから予定されていた。「勝ち組」の歴史である明治維新に対抗し、「負け組」の精神への期待を込めたものであった。

しかし、昨今の社会状況（「大阪維新の会」の出現や大河ドラマ「八重の桜」の計画）に鑑み、『マイナー』との表記が採用された。「新島ワールド」の本質を社会の中心から疎外され、切り捨てられた「敗者（マイナー）」との連帯の中に読み解いていく、著者の深い洞察力と識見に感銘を受ける。

P・リクールに言及するまでもなく、「語り／パロール」は語り手や聞き手の意図を越えて働き両者の固定的な関係を打破する。語り口調に徹した本書は、講演者と聴衆との協働作業（collaboration）を通し、新島の真理（他者の痛みに寄り添う歩み）へと読者を縦横無尽に案内する。

新島の具体的な足跡（宗教教育、私学教育、女子教育、社会福祉の実践等）の描写を通し、「敢《かん》為《い》の精神」を明示する。それは聖書の世界へ通底する弱さや小ささへの関心であり、人間の合理性からの脱落により拓かれる真理への招きである。

閉塞的な時代状況に一条の光を放つ本書により、読者は新たな希望へと拓かれる。

小崎眞（同志社女子大学教授）

『同志社時報』一三四（同志社、二〇一二年一〇月）

（四）『日本の元気印・新島八重——新島襄を語る・別巻一——』

（思文閣出版、二〇一二年六月一四日）

●目次

コラム①「新島八重」の名前
「八重の桜」だより――八重のセールス・ポイント――
コラム②　實相寺と泉岳寺
NYから世界へ――世界を駈けめぐる八重情報――
新島襄のことば（1）「只心に残る所は妻の一事なり」
二〇一一年の八重さん――「八重の桜」プレリュード――
コラム③　会津出身学生たちと
最初の夫・川崎尚之助――八重との離婚原因を探る――
「戦いは面白い」――八重の戦争武勇談（一）――
コラム④　黒谷（金戒光明寺）
「奸賊《かんぞく》どもを夜襲隊で銃撃した女は、妾《わたし》ひとり」――八重の戦争武勇談（二）――
コラム⑤　黒谷（金戒光明寺）の会津墓地
会津のおんなたち――「日本女性の花」――
新島襄のことば（2）「八重ノ脂肪ヲ減スルノ法」
八重の女子教育――キリスト教教育と会津的教育の狭間《はざま》で――
新島襄のことば（3）「鹿の肉ハ丸やけとなりしよし」
「二十一世紀の勢津子《せつこ》姫」――八重と皇室――

●**書評**（**太田雅夫**）
著者の紹介
本書の「著者の紹介」には、次のように記されている。

同志社大学神学部教授（一九四二年生）。神学博士。専攻は日本プロテスタント史。とくに新島襄ならびに同志社史。『新島襄と徳富蘇峰』（晃洋書房、二〇〇二年）、『新島襄の交遊』（思文閣出版、二〇〇五年）、『新島襄と建学精神』（同志社大学出版部、二〇〇五年）、同志社編『新島襄　教育宗教論集』（岩波文庫、二〇一〇年）などを出版。現在「新島襄を語るシリーズ」全十巻を刊行中。

以上が、著者自身が記す自己紹介であるが、本書は、「新島襄を語る」シリーズの別巻（一）である。本書が出版された時点では、「新島襄を語る」シリーズは、全十巻、別巻二巻（思文閣出版）の構成で、二〇一三年には完結予定という。

口絵と目次の構成

本書は、巻頭の口絵に八頁をつかって、次の写真を掲げている。①洋装する新島八重、②新島襄・八重のツーショット、③山本覚馬の肖像画（庄司佼画、一九九二年）、④新島襄と家族、⑤八重の書「清風在竹林」、⑥八重の歌「御慶事をきさて」、⑦重陽閣、⑧秩父宮妃殿下の顕彰碑、⑨八重と母（佐久）、⑩浅草・称福寺の入り口、⑪浅草・称福寺墓地。

これらの写真は読者の関心を引き寄せる魅力を感じるものである。

目次は、「章」と「コラム」と「新島襄のことば」の三つの部門から構成されている。「章」に当たる部分が十四、「コラム」が七、「新島襄のことば」が八と、他に類を見ない興味あるものとなっている。

大河ドラマ「八重の桜」

女丈夫（おんなますらお）の新島八重は、ＮＨＫの大河ドラマのヒロインに抜擢されて登場する。これは八重が会津出身という事に起因することは勿論である。大河ドラマ「八重の桜」は東日本大震災と福島原発事故と言う、二重の打撃を受けた福島を中心とした、東北地方に元気を送るために考え出されたＮＨＫの番組である。

本井康博教授は、ＮＨＫが八重をとりあげた理由について、「面白いものを作るというものから、〝今やるべきものは何か〟というものに変わっていった」ので、ＮＨＫは「新しい時代に一歩踏み出し、日本人の勇気を後押しすることを目指して、八重を新しい題材として取り上げた」と証言している。

ＮＨＫ側は脚本家に「歴史ドラマだけでなく、風変わりでも強い絆で結ばれた八重の二人の夫、川崎尚之助、新島襄の夫婦愛」も丁寧に描き出してほしい、と要望していると語っており、どのようなシーンになるか、興味深く期待して待ちたいと思う。

太田雅夫（桃山学院大学元教授）

『新島研究』一〇四（二〇一三年二月）

（五）『日本の元気印・新島八重――新島襄を語る・別巻一――』

（思文閣出版、二〇一二年六月一四日）

●目次（前掲）

●書評（山下智子）

大河ドラマ「八重の桜」の放映は、同志社関係者に大きな影響をもたらした。新島襄研究の第一人者・本井康博教授も例外ではない。われらが本井先生は、今や新島八重研究の第一人者として超多忙な日々を送られている。

「新島襄を語る」シリーズは、本井先生が全十巻（現在九巻まで刊行済）の予定で、ライフワーク的に出版されてきたものである。各地で行った講演等をまとめたものであるため、時に砕けた今風の表現も交えた話し言葉で、わかりやすく楽しい内容である。

思いがけなくも嬉しい大河の影響は、このシリーズにもあった。八重について記した別巻があらたに企画され、このたび第一巻（会津編）が発刊となった。八重については、すでにシリーズ第七巻、『ハンサムに生きる』で「家庭人としての新島先生」を語る上で「新島夫人」として描かれた。

今回の『日本の元気印・新島八重』は、そこには描ききれなかった八重の姿が、特に会津とのかかわりにおいて詳しく記されている。最初の夫・川崎尚之助のこと、八重にも劣らず魅力的な会津の女性たちのことなどなど、これを読めば大河が一層面白くなることは間違いない。

ともすると大河によって、あるいは大河に便乗し、真実とは異なる八重の姿が伝えられかねないことへの研究者としての懸念と、真実を伝えなければならないという使命感から、別巻は誕生したという。八重研究が一気に深まったのは実にありがたく、興味深い。別巻二（京都編）は、八重の信仰についても記されるという。こちらにも大いに期待したい。

山下智子（新島学園短期大学准教授）

『同志社時報』一三五（二〇一三年四月）

（六）『八重さん、お乗りになりますか――新島襄を語る・別巻二――』

（思文閣出版、二〇一二年一二月一日）

●目次

●**書評（本井康博）**

本書は、私にとって五冊目の「八重本」です。類書がすでに数十冊も噴出、というご時世に、「屋上屋を架す」愚は、ご法度《はっと》です。あえて出すからには、それなりの工夫と覚悟が要ります。

前著の『日本の元気印・新島八重』は、八重の会津時代でした。思いっきり大河ドラマ寄りの構成です。八重の京都時代を扱った本書は、逆に、「八重の桜」とは一線を画しました。衝撃的な新発見と秘話の解明に努めましたので、ちょっと「危ない話」が入っています。

たとえば、八重の「不倫風評」。日本で初の公表です。八重の信仰面を執拗に分析したのも、そうです。「八重はほんとに信徒？」の答えを探りました。いずれも、これまで誰も書かなかった、いや、書けなかった秘話でした。

奇しきことに、発行が本書と同日になった山下智子牧師の『新島八重ものがたり』（日本キリスト教団出版局、二〇一二年）と供に、神学部教員ならでは宗教色濃厚な「八重本」になればいいな、と思いました。

八重の家族関係にも切り込みました。夭折したと信じられてきた姉は、どうしてどうして、京都で長寿でした。名前や子孫も突き止めました。

さらに、八重は襄に死なれた後、養子を三人もとり、孫のひとりに同志社を継がせる夢さえ、抱いていました。山形（米沢人）との人事交流も盛んでした。

八重の研究は、ようやく始まったばかりです。どうやら私の「八重本」も五冊では終わりそうにありません。

本井康博（同志社大学神学部元教授）

『同志社時報』一三五（二〇一三年四月）

（七）『学習漫画・世界の伝記ＮＥＸＴ　新島八重』（漫画・柊《ひいらぎ》ゆたか、シナリオ・三上修平、監修と解説・本井康博。集英社、二〇一二年一二月一九日）

●目次

ハンサムに生きる

解説　「元気の使徒《つかい》・新島八重」（本井康博）

年表

●書評（西原ももこ）

ココから元気が湧き出ます！

パッと表紙を見たとたん、すぐ目が行きました。あざやかな紫色の髪の毛――同志社のスクールカラーです！　それにキラキラ輝く大きな目。強烈なインパクトです。八重さんのパワフルさと、あふれ出る元気モードが、表紙を見ただけで伝わってきます。

漫画を監修された本井康博先生は、以前に同志社大学が出した『マンガで読む新島襄』（全二巻。日本語、英語、ハングルの三バージョン）も監修されていますから、これで夫妻の漫画が出そろいました。留学生や、私たちのような漫画・アニメ世代には、ほんとにありがたいことです。

八重さんの漫画は、大河ドラマ「八重の桜」が放映される前の出版ですから、違いは当然あります。大河ドラマでも時代考証をされた先生ですから、漫画とドラマの狭間《はざま》で、人知れぬご苦労があったのでは、とひそかに想像してます。

たとえば、時代区分です。漫画では、会津時代と京都時代が、ページにしてほぼ半々です。以前、「新島襄との結婚生活よりも、夫に死なれてからの年月のほうがずっと長い。でも、独りになってからの八重の人生は、大河ドラマでは、たった二話で片づけられる」と先生が講演でネタバレされていたことが、思い出されます。

テレビ的なことは、さて置いて――

漫画は「会津のおてんば娘」と題された章から始まります。ここでは、少女の時からすでに男の子に負けないいくらい、いえいえ、すでに男児そのもののような元気な八重さんの姿が描《か》かれています。四斗俵を肩まで持ち上げる方が、裁縫よりも、八重さんにとっては、お安いご用でした。「男に生まれたかった」――そんな声が聞こえてきそうです。

そう言えば、本井先生には、『日本の元気印・新島八重』というご本もありましたね。

ついで物語は、戊辰戦争にうつり、八重さんがさばく鉄砲が炸裂します。戦争に自ら参加する女性なんて、男性顔負けです。「強い女性」の一言では、とても片づけられません。か細い女性の私には、たとえ天地がひっくり返っても、実践、いや理解さえできません。

最初の夫、川崎尚之助と別れるのは、ホントは戊辰戦争に敗けた直後、しかも会津でのことらしいです。大河ドラマでは、浅草で再会するという創作が使われました。視聴者の涙を誘うスゴイ演出です。私もまんまとNHKの作略に嵌《は》まった一人で、号泣してしまいました（笑）。これに対して漫画では、別離のシーンは史実通り会津で、しかもなんとも淡々としています。あっさりし過ぎて、ちょっぴり物足りないくらいです。

京都に場面がうつってからは、二人目の夫（新島襄です）との結婚生活が、濃〜く描かれています。これはうれしいですね。新島との結婚生活が、八重さんにとってどれほど大切で、幸せな時間であったか、それが漫画からもよく分かります。

それまで男っぽく描かれていた八重さんの顔が、まるで少女漫画のヒロインのように、とつぜん乙女顔に豹変します。びっくりです。新島の感化を受けてクリスチャンになった八重さんは、ますます魅力を増してるな、と感心しました。新島が理想とする「ハンサム・ウーマン」志向だけのことは、あります。

その後、新島が亡くなって独り残されてからは、「日本のナイチンゲール」と称えられるほどの活躍をする八重ですが、男っぽさ、というよりも私には、内面の美しさや優しさが、ジンジン伝ってきます。この時代の八重さんの方が、ずっとステキな「ハンサム・ウーマン」のような気がします。

当時は、男尊女卑があたりまえの社会です。八重さんのような人間（しかも、会津出身で、クリスチャンです）は、京都という古都では、きっと周りから偏見や差別の目で見られたでしょうね。でも、彼女の中にあるのは、隣人を愛したい心、内面の美しさ、それに人としての逞《たくま》しさです。「八重さんみたいな男性」がいたらなぁ（笑）、とつい無いものねだりしたくなります。

新島が願ったのは、「ハンサムな生き方」。そうです、見た目よりも内面を磨く、心を飾るライフスタイル――それを八重さんも追求しました。同じように、八重さんだけでなく、私にも生涯のテーマになりました。その手始めになればいいなあ、と勝手に期待して（笑）、今年のクリスマス、私は八重さんの教会で洗礼を受けます。

西原ももこ（同志社大学神学部四回生）

「同志社科目レポート」（二〇一四年五月一五日）

（八）『八重の桜・襄の梅――新島襄を語る・別巻三――』（思文閣出版、二〇一三年六月三〇日）

●目次

●書評（杉野徹）

著者は誰しも知る新島襄研究家である。そして本書は同志社大学退職年のものであり、最終章では、神学部での退職記念講演「新島研究五十年」が収録されている。

定年の年には、研究活動の締めくくりに蓄積業績をまとめ上げて、「晴れ晴れとした気持ちで大学を去りたい」（本書二八四頁）との願いは、八重の大河ドラマ決定と重なり大きく予定が変更され、講演依頼は従来の「二倍から三倍です」（二八五頁）というから、ほぼ無名であった八重の広報活動全開での定年である。これはその最近の十三回講演集であり、本書は著者自身による八重本の六冊目になる。

口絵には八重の書「クリストの心をもて心とせよ」（明治四十三年二月一日）や八重所有の賛美歌がある。また少年時の新島襄（七五三太《しめた》）の「四君子図」（菊、竹、蘭、梅）（二一八―二一九頁、本書カバー）の墨絵があり、これも嬉しい。

本書の書名は、新島学園で行われた新島生誕記念の演題である。ひとつの講演は、十項目程度の話題を含んでいるため、全体で百三十以上の話題がある。「新島八重再入門」（第一章）では、八重も寒梅（四十八頁）、「山本覚馬再入門」（第九章）では覚馬カトリック改宗（二一〇～二一二頁）、「新島家の子孫たち」（第十章）など、どの章も襄が八重に望んだ「ハンサムに生きる」ことが熱く語られる。

さらに、九十歳を越えてこの生き方をする著者の中学時代の恩師を紹介する（第十一章）。同志社の使徒《つかい》の一人として、著者が届けてくれた嬉しい書である。

杉野徹（同志社女子大学名誉教授）
『同志社時報』一三七（二〇一四年四月）

（九）『襄のライフは私のライフ――新島襄を語る・別巻四――』

（思文閣出版、二〇一四年五月二八日）

●目次

●**書評（大島中正《ちゅうせい》）**

本井康博先生、大河ドラマ「八重の桜」の時代考証でご苦労なさった先生ならではの貴重なお話、ドラマの名場面・名台詞《せりふ》をなつかしく思い出しながら、聴き入りました。

まず、表紙の「竹」の絵。七五三太《しめた》少年が画帳「四君子図」に描いたものと知り、黒豚を描いていた七五三太が、逃げた黒豚を追いかけるシーン（第二回「やむにやまれぬ心」）を思い出しました。七五三太が象山塾で山本覚馬や川崎尚之助と遭遇するという大胆な創作でした。

熊本バンドの面々への「ここはあなた達の学校です。教師任せにしないで、自分達で変えていけばいい」という八重の台詞（第三十七回「過激な転校生」）が実は、ジェーンズの言葉だったとか。さすがはジェーンズ先生と感服しました。

同志社卒業式での覚馬による「どんな時《とぎ》でも、貧しい人々の友となり、弱いものを守る盾となってください」という台詞（第四十九回「再び戦を学ばず」）が、実際の式辞を脚色したものであることを知り、これまた感動です。

安中教会で行われた、襄についての八重のスピーチに基づく「自由を護った人」（作・村上元三、一九四七年）という放送劇も、ぜひとも鑑賞したいものです。

本井先生には、今後、新島夫妻や熊本バンドの面々が登場する小説・戯曲の類についても、史実とてらしあわせながら大いに語っていただきたいものです。
書名の「裏のライフは私のライフ」の「私」とは、八重のことですが、本井先生ご自身のことでもあると、わたくしは理解しました。

大島中正（同志社女子大学教授）
『同志社時報』一三八（二〇一四年一〇月）

（十）『志を継ぐ――新島襄を語る（十）――』（思文閣出版、二〇一四年一二月二三日）

●目次

●書評（小原克博）

十年前に始まった「新島襄を語る」シリーズが、いよいよ最終巻を迎えた。十年の間に十巻が刊行され、その間、新島八重について語った四冊の別巻が刊行された。このハイテンポな出版スピードには驚くばかりであるが、そこに著者の中にある、あふれ出さんばかりの新島襄への関心と愛慕の情を感じざるを得ない。

全巻を貫いているのは、わかりやすさ（読みやすさ）と専門性の絶妙なバランスである。本シリーズの大部分は、実際になされた講演などを下敷きにしているので、まさに語りかけるように記されている。著者を直接に知る私にとっては、読むたびに、著者の優しく、しかし情熱的な声が聞こえてくるようであった。

このわかりやすさは、学問的な正確さを犠牲にしたものではない。随所に叙述の典拠が記されており、専門的な関心を持つ玄人読者に対しても、十分な配慮がなされている（全巻、索引も充実している）。著者の新島への敬慕の念が、歴史的な裏付けを省略させることはなく、むしろ、それを強めていると言ってよいだろう。

シリーズ最終巻となる本書の書名は『志を継ぐ』である。シリーズ全体を締めくくるのにふさわしいタイトルである。また、この第十巻は既刊全体を振り返る部分も含んでいるので、このシリーズをはじめて手に取る人にとっては、ガイド的な役割を果たしてくれるかもしれない。本書は、なぜ著者が別巻四冊を著すことになったかについても説明してくれている。

言うまでもなく、NHK大河ドラマ「八重の桜」の影響であるが、本書でも随所に「八重の桜」が言及されている。著者はこのドラマの時代考証の任を負っていただけに、ドラマ中のいくつかのエピソードが史実であるか、創作であるかについて、本書で解き明かしてくれており、「八重の桜」を見た者には再発見の驚きがあるに違いない。

シリーズ全体の中心主題は新島襄であるが、新島の志を継いだ者たちについても、幅広く扱われてきた。本書では、徳富蘇峰、安部磯雄らが取りあげられている。安部は同志社において十分に知られているとは言い難いが、彼ほど新島の志を忠実に受け継ごうとした者はいないだろう。少なくとも、安部にとって新島は生涯のロールモデルであったと言える。「私はいつでも先生のことを考えるのであります。今、先生が居られたら、どうだろう？　私のしていることを見られたら、どう思われるだろう、と常に考えるのであります」と安部は書き残している。

安部の言葉は、彼だけの思いではなく、新島と同時代を生きた「同志」たちに共有された思いでもある。著者は「同志」という言葉には、新島にとって特別の意味があったことを本書において示している。「同志社」という名を、すでにできあがった固有名詞、法人名として使うことに慣れきった我々が思い出さなければならないのは、同志社は志を継ぐ同志がいなければ本来成り立ち得ないという端的な事実である。こうした事実を忘れ、同志社が「ただの学校」に成り下がってしまう危険性に対し、著者は警鐘を鳴らしている。

建学の精神や建学の理念を看板としてかかげるだけで、同志社が同志社であり続けることができるわけではない。精神や理念を、それが生み出された始原的な場へと立ち返り、今を生きる力として取り戻すためには、それを語り続けなければならない。他校と比べ、圧倒的とも言える豊かなエピソードを同志社は持っている。それを掘り起こしつつ、類い希なストリーテラーとして語り続けてきた著者の語りかけに耳を傾けてみよう。

そうすれば、読者一人ひとりが新たな語り手となり、志を継ぐ者となるための豊富な素材を、本書およびシリーズ全体がふんだんに提供してくれていることに気づかされるだろう。

小原克博（同志社大学神学部教授）

『同志社時報』一三九（二〇一五年三月、掲載予定）

おわりに

いよいよ、この日が来ました。この巻でひとまず、「新島襄を語る」シリーズを打ち止めとします。最初からの読者なら、十年間のおつき合いですね。最近の方も含めて、愛読していただき、ありがとうございました。

けれども、私の場合、終着駅じゃありません。ゴールインじゃなくて、ピットインです。ひと呼吸を入れて、いや、燃料を入れて、すぐにレースに戻ります。

ダイアローグ（対話）を本書では心がけたつもりです。その結果は——グダグダのモノローグ（独り言）か、あるいは自己満足のツイッター（つぶやき）に終わってはいないか、心配です。

心配と言えば、繰り返しの多さです。旧巻を読み返してみると、あちこちで目立ちます。その時々に心に響いたこと、やっぱりこれだけは、ということは、どこであれ語り続けました。ジブリ流に言えば、大切なことは「♪いつも何度でも」です。確信犯的言動なんです。お許しください。

出版は、来月末（十一月二十六日）です。この日は、新島が十年振りに横浜に帰国した日です。今年はおりしも百四十年目という節目の年になります。ということは、函館から密出国してからは、今年でちょうど百五十年です。

出国時の「志」と、横浜に戻った時の「志」は、まさに天地の違いがあります（本書、二八七頁）。十年の変化は、絶大です。新たな目標を目指す新島の後半生は、横浜から始まります。

このシリーズの完結も、ちょうど十年かかりました。退職、ならびにシリーズ完結後の私も、襄にならって、横浜から再出発する気分です。おりしも、十一月二十六日は横浜です。帰国記念行事でのお話しを頼まれていますので、私自身の決意表明の場にもなりそうです。

それにしても、新島研究は奥が深い、とつくづく思います。全十四巻に収録した講演だけでも、延べで二百回近くになります。未収録を含めると、講演はこの十年では、数百回にはなりそうです。

ですが、襄にしろ、八重にしろ、とうてい語り尽くした、という心境には、なれません。だから、シリーズは終わっても、研究や探究は続きます。とくに大学在職中に、あちこちに発表した新島襄にまつわる論考やエッセイだけでも、抜刷《ぬきずり》の形でかなり溜《た》まっています。

賞味期限が切れないうちに、もう一度、加工して出荷します。それだけで、大部の論文集が、最低三冊はできそうです。

藤原基央《もとお》「♪天体観測」が詠うように、「見えないモノ」を見よう、「知らないモノ」を知ろう、とするために、望遠鏡を覗《のぞ》きこむ生活が、これからも待っています。「見えているモノ」を見落としたことさえ、ありましたから。

利発なキラキラ才能人、なら話しは別です。が、実態はキリキリ「才悩人」のやる新島行脚です。

相手が巨大とは言え、「弱者の反撃」(Bump of Chicken)よろしく、時には蛮勇をふるって立ち向かう以外にありませんね。「キュウソネコカミ」(窮鼠猫噛み)バンドの意気と覇気《はき》にも、学びたいです。

なにはともあれ、シリーズ最後の「おわりに」の締めは、やっぱり「ありがとうございます」です。

これまでのご支援、ならびに情報や資料、画像の提供（特に同志社社史資料センター）に感謝します。

身近かな所では、家族の協力とサポートが不可欠でした。それに、同朋舎印刷の吉田祐一郎氏とは、一貫して二人三脚でした。シリーズ本は、単著とはいえ、実態は「合作」なんです。

これからの仕事のためにも、挫けそうになる心を「才悩人応援歌」でサポートしてくださるよう、お願いいたします。

二〇一四年一〇月六日

本井　康博

索　引

新島襄

新島八重

C

DA

DO

E

F

G

J

KA

KE

KO

KU

KYO

MA

ME

NA

P

R

SA

SE

SHA

SHO

TA

TE

TO

U

V

W

YA

「新島襄を語る」シリーズの正誤・補訂表

■第一巻『千里の志』

ii頁　C　チャタム歴史協会　51（追加）

■第二巻『ひとりは大切』

202頁　4行目　ここ　⇒　この教会（ただし、場所はビーコンヒル）

vi頁　　MO　マザーテレサ、マウント・ホリヨーク女子大学、マウント・ヴァノン教会、マイホーム主義、My Life　⇒　すべてMAへ移す

■第三巻『錨をあげて』

4頁　9行目　代わり　⇒　変わり
34頁　10行目　今だに　⇒　未だに
36頁　15行目　ロシア人　⇒　イギリス人
38頁　11行目～39頁　ブリンガム　⇒　ブリガム
49頁　13行目　一八七六年　⇒　一八六六年
50頁　6行目　若夫婦　⇒　夫婦
53頁　11行目　縫い籠ま　⇒　縫い込め
92頁　3行目　二十三日　⇒　二十七日
96頁　1行目　百二十　⇒　百二十五
145頁　10行目　二遍　⇒　二編
167頁　10行目　創健　⇒　創建
182頁　6行目　面々と　⇒　綿綿と
203頁　16行目　沢山　⇒　沢村
204頁　2行目　結婚式司式　⇒　結婚式の司式
217頁　14行目　蓮れ　⇒　連れ
vii頁　SA　沢山　⇒　沢村
v頁　KI　木村毅　2　⇒　12
ii頁　B　ブリンガム　⇒　ブリガム（A.Brigham）

■第四巻『敢えて風雪を侵して』

56頁　7行目　（後期）⇒　削除
57頁　14行目　肝胆　⇒　感嘆
102頁　13行目　その　⇒　湯浅八郎総長の
157頁　7行目　J・M・マール　⇒　J・マール・デイヴィス
185頁　10行目　一九二一年　⇒　一九一二年
195頁　9行目　秀乃　⇒　季乃
ix頁　TA　秀乃　⇒　季乃

■第五巻『元祖リベラリスト』

口絵①　マウント・ヴァーノン霊園　⇒　マウント・オーヴァン霊園
口絵④　2008年　⇒　2007年
66頁　4行目　安部君　⇒　安部さん
132頁　11行目　アーモスト　⇒　マサチュセッツ
138頁　15行目　同窓会　⇒　削除
151頁　6～7行目　自身～あります　⇒　自身は戦争のためアーモスト留学の経験がありませんが、長男の実英氏は、アーモストを出ております
157頁　16行目　女子大学　⇒　削除
158頁　9行目　Wemens‘　⇒　Womens’
159頁　16行目　女子大学　⇒　削除
vi頁　MA　マウント・ヴァーノン霊園　⇒　マウント・オーヴァン霊園

■第六巻『魂の指定席』

2頁　9行目　細い道　⇒　細い道（二）
39頁　12行目　正成　⇒　正行（まさつら）
40頁　3行目　同前
106頁　9行目　ウエスリアン　⇒　ウエルズレイ
230頁　13行目　前者　⇒　後者
後者　⇒　前者

■第七巻『ハンサムに生きる』

7頁　11行目　異母姉妹　⇒　姪
39頁　4行目　D・D・　⇒　G・D・
76頁　2行目　⑧一四九　⇒　⑥一六九
79頁　6行目　くろだに⇒　くろたに
96頁　4行目　氾濫　⇒　波瀾
142頁　16行目　⑦　⇒　⑥
158頁　13行目　宝冠賞　⇒　宝冠章
159頁　2行目　宝冠賞　⇒　宝冠章
159頁　2行目　八重を含めてわずか三人です。　⇒　他にもいます。そのうち、
161頁　2行目　円能斎　⇒圓能斎
219頁　4行目　一七一頁　⇒　171頁

223頁　８行目　都（すべ）で　⇒　都（すべ）て
ｘ頁　YO　『読売新聞』194　⇒　『読売新聞』195
ｘ頁　U　⇒　Z
ix頁　TO　I.D.Turino ⇒ G.D.Turino
ｉ頁　「心ノ佳人」84～86　⇒「心ノ佳人」84～85

■第八巻『ビーコンヒルの小径』

155頁　５行目　もとうらが⇒　もとうらかわ
253頁　13行目　帰国します。　⇒　帰国します（洗礼を受けていることが、後日に判明しました。吉原重和「新島襄と吉原重俊（大原令之助）の交流」28～29頁、『新島研究』104、2013年２月、を参照）。

■第九巻『マイナーなればこそ』

18頁　３行目　甥　⇒　縁者（従兄弟と甥）
27頁　４行目　甥　⇒　従兄弟
186頁　９行目　同じく竜馬の甥　⇒　竜馬の従兄弟
266頁　７行目、９行目　栄（さかえ）坂　⇒　幸坂（さいわいざか）
266頁　15行目　甥　⇒　従兄弟
267頁　７行目　栄坂　⇒　幸坂
271頁　６行目　紛争　⇒　扮装
280頁　16行目　フィクション　⇒　ノンフィクション

■別巻一

『日本の元気印・新島八重』

口絵⑨　山本佐久　⇒　新島登美
２頁　７行目　実相寺　⇒　實相寺
24頁　６行目　享年八十六　⇒　実年齢八十六歳
29頁　１行目　実相寺　⇒　實相寺
45頁　10行目　キレイが勝つ　⇒　キレイが勝ち
73頁　１行目　二〇〇年　⇒　二〇〇〇年
85頁　５行目　東北　⇒　南西
151頁　３行目　教育を母と　⇒　教育を後には母と
161頁　８行目　数えでは　⇒　削除
178頁　和歌・千代婦とも　⇒　千代経（ふ）とも
178頁　和歌・木のしたかきに　⇒　木のしたかけに
178頁　和歌・遊ぶむれつる　⇒　遊子むれつる
178頁　キャプション・竹内くみ子氏　⇒　山本牧子氏
179頁　11行目　一八八三年　⇒　一八八二年
187頁　８行目　三六七頁　⇒　三七六頁
187頁　17行目　八四～八八頁　⇒　一二四～一二八頁
187頁　17行目　二〇一一年　⇒　二〇一二年
188頁　６行目　会長　⇒　会長（任期一年）
198頁　７行目　対偶　⇒　待遇
200頁　９行目　亡くなる～作品です　⇒　一九二二年に出た『会津会報』一九ですでに紹介されています。
201頁　７行目　生母　⇒　峰の生母
217頁　16行目　二〇一二年　⇒　二〇一一年
ix頁　YO　行元　⇒　行本
ｘ頁　TO　津田仙　167　⇒　168
ｘ頁　YA　山本峰　175　⇒　175、201
ｘ頁　YA　山本佐久　口絵⑨　⇒　口絵⑨を削除
ｘ頁　YO　吉海直人　27　⇒　28
viii頁　N　西周　172　⇒　173
viii頁　O　オダギリジョー　13　（項目追加）
ｖ頁　J　実相寺　⇒　實相寺
iv頁　HA　林権助　171、176　⇒　172、177
ｉ頁　（１）母（登美）　⇒　口絵⑨（追加）

■別巻二

『八重さん、お乗りになりますか』

９頁　１行目　香住町　⇒　願成寺（豊岡市出石）
68頁　16行目　多田新　⇒　多田新（多田野新か）
94頁　８行目　遂（つい）グル　⇒　遂（と）グル
126頁　12行目　新烏丸町　⇒　新烏丸頭（かしら）町
127頁　15行目　同前

135頁　16行目　大学生　⇒　大学の卒業生
136頁　１行目　留学し　⇒　「学生代表」として派遣され
138頁　14行目　久代　⇒　寿代
154頁　10行目　M・F・　⇒　A・E・
155頁　１行目　A.J.⇒　A.E.
191頁　10行目　皇后　⇒　照姫
219頁　10行目　新烏丸町　⇒　新烏丸頭町
248頁　12行目　後術　⇒　後述
258頁　10行目　子孫　⇒　遠縁
266頁　11行目　安藤　⇒　安部
274頁　２行目　二六八頁　⇒　二六六頁
274頁　８行目　消失　⇒　焼失
274頁　９行目　原型　⇒　原形
275頁　８行目　米沢学校　⇒　米沢中学校
275頁　９行目　たてまち　⇒　たつまち
275頁　12行目　一八七一年　⇒　一八七〇年
275頁　15行目　遊学　⇒　在住
275頁　16行目　河内　⇒　河村
277頁　６行目　立山　⇒　立山〔館山〕
277頁　12行目　びんごのもり　⇒　びんごのかみ
280頁　13行目　貿易商人　⇒　大学南校お雇い外国人（元貿易商人）
284頁　６行目　米沢中学　⇒　米沢中学校
284頁　７行目　同前
ix頁　O　大越哲人　⇒　大越哲仁
ix頁　R　「歴史秘話ヒストリア」152　⇒　153
vii頁　KU　窪田仲八　220　⇒　220を削除
v頁　HA　速水静栄　⇒　速水静枝
v頁　HO　北条元利　⇒（きたじょうもとし）KEに移す
iii頁　A　安藤三十郎　⇒　安部三十郎
iii頁　A　あさくらゆう　8　⇒　9

■別巻三『八重の桜・襄の梅』

口絵④　27日　⇒　26日
口絵⑦　大谷寛　⇒　大谷實
32頁　11行目　襄治　⇒　襄次
34頁　４行目　圓能斉　⇒　圓能斎
81頁　16行目　二代目　⇒　三代目
86頁　９行目　三月　⇒　二月
115頁　10行目　江戸時代　⇒　安土・桃山時代
115頁　14行目　列女　⇒　烈女
145頁　４行目、８行目　伊佐　⇒　以佐
153頁　７行目　辻褄なく説明　⇒　辻褄の合う説明が
154頁　14行目　一遍　⇒　一編
155頁　７行目　陳没　⇒　陣没
173頁　11行目　孫のひとり　⇒　兄の孫のひとり
212頁　12行目　時恵　⇒　時栄
214頁　４行目　秋月興四郎　⇒　秋月隆四郎
252頁　13行目　小倉の西南女学院　⇒　博多の福岡女学院
264頁　６行目　み声ぞきかまし　⇒　み声きかまし
289頁　２行目、７行目　V・クライバーン　⇒　C・クライバー
xi頁　R　「歴史秘話ヒストリア」180　⇒　181
xi頁　SE　西南女学院　⇒　F　福岡女学院
viii頁　KU　クライバーン（V.Cliburn）→クライバー（C.Kleiber）
iii頁　A　秋月興四郎　⇒　秋月隆四郎

■別巻四

『襄のライフは私のライフ』

93頁　14行目　鮮（あざやか）し　⇒　鮮（すくな）し
161頁　11行目　身通し　⇒　見通し
168頁　９行目　笹山　⇒　篠山
viii頁　KE　北垣宗治　243　⇒　243を削除
viii頁　KE　北垣国道　243（新設）

著者紹介

本井康博（もとい・やすひろ）

元同志社大学教授（1942年、愛知県生まれ）。神学博士。同志社大学大学院経済学研究科修士課程修了。
専攻は日本プロテスタント史、とくに新島襄ならびに同志社史。ＮＨＫ大河ドラマ「八重の桜」（2013年）の時代考証を担当。新島襄に関する岩波文庫３部作（手紙、教育宗教論集、自伝）を共編（2005～2013年）したほか、『新島襄の交遊』（思文閣出版、2005年）、「新島襄を語る」講演シリーズ（全14巻、思文閣出版、2005年～2014年）など著作は50冊を超える。

志《こころざし》を継《つ》ぐ　新島襄《にいじまじょう》を語《かた》る（十）

2014年11月26日発行

定価：本体1,900円（税別）

著　者　本井康博
発行者　田中　大
発行所　株式会社思文閣出版
605-0089　京都市東山区元町355
電話　075-751-1781（代表）

印　刷
製　本　株式会社 図書印刷 同朋舎

ISBN978-4-7842-1782-3 C1016